U0948690

全面薪酬满意度的激励机制研究：以零售企业为样本

李春玲　著

中国财经出版传媒集团
中国财政经济出版社

图书在版编目（CIP）数据

全面薪酬满意度的激励机制研究：以零售企业为样本／李春玲著．--北京：中国财政经济出版社，2021.8

ISBN 978-7-5223-0672-8

Ⅰ.①全… Ⅱ.①李… Ⅲ.①零售企业－企业管理－工资制度－研究 ②零售企业－企业管理－激励制度－研究 Ⅳ.①F713.32

中国版本图书馆CIP数据核字（2021）第148479号

责任编辑：彭　波　　　　责任印制：史大鹏
封面设计：卜建辰　　　　责任校对：徐艳丽

中国财政经济出版社 出版

URL：http：//www.cfeph.cn

E-mail：cfeph@cfeph.cn

社址：北京市海淀区阜成路甲28号　邮政编码：100142

营销中心电话：010-88191522

天猫网店：中国财政经济出版社旗舰店

网址：https：//zgczjjcbs.tmall.com

北京财经印刷厂印刷　各地新华书店经销

成品尺寸：170mm×240mm　16开　16.75印张　259 000字

2021年8月第1版　2021年8月北京第1次印刷

定价：68.00元

ISBN 978-7-5223-0672-8

（图书出现印装问题，本社负责调换，电话：010-88190548）

本社质量投诉电话：010-88190744

打击盗版举报热线：010-88191661　QQ：2242791300

前　　言

全面薪酬是20世纪90年代一些学者通过反思传统经济性薪酬作为吸引、激励和保留员工主要措施存在的局限性而提出的一个新理念，2006年美国薪酬协会（WorldatWork）将其界定为员工认为雇佣关系中有价值的所有经济性和非经济性报酬，其中包括薪酬、福利、工作生活平衡、绩效与认可、职业发展机会五种形式。目前全面薪酬的理念已为美欧企业以及公共部门广泛接受，2015年美国薪酬协会的调查表明，已有十几个行业的1421家组织普遍实施了全面薪酬。从行业来看，零售行业属于低薪行业，这也造成了零售企业的薪酬缺乏竞争力、劳动强度与员工流动率偏高等管理困境。虽然《财富》世界500强零售企业如沃尔玛、亚马逊、好市多、家得宝、塔吉特、乐购、家乐福等都实施了全面薪酬体系，从而显示出了在低薪行业中实施全面薪酬体系的必要性，但对于零售企业实施全面薪酬体系仍存在一些争议。这也是因为全面薪酬是由多种形式构成的，而不同形式的作用则可能会因人而异，即使在同一全面薪酬体系下，不同员工对全面薪酬不同形式的感知也会有所差异。由此可见，全面薪酬对工作结果的驱动其实是一种复杂、动态的作用机制，其实践并非如想象的那样简单，有必要在理论的指导下做进一步的探索。

通过检索国内外主要数据库文献可以发现，尽管全面薪酬的提出与实践至今已有30多年，但有关全面薪酬激励机制的量化实证研究却很少，目前的研究大都还停留在描述性论断上，这造成了研究结论的可靠性不足，以致于对实践的指导价值也十分有限。在我们看来，全面薪酬满意度是全面薪酬心理测量的构念，可以通过激励效应和分选效应两种机制对员工绩效产生影响，如果撇开心理测量的环节，则很难获得对之的准确评估。在两种效应研究中，虽然学界已对薪酬的激励效应做了许多考察，但对薪酬的分选效应研究一直很欠缺，而且以往研究大都假定总体员工样本是同质的。这些都使得我们在这一问题上的考察流于表象，不得其所。正是在此背景之下，本书试图从全面薪酬满意度这一构念的视角出发，综合运用逻辑演绎法、定量实证研究法和归纳法等，提出了全面薪酬满意度激励机制的次优路径模型，依此探讨全面薪酬满意度是如何通过激励效应和分选效应两种不同的机制激励员工的，特别是从假定总体员工样本具有异质性的个体视角来揭示分选效应的作用，从而推进全面薪酬满意度激励机制理论研究的深化与拓展，以期为作为零售企业及其他行业企业推行全面薪酬实践提供理论上的指导。

现阶段我国居民的消费层级和消费方式都发生了很大的变化，因此零售企业也需要在经营管理和业态发展上进行创新升级。尤其是在当前以国内大循环为主体、国内国际双循环相互促进的新的发展格局下，零售企业的创新发展对增强企业自身竞争力、畅通内需都具有极为重要的作用。然而，面对新生劳动力的负增长、劳动力成本的不断上涨与劳动力队伍的多元化，零售企业在人力资源管理上存在的问题也相继浮出水面，其中最为突出的一点便是对员工激励不足，即大多数零售企业较难通过加薪和提高福利等经济性薪酬来激励员工，而激励机制的缺陷也会制约零售企业在经营管理和业态发展上的创新。为增强劳动力市场上的竞争力，并形成稳定而高效的员工队伍，我国零售企业必须拓展思路，突破原有主要依靠经济性薪酬来激励与保留员工的观念，从全面薪酬的理念出发，考虑综合运用多种经济性与非经济性薪酬形式，构建系统化、精准化的全面薪酬激励机制。尽管在实践中我国的不少零售企业目前也实施了全面薪酬，但是在总体上看企业对全面薪酬认知还是比较有限的，员工对全面薪酬的满意度并不高，借此也可见出，全面薪酬激励机制的建立与运行尚不健全且针对性不强。此外，在理论研究上，目前我国零售企业的全面薪酬实践也未受到关注，有落后于实践的倾向。综上，本书的研究意义已不言自明。

本书以SF超市1799份有效问卷数据为样本，采用Spss、Amos和Mplus统计软件，对研究假设进行了量化实证统计检验，同时也以我国东中部地区零售企业467份有效问卷数据为样本进行了稳健性检验，研究结论支持了基于全面薪酬满意度激励机制的次优路径模型，主要观点如下：第一，全面薪酬满意度测量维度结构包括五维度，即薪酬满意度、福利满意度、工作生活平衡满意度、绩效与认可满意度和职业发展机会满意度。第二，全面薪酬满意度激励机制次优路径模型中的激励效应得到验证。具体而言，全面薪酬满意度各维度对工作绩效有显著正向影响，组织支持感在全面薪酬满意度各维度对工作绩效的影响中起到中介作用，薪酬沟通在福利满意度、工作生活平衡满意度、绩效与认可满意度和职业发展机会满意度对组织支持感的影响中起到正向调节作用，同时调节了福利满意度、工作生活平衡满意度、绩效与认可满意度和职业发展机会满意度通过组织支持感影响工作绩效的中介作用。第三，全面薪酬满意度激励机制次优路径模型中个体视角下分选效应得到验证。全面薪酬满意度存在三个有明显区别的潜在剖面，即较不满意度组、基本满意组和较满意组三个不同的员工子群体，它们在个人社会人口变量、工资水平和离职倾向上表现出较为明显差异，不同员工子群体的全面薪酬满意度对离职倾向有不同的影响，其中部分能通过不同工作价值观取向获得解释。此外，本书对八家《财富》世界500强零售企业全面薪酬实施现状的归纳总结表明，这些全球标杆零售企业已建立了相对系统的全面薪酬体系，对全面薪酬激励机制的理论推断提供了一定的实践支持。

根据上述研究结论，提出提高全面薪酬满意度以完善零售企业激励机制的管理建议主要有：应充分认识实施全面薪酬体系的必要性，积极推行低成本全面薪酬项目，改进全面薪酬沟通措施，并针对不同员工子群体实施定制化有差别的全面薪酬体系。

本书的理论贡献主要体现在：将全面薪酬满意度的构念引入员工激励机制研究，构建了包括激励效应和分选效应在内的全面薪酬满意度激励机制的次优路径模型，进而运用潜在剖面分析更准确地揭示了不同员工子群体在全面薪酬满意度分选效应下的个体差异，并通过稳健性检验使研究结论具有一定的普适性。本书在实践上的贡献表现在：基于全面薪酬满意度提出的完善零售企业激励机制的管理建议，预期对我国零售企业重塑系统化、精准化激励机制具有创新性应用价值，不仅对零售企业施行全面薪酬体系具有理论上的指导意义，也将对其他行业企业落实有效的全面薪酬体系提供重要的启发。

本书是在作者主持完成的北京市社会科学基金项目“基于全面薪酬满意度的北京零售企业员工激励机制研究”（项目编号：15JGB061）的研究报告基础上，修改并完善而成的。在顺利付梓之际，心中充满感激：感谢课题组成员们的通力合作、共同努力，使得课题研究圆满结项；感谢匿名评审专家提出的宝贵修改意见，进一步提升了本书的学术质量；感谢所有受访调研企业的总经理、人力资源部经理及员工朋友们的大力支持，使我的研究能够获取大量一手的数据资料。本书得到了北京工商大学学术著作出版经费的资助（学科建设—学科评估专项经费—工商管理），为此，我也感谢北京工商大学学术出版委员会的专家和商学院领导给予的宝贵支持！

目　录

| 第一章 |

绪　　论

一、研究背景和研究意义

（一）研究背景

我国零售业作为国民经济基础性行业，既是国家财政税收的重要来源，也带动了就业的增长，成为经济发展的助推器。来自国家统计局的数据显示，2018 年我国零售业税收收入较 2017 年增长 11.6%，增长速度高于所有行业平均水平；我国零售行业经营单位的从业人数为 6113.7 万人，较去年增长 4.3%①。2017 年我国的 GDP 为 82.7 万亿元，社会消费品零售总额为 36.6 万亿元，分别比 2016 年增长 6.9% 和 10.2%，并自 2003 年以来每年实现两位数增长；2017 年最终消费支出对我国 GDP 的增长贡献率达到 58.8%，自 2013 年以来已经连续四年成为推动我国经济增长的首要动力②。

尽管总体上我国零售业销售额处于平稳增长中，但无论是实体零售企业还是零售电商经营管理都面临着诸多挑战和困境，特别是在人力资源管理上存在突出的问题是，零售企业薪酬水平不高，在劳动力市场缺乏竞争力，基层一线员工、专业人才招聘难、离职率偏高、工作压力大。就实体零售企业

---

① 商务部流通发展司中国际电子商务心．中国零售行业发展报告（2018/2019 年）［R］．2019：12.

② 商务部流通发展司中国际电子商务心．中国零售行业发展报告（2017/2018 年）［R］．2018：23.

而言，自 2014 年薪酬增幅开始放缓，2016 年零售企业薪酬平均增长幅度为 2% ~6%，本书于 2017 年对北京 SF 连锁超市（中国百强连锁超市之一）的调查数据表明员工税后月薪酬在 2001 ~3000 元的占 62%，在 3001 ~4000 元的占 32.6%；根据《2016 ~2017 年中国零售业人力资源蓝皮书》，2016 年约 71% 的企业员工流失率在 28% ~47%、19% 的企业在 55% ~68%、20% 的企业超过 70%，其中基层员工流失率占总流失率的 65% 以上，中层人员占 21%，高管占 8% ~9%；而且，招聘最困难的是收银员、理货员、防损员等基层员工，而生鲜区管理人员、门店一线业务主管、店长等是招聘难度最大的关键岗位，总体上 2016 年 90% 的零售企业缺岗率在 5% ~9%；此外，现有任职者达不到岗位要求的“隐形缺岗”也非常普遍，2016 年零售企业隐形缺岗率平均为 15% ~21%，其中基层员工约为 23% ~35%，中层管理人员为 30% ~40%，高层管理人员为 12% ~25%；2016 年零售企业门店人均劳效约为 35 万 ~45 万元/年（标杆企业为 60 万 ~70 万元/年或更高），67% 的零售企业坪效低于 2.2 万元/平米/年，根据实体零售企业盈亏平衡计算，如果坪效低于 2.2 万元/平米/年，其盈利能力堪忧①。同样，零售电商也面临类似的问题，根据《2017 年度中国电商人才状况调查报告》，2017 年电商普通员工月薪酬在 3000 ~5000 元的占 49%，在 5000 ~7000 元的占 45%；员工年流失率在 20% ~30% 的占 26%，在 30% ~50% 的占 18%，基础岗位员工的流失率最高，存在人才需求缺口的电商企业占 84%，78% 的电商有招聘压力、47% 的电商有员工流失压力、44% 的电商有员工培训开发成本压力、29% 的电商有绩效管理压力②。

以上数据表明，虽然零售电商的薪酬水平略高于实体零售企业③，但相对于互联网行业偏低，总体来看零售行业属于低薪行业，薪酬缺乏竞争力、劳动强度相对较高；而且，在面临经济下行压力下零售企业盈利有限，由于高流动率、劳动合同与社保合规以及新生劳动力的负增长等带来的人力资源

① IBMG 中国零售业人力资源研究中心．2016 ~2017 年中国零售业人力资源蓝皮书［R］．2018.

② 电子商务研究中心，杭州赢动教育咨询有限公司．2017 年度中国电商人才状况调查报告［R］．2018 -4 -9.

③ 大多数薪酬调查数据是税前薪酬，社保费率按 15% 计算，税后薪酬水平电商仍然略高于实体零售企业．

各项成本却逐年攀升①②，人工成本费用控制能力对零售企业的竞争力影响越来越大，因此通过增加薪酬福利水平来提升劳动力市场竞争力并强化对员工的激励较为困难。此外，2015 年以后，“90 后”新生代员工逐步成为劳动力市场的重要力量，并与 20 世纪 60、70、80 年代的劳动者组成了目前的劳动力市场四个代际。因此，面对成本不断上涨的劳动力市场与劳动力队伍多元化，零售企业如何激励并留住员工成为其经营管理和业态创新成败的关键。经济性薪酬形式不再是唯一重要的激励因素，组织应提供更多的薪酬形式（Kelley 等，2007）。Wah（2000）指出组织控制或降低成本的压力导致了非经济性薪酬的增加，Heneman（2007）也认为在商业竞争的加剧使得组织难以每年提供加薪和增加福利情况下，不得不寻找其他的能够节省成本的薪酬形式以激励员工取得高绩效，由此促使薪酬福利向全面薪酬的转变。

综上所述，一方面，零售企业当前所处的劳动力市场竞争更为激烈，劳动力成本压力更大；另一方面，在当前以国内大循环为主体、国内国际双循环相互促进的新发展格局下，零售企业要抓住国家减税降费、促进消费升级所释放的居民消费潜力的契机，加快创新转型、谋取高质量和高效益的发展，必然会对人员素质、专业化程度的要求越来越高。因此，现阶段零售企业必须拓展思路，突破原有主要依靠经济性薪酬来激励与保留员工的观念，从全面薪酬的理念出发，考虑综合运用多种经济性与非经济性薪酬形式，构建系统化、精准化的全面薪酬激励机制。

全面薪酬（total rewards）是于 20 世纪 90 年代提出的。美国薪酬协会（WorldatWork，2006）认为，全面薪酬是指员工认为雇佣关系中有价值的所有经济性和非经济性报酬，包括薪酬、福利、工作生活平衡、绩效与认可、职业发展机会五种构成形式，这五种构成形式与员工的态度与行为有直接的关系，有助于吸引、保留和激励员工，以实现组织期望的绩效（美国薪酬协会，2012：3；Payne 等，2010）。目前美国欧洲很多组织实施了全面薪酬体系，

---

① IBMG 中国零售业人力资源研究中心．2016～2017 年中国零售业人力资源蓝皮书［R］．2018；电子商务研究中心，杭州赢动教育咨询有限公司．2017 年度中国电商人才状况调查报告［R］．2018－4－9.

② 对“人口红利”的几点认识：中国社科院副院长蔡昉一席谈［N］．经济日报，2015－6－18.

2015 年美国薪酬协会开展了一项覆盖 10 多个行业（包括零售业）的 1421 家组织的全面薪酬实施状况调查，受访企业对全面薪酬的五种形式及其所涉及的 50 个具体项目的应用做出回答，除基本工资外，其中 90% 以上的组织实施全面薪酬项目有：绩效加薪、非正式认可计划、人寿保险、伤残保险、员工援助计划、公假日工资、丧假、确定缴费计划、处方药计划、牙科与眼科保健、弹性支取账户、晋升/职业发展计划；80% ~89% 的组织实施的全面薪酬项目有：正式认可计划、PPO 医疗计划、学费补助和领导力培训；60% ~79% 的组织实施的全面薪酬项目有：地区工资调整、倒班和双语津贴或节假日补贴、个人绩效薪酬计划、留任奖金、健康储蓄账户、带薪休假、病假工资、弹性工作时间、远程办公、正式和非正式导师项目等（WorldatWork，2015）。

就零售行业而言，沃尔玛（Walmart）、亚马逊（Amazon）、好市多（Costco）、家得宝（Homedepot）、塔吉特（Target）、乐购（Tesco）、家乐福（Carrefour）等《财富》世界 500 强零售企业都普遍实施全面薪酬体系（详见本书第七章）。通过访谈和问卷调查发现，虽然我国零售企业在实践中并没有明确提出全面薪酬的观点，但样本零售企业实际上已经实施了全面薪酬，并结合我国的实际情况，推行了一些本土化全面薪酬项目，然而目前总体来看样本零售企业全面薪酬满意度不高、全面薪酬体系有待完善①，全面薪酬激励机制尚不健全；而且，全面薪酬的重要特征是基于员工的需求或偏好的定制化组合体系（Bussin 和 Van Rooy，2014），但样本零售企业全面薪酬体系针对性不强。此外，相对于一些高薪行业如金融、高科技公司和公共部门，虽然国内外零售企业的全面薪酬实践，在一定程度上表明了零售业等低薪行业实施全面薪酬体系可能的重要作用，但对于零售企业实施全面薪酬仍有一些争议：有观点认为，由于零售企业提供的货币薪酬水平较低，相对于全面薪酬的其他形式，员工可能更看重货币薪酬，并对全面薪酬的其他形式的激励作用持怀疑态度，因此零售企业实施全面薪酬的必要性不大；还有

① 研究样本统计结果表明，全面薪酬满意度均值：北京 SF 超市样本为 3.583；我国东中部零售企业样本为 3.224，其中北京地区样本为 3.262（五点计分）。以 SF 超市为样本的全面薪酬满意度五维度结构中删除了 3 个题项，而以东中部零售企业为样本的全面薪酬满意度四维度结构中删除了 6 个题项。由此可见，相对而言，SF 超市的全面薪酬满意度水平更高、全面薪酬体系更健全，但大多数零售企业全面薪酬体系不健全、满意度水平不高，详见第八部分的研究结论。

观点认为，正是因为较低的货币薪酬水平，员工更需要寻求全面薪酬的其他形式来作为低薪的补偿，因此零售企业非常有必要实施全面薪酬。

以上有关当前零售企业全面薪酬实践存在的不足以及争议，都反映了学术界对全面薪酬研究关注不足，理论研究尚不足以指导实践。美国薪酬协会认为全面薪酬有助吸引、保留和激励员工，Heneman（2007）研究也认为合适的全面薪酬体系能够产生有价值的经营成果，诸如提高员工士气、员工忠诚度、工作满意度以及组织绩效和员工工作绩效，但这些结论大都是描述性论断。检索国内外主要学术数据库文献发现，已有量化实证研究很少，对研究结论支持不强，而且我国零售企业的全面薪酬实践更是未曾得到研究的关注。

因此，本书试图从全面薪酬满意度这一构念视角出发、以全面薪酬满意度为自变量对员工行为和态度的影响进行实证研究，来探讨基于全面薪酬满意度的员工激励机制，以推进全面薪酬满意度的理论研究，并为我国零售企业等低薪行业以及其他行业企业全面薪酬实践提供理论指导，其具体理论意义和实践应用价值阐述如下。

（二）研究意义

对员工进行激励（incentive）是组织最重要的一项活动，是管理学中最具挑战性的课题（罗宾斯，2016），也是多个学科如心理学、经济学、组织行为学研究的重要课题，其中薪酬的激励机制即薪酬—绩效关系研究又受到了特别的关注。

薪酬通过两种不同的机制对绩效产生影响，即激励效应（incentive effect）和分选效应（sorting effect）（Gerhart 和 Fang，2014；格哈特和瑞纳什，2005：117－118；Lazear，2000）。激励效应是指在保持员工队伍特征不变的前提下，薪酬通过驱动组织现有员工的动机继而对其行为绩效产生影响，是一种直接激励效应；分选效应是指不同的薪酬安排和形式，可以通过吸引、选择和保留的过程对员工队伍构成和特征的改变而对绩效产生影响，是一种间接的激励效应（Lazear，1986）。也就是说，薪酬不仅通过改变现有员工的态度和行为来提高绩效，而且可以通过改变现有员工是哪些人（如工作价值观、能力、性格）来提高绩效；或者说，不同的薪酬制度会吸引和保留不同特征的员工，继而薪酬制度又对这些员工的绩效产生影响。

全面薪酬满意度是指员工对其获得的各种报酬形式表现出的某种情感态度水平，是员工对全面薪酬满足其需求的积极或消极的主观感受。Heneman和Judge（2000）指出对薪酬不满意可能对多方面的员工产出造成不利影响，因此全面薪酬满意度作为全面薪酬心理测量的构念，可以用于预测员工的行为和态度，即全面薪酬满意度通过激励效应和分选效应两种机制对员工绩效产生影响。已有理论和研究还表明，不同的全面薪酬形式具有不同的动机属性，会对员工行为和态度产生不同的影响（Chiang和Birtch，2011）。以往研究更多地集中在经济性薪酬满意度对员工行为和态度的影响上，虽然近年来研究开始拓展到非经济性薪酬满意度对员工行为和态度的影响上，但研究非常有限，而基于全面薪酬满意度构念、探讨其不同维度对员工行为和态度的影响研究则更少；此外，从薪酬的两种激励机制研究来看，激励效应一直是研究的重点，相对而言分选效应的研究一直很匮乏（Gerhart和Fang，2014；格哈特和瑞纳什，2005：117－118）；而且，以往研究大都在假定总体员工样本具有同质性的前提下来回答薪酬、薪酬满意度和员工产出之间的关系，忽略了这种关系中潜在的个体差异（De Gieter和Hofmans 2015；Hofmans等，2013）。然而，现实中几乎所有员工样本都具有一定的异质性，处于人生不同阶段、具有不同人口特征的劳动者所看重的全面薪酬形式有显著差异（Leaf和Ryan，2010；Von Bonsdorff，2011；Dubinsky等，2000；Bussin和Van Rooy，2014），以及不同工作价值观的员工在全面薪酬满意度上对其行为或态度影响上可能存在差异（DeGieter和Hofmans，2015；Hofmans等，2013），因此需要关注总体样本异质性下员工个体特征与全面薪酬的匹配关系的分选效应研究。

综上，本书的理论意义体现为如下三点：第一，综合运用社会交换理论、信号理论以及个人—组织匹配理论，构建包括激励效应和分选效应两种机制的全面薪酬满意度激励机制的次优路径模型，对全面薪酬满意度是否并在何种条件下有助于留住员工、并形成高工作绩效的员工队伍，做出更全面系统的量化实证研究；第二，全面薪酬满意度的构念拓展了以往基于经济性薪酬满意度的激励效应研究，以低薪行业零售业为样本的研究，获得全面薪酬满意度测量维度结构，以及据此揭示全面薪酬满意度激励效应的作用机制，都会对该领域的研究文献有所贡献；第三，运用潜在剖面统计技术分析全面薪酬满意度的分选效应在不同员工子群体中的差异研究，将研究从假定同质的总体员工样本延伸到假定总体员工样本具有异质性，关注员工个体特征与全面薪酬的匹配关系的分选效应研究，进一步推进了薪酬间接激励机制即分选效应的研究。

本书的现实应用价值主要体现在以下两点：第一，为我国零售企业提供提高全面薪酬满意将会在哪些员工行为或态度方面做出最大改进的实践指导。基于全面薪酬满意度视角探讨零售企业员工激励机制的结论，拓宽了零售企业员工激励机制的路径，提出的提升全面薪酬满意度的精准化、可操作性激励措施，对于零售企业提高员工工作绩效、降低离职倾向有非常重要的理论指导价值。第二，为我国零售业等低薪行业以及其他行业企业的全面薪酬实践提供理论指导。以 SF 超市和我国东中部零售企业为样本的实证研究结论，以及对全球标杆零售企业全面薪酬实践的归纳总结，会对我国零售业等低薪行业以及其他行业企业基于全面薪酬满意度重塑员工激励机制具有实践参考意义。

二、研究方法和研究思路

（一）研究方法

采用逻辑演绎法、定量实证研究法和归纳法。

1. 逻辑演绎法。

通过文献回顾，基于社会交换理论、信号理论和个人—组织匹配理论提出研究假设，确定研究的概念及其测量变量。

2. 定量实证研究法。

采用半结构化访谈法和问卷调查法获取研究所需数据资料，并采用量化统计方法对问卷数据进行假设检验。

半结构化访谈法。根据拟定的访谈大纲，对北京两家大型零售企业和一家零售电商总经理、人力资源经理和员工进行半结构化访谈，获取零售全面薪酬实践现状一手资料，并对全面薪酬满意度、工作绩效、离职倾向、组织支持感、薪酬沟通和工作价值观变量测量量表，在概念上、文化上和样本上的适用性进行审核，同时进一步确定在全面薪酬实践中这些变量之间的关系与理论研究演绎逻辑是否一致。

问卷调查法。根据已有文献研究，选择适合研究的现有变量测量量表，组织实施问卷调查，对北京大型连锁超市 SF 超市进行大样本问卷调查，同时选择我国东部和中部大中型百货商场/购物中心、大卖场/中等规模超市/仓储会员店、便利店、专业/专卖店、B2C/02O 零售电商等多种零售业态企业实施问卷调查，建立研究所需的数据库。

测量统计方法。实证研究使用的统计软件有 Spss、Amos 和 Mplus。采用的统计方法有：运用 Cronbach's α 系数检验量表的信度；运用探索性因子分析和验证性因子分析检验量表的效度；运用 Harman 单因素法进行共同方法偏差检验；运用描述性统计分析概述样本基本状况；通过相关分析、多元线性回归分析、层次回归分析和 Bootstrap 法，来揭示全面薪酬满意度对工作绩效影响的主效应、组织支持感的中介作用、薪酬沟通的调节作用及其有调节的中介作用；运用潜在剖面分析、回归分析、方差分析和 T 检验，探讨不同员工子群体的全面薪酬满意度对离职倾向的不同影响以及在工作价值观上的差异。

3. 归纳法。

选取八家《财富》世界 500 强全球零售企业，对其中七家企业采用查阅其本土官方网站的二手数据法，对其中一家企业中国公司采用半结构访谈法，获取这些标杆零售企业全面薪酬实践资料，归纳总结标杆零售企业全面薪酬实践经验。

（二）研究思路

本书的总体思路是根据以上所确定的逻辑演绎法、定量实证研究法和归纳法而设计的，具体而言：第一步，基于研究背景提出研究问题。阐述研究全面薪酬满意度激励机制在实践应用上和理论研究发展上的需要。第二步，文献回顾。通过对全面薪酬满意度研究文献的回顾，确定研究概念并分析研究概念之间的关系，获得研究启示，进一步明确研究的具体问题。第三步，研究的理论基础。根据社会交换理论、个人—组织匹配理论和信号理论的主要观点，对研究变量间的关系进行理论逻辑推演，结合已有研究文献，提出研究假设和模型。第四步，实证研究。包括确定变量测量量表和合适的样本来源，采用问卷调查法收集研究所需要的数据，运用量化统计分析对研究假设进行检验，并进行进一步的稳健性检验；第五步，归纳研究。对选取的八家《财富》世界500强零售企业全面薪酬实施现状的数据资料进行归纳概括，提炼可供借鉴的实施经验。第六步，研究结论的讨论与管理建议。阐述研究结论对基于全面薪酬满意度激励机制研究的深化与拓展，并通过借鉴全球标杆零售企业全面薪酬实践，提出零售企业提升全面薪酬满意度激励机制的措施，以及在低薪行业的推广应用，最后基于本书研究存在的不足提出未来研究展望。

三、研究内容和研究框架

（一）研究内容

本书拟探讨以下的四个方面研究问题是：

第一，零售企业全面薪酬满意度的测量包括哪几个维度与构成要素？

第二，全面薪酬满意度会对零售企业员工工作绩效产生怎样的影响？全面薪酬满意度又是如何影响员工离职倾向的？

第三，全球标杆零售企业全面薪酬的实践对我国零售企业有哪些值得借鉴的方面？

第四，如何完善零售企业基于全面薪酬满意度的激励机制？

以上研究问题构成了本书的四项主要研究内容：

1. 零售企业全面薪酬满意度的测量研究。

本书借鉴全面薪酬满意度测量的相关研究文献，基于美国薪酬协会的全面薪酬模型，结合对零售企业调研，对全面薪酬满意度的测量量表做了修订，通过探索性和验证性因子分析，获得零售企业全面薪酬满意度测量维度结构及其构成要素。

2. 零售企业全面薪酬满意度的激励机制研究。

通常，可以将组织机制（mechanism）看作组织构成要素之间的相互作用关系或运行方式。运用定量实证研究法，去发现组织各种现象的产生机制，既要探寻变量间的因果关系，即主效应关系，而且也要去寻找自变量是否通过对另一个变量的影响而引致了与因变量的关系发生变化，即中介作用，并要弄清楚在不同条件下自变量和因变量之间关系是否都是相同的，即调节作用（陈昭全等，2018：72），以及去进一步发现在自变量与因变量关系上是否有个体差异。因此，本书综合主效应、中介作用、调节作用以及差异化分析来揭示零售企业情境下基于全面薪酬满意度的激励机制。本书选择薪酬管理实践的两个关键结果变量工作绩效和离职倾向（Belogolovsky 和 Bamberger，2014），通过探讨全面薪酬满意度对工作绩效的影响来揭示激励效应，全面薪酬满意度对离职倾向的影响来揭示了分选效应。

首先，激励效应研究。基于已有研究文献，根据社会交换理论选取全面薪酬满意度作为自变量、工作绩效为因变量、组织支持感为中介变量，根据信号理论选取薪酬沟通作为调节变量，建立有调节的中介模型，运用层次回归分析和 Bootstrap 法等统计方法，以发现全面薪酬满意度对工作绩效的直接激励机制。

其次，分选效应研究。基于已有研究文献，根据社会交换理论、个人—组织匹配理论与信号理论，以全面薪酬满意度为自变量、以离职倾向为因变量，运用潜在剖面分析、回归分析、方差分析和 T 检验等统计方法，来探讨不同员工子群体的全面薪酬满意度对离职倾向不同的影响以及在个人社会特征变量和工作价值观上的个体差异，以发现个体视角下全面薪酬满意度对员工队伍的分选效应，从而揭示全面薪酬满意度通过分选效应的间接激励机制。

3. 全球标杆零售企业全面薪酬实践研究。

根据 2017 年、2019 年《财富》世界 500 强上榜的零售企业，选择其中五家美国企业和三家欧洲企业，阐述这八家标杆零售企业全面薪酬实施现状，并归纳其共性，获取对我国零售企业全面薪酬实践的启示。

4. 零售企业构建提升全面薪酬满意度的激励机制的对策研究。

根据全面薪酬满意度激励机制的研究结论，借鉴全球标杆零售企业全面薪酬实践经验，提出我国零售企业改进全面薪酬体系的管理措施，以提升全面薪酬满意度，从而提高员工工作绩效并降低离职倾向，并可推广到低薪行业企业。

（二）研究框架和结构安排

根据以上的研究思路与研究内容，提出总体的研究框架如图 1.1 所示：

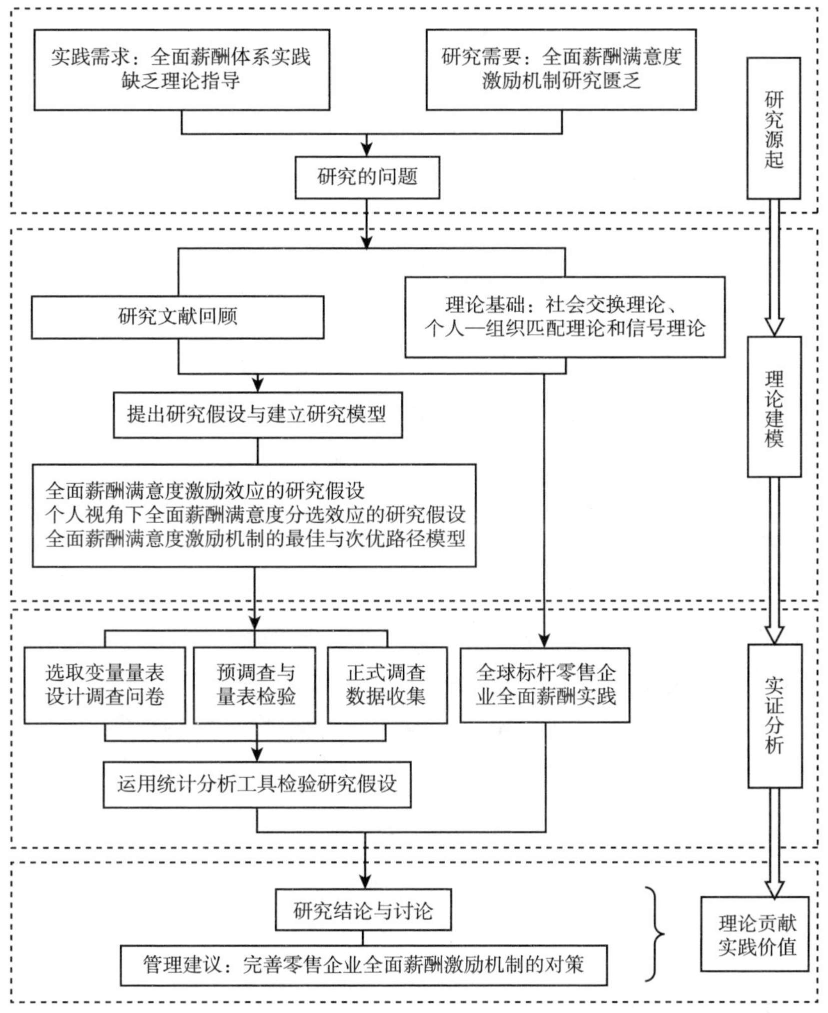

图 1.1 总体研究框架

本书主要包括八章内容，结构安排如下：

第一章，绪论。阐述研究背景与意义、研究方法与思路、研究内容与框架、研究创新与难点。

第二章，研究文献综述。对薪酬的激励效应和分选效应、研究构念界定与测量和研究构念之间关系进行文献梳理与评述，以获得研究启示。

第三章，研究的理论基础与研究假设。对已有研究理论进行评述，并阐述社会交换理论、个人—组织匹配理论、信号理论的主要观点，基于上述理论对变量之间的关系进行逻辑演绎推论，由此提出研究假设和建立研究模型。

第四章，实证研究设计。包括变量的测量、问卷设计、小样本预调查收集数据、正式调查收集数据、全面薪酬满意度的测量维度结构研究。

第五章，全面薪酬满意度激励效应统计检验。包括量表的信效度和共同方法偏差检验、描述性统计分析和相关分析，以及运用层次回归分析和Bootstrap法对研究假设进行统计检验。

第六章，个体视角下全面薪酬满意度分选效应统计检验。包括量表的信效度和共同方法偏差检验、描述性统计分析与相关分析，以及运用潜在剖面分析、回归分析、方差分析和T检验对研究假设进行统计检验。

第七章，全球标杆零售企业全面薪酬实施现状。阐述美国和欧洲标杆零售企业全面薪酬实施现状。

第八章，研究结论、管理建议与研究展望。归纳总结全面薪酬满意度激励效应、分选效应及全球标杆零售企业全面薪酬实践的研究结论，并进行讨论，由此提出完善我国零售企业及低薪行业企业全面薪酬满意度激励机制的管理建议，并指出研究的不足与展望。

此外，在附录D和附录E中分别对全面薪酬满意度激励效应和个体视角下全面薪酬满意度分选效应进行了稳健性检验。

四、研究创新和难点

（一）研究创新

全面薪酬对员工工作结果的驱动是一种复杂、动态的作用机制，全面薪酬各维度所发挥的作用可能因人而异（Payne 等，2010），这一方面加大了研究难度，另一方面也展示了研究空间的广度与深度，并对研究者在理论研究框架模型构建及研究的实践应用上都提出了挑战。本书试图做出的理论和实践贡献如下：

1. 在理论上的创新。

具体而言，体现在以下四个方面：

第一，将全面薪酬满意度的构念引入组织员工激励机制研究，并首次获得我国零售企业全面薪酬满意度测量维度结构。不同于以往经济性薪酬、非经济性薪酬激励机制相分离的研究，全面薪酬满意度整合了各构成维度激励机制的研究，并基于所获取零售企业全面薪酬满意度测量维度结构，试图发现全面薪酬满意度各维度对员工行为与态度的不同影响，在理论研究具有一定的突破性。

第二，构建基于全面薪酬满意度激励机制的次优路径模型。不同于以往仅包括直接激励效应的研究，本书提出的激励机制路径模型还包括间接激励效应即分选效应的研究，因此对全面薪酬激励机制的研究更系统全面，在理论研究上进行了拓展。

第三，运用潜在剖面分析，更准确地揭示了不同类型员工子群体的全面薪酬满意度分选效应的个体差异。不同于以往绝大多数假定总体员工样本是同质的研究，或者运用传统聚类分析的简单分类研究，而是遵从现实中几乎所有员工样本都具有一定异质性，引入通常在医学、心理学和教育学等领域应用的、以个体为中心的潜在剖面分析。虽然该统计方法目前在组织行为学研究中使用很少，但由于其基于概率模型能够精确有效地进行分类，因此更能准确地识别全面薪酬满意度存在的不同员工子群体类型，由此发现不同员工子群体的全面薪酬满意度对离职倾向的不同影响以及在工作价值观上的差异，从而实现从个体差异视角来揭示全面薪酬满意度的分选效应，因此该研究具有一定创新性。

第四，研究结论具有我国多地区、多零售业态的普适性。本书通过正式调查获取了两套样本数据，SF 超市的样本数据和我国东中部地区五种零售业态的样本数据，运用东中部地区零售企业样本数据对以 SF 超市为样本的研究结论进行稳健性检验，增强了研究结论的地区和零售业态的普适性，在此研究领域是一个创新。

2. 在实践上的创新。

以零售企业为样本、基于全面薪酬满意度的员工激励机制路径模型的研究结论，聚焦于低薪行业，为该类行业提供了全面薪酬实践的理论指导，而对于其他行业也有一定的启示作用。具体而言，基于全面薪酬满意度，提出的改进零售企业激励机制管理建议，预期对零售企业重塑精准化激励机制具有创新性应用价值，对我国零售业等低薪行业全面薪酬实践有借鉴作用，也对其他行业组织的全面薪酬实践有一定启发作用。

（二）研究难点

首先，可供直接引用的前期研究文献少。相对于较丰富的有关经济性薪酬满意度研究的国内外文献，学术界对全面薪酬满意度研究关注不足，特别是定量实证研究则更少，因此可供直接引用的前期研究文献少，需要借助于一些相关研究成果，这增加了研究的难度。

其次，量化研究所需要研究数据获取存在一定困难。零售企业普遍采用秘薪制，薪酬对于员工和企业都是敏感问题，这增加了研究所需数据资料的获取难度，从而给研究内容的完成带来了困难。此外，完整的分选效应研究需要试验数据或者企业二手客观数据的支持，遗憾的是，本书经再三努力未能获取这类数据，因此基于调查问卷数据全面薪酬满意度分选效应研究有所缺憾。

最后，零售业态发展变化十分迅速给研究带来了不确定性。2016 年实践界提出新零售的概念，将传统实体零售商和零售电商之间看作一种相互补充和相互包容的关系。近几年来，虽然两种业态激烈的竞争依然存在，然而无论实体零售还是零售电商都开始向全渠道零售业态转型，新零售全渠道的经营理念，不仅带来了零售企业内部组织重构、职能重构，而且也引发了零售企业业态的重构。由于这一变化还在演进中，存在诸多不确定性，为反映实践中零售企业的最新发展，并确保研究结论具有普适性，必然增添了研究样本选择的难度。

| 第二章 |

研究文献综述

薪酬激励机制包括激励效应和分选效应两种不同的机制，本章通过检索国内外文献数据库①，对两种效应的研究、所涉及的六个构念内涵与测量及其相互关系的已有研究文献进行系统回顾。

一、薪酬的激励效应和分选效应

薪酬的激励效应一直是薪酬与绩效关系研究的重点，这一研究领域积累了大量的研究文献；相对于激励效应研究，有关薪酬分选效应的研究一直极为有限（Gerhart，Fang，2014；格哈特，瑞纳什，2005），而研究薪酬的激励效应和分选效应同时发生作用的文献则更为少见。以下对两种效应内涵界定及有关薪酬激励效应和分选效应同时发生作用的文献进行回顾，并指出由此获得的研究启示。

（一）薪酬的激励效应和分选效应界定

薪酬通过两种不同的机制对绩效产生影响，即激励效应（incentive

① 研究检索的国内外数据库主要有中国知网、百度学术、中国国家图书馆、EBSCO、Emerald和Proquest，所选取的英文文献以权威SSCI期刊、高被引文献为主，包含少量非SSCI文献，中文文献以CSSCI和北大核心期刊文献为主，包括少量非CSSCI和非北大核心期刊文献，另外还包括少量博士论文以及经典著作文献。

effect）和分选效应（sorting effect）（Gerhart 和 Fang，2014；格哈特和瑞纳什，2005；Lazear，2000），如图 2.1 所示（Gerhart 和 Fang，2014）。激励效应是指在保持员工队伍特征不变的前提下，薪酬通过驱动组织现有员工的动机继而对其行为绩效产生影响，是一种直接激励效应；分选效应是指不同的薪酬安排和形式，可以通过吸引、选择和保留的过程对员工队伍构成和特征的改变而对绩效产生影响，是一种间接的激励效应（Lazear，1986）。也就是说，薪酬不仅通过改变现有员工的行为、态度来提高绩效，而且可以通过改变现有员工是哪些人（如工作价值观、能力、性格）来提高绩效；或者说，不同特点的薪酬制度所吸引和保留的员工可能具有的不同特征，继而薪酬制度又对员工的绩效产生影响。

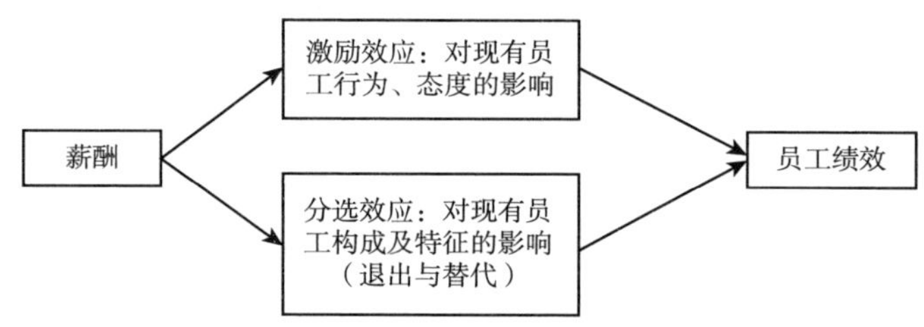

图 2.1　薪酬的激励效应和分选效应

（二）薪酬的激励效应和分选效应的共同作用

薪酬分选效应研究源自学者们观察到薪酬合同对员工行为或绩效的激励中包含分选效应的共同作用（Gerhart 和 Fang，2014），所以其研究晚于激励效应研究，而且二者共同作用的研究只在分选效应的研究中才涉及，因此本研究以“sorting effect”“pay”“compensation”以题名或关键词的组合词检索英文文献，以“分选效应”“选择效应”“薪酬”和“工资”为题名或关键词的组合词检索中文文献，甄选出英文论文文献 12 篇，目前尚未有中文文献涉及两种效应共同作用研究。

Chow（1983）以大学生为被试的实验研究表明，个体技能越高越倾向选择预算工资制，个体技能越低越倾向选择固定薪酬制，而且薪酬制度的自我选择可以影响薪酬制度的激励效应，个体绩效在绩效薪酬制下高于固定薪酬制下。Waller & Chow（1985）以大学生为被试的实验研究表明，个体的绩效能力与其选择绩效薪酬激励程度存在正相关关系，选择高绩效激励薪酬合同的个体绩效高于选择低绩效激励薪酬合同的个体绩效。薪酬激励效应和分选效应的最佳实践例证来自 Lazear（2000）的研究发现，当一家大型汽车玻璃公司将小时工资（固定薪酬）转变为计件工资后，生产效率在 19 个月的时间内提高了 44%，其中大约一半的生产率增长来自公司现有工人在激励效应下所增加的产量；另一半生产率的增长无法由现有员工在薪酬制度改变前后提高他们的生产率来解释，而是新的薪酬制度对员工队伍构成进行选择的结果即分选效应的结果，具体而言，是由于在新的薪酬制度下（计件工资具有更强的激励强度）较低生产率的工人退出或者说被生产率更高的工人所取代而带来的。Cadsby 等（2007）以澳大利亚某大学商科大学生为被试的实验法证实了选择绩效薪酬的个体比选择固定薪酬的个体绩效更好，原因是分选效应和激励效应共同发挥作用，并分解和比较了两种薪酬计划不同的分选效应和激励效应，研究表明：生产效率更高的个体会选择绩效薪酬计划，并且平均而言不论个体偏爱哪种薪酬计划，他们在绩效薪酬计划下的生产率更高；实验室设计的薪酬计划对个体生产率的激励效应不如分选效应强，因为实验室环境下不同薪酬计划分选效应发挥作用阻碍少于真实环境；风险态度对选择不同薪酬形式和绩效薪酬的激励效应都具有重要影响，选择绩效薪酬的个体比选择固定薪酬的个体风险厌恶更低，高生产率者在高风险厌恶的情况下选择绩效薪酬的可能性较小，且绩效薪酬的激励效应对风险厌恶较高者则较弱。Eriksson 和 Villeval（2008）以工程和商科专业大学生为被试的实验法研究结论进一步支持了 Lazear（2000）的发现：第一，从固定薪酬改为可变薪酬可以增加个体平均努力水平，高技能个体比低技能个体更容易受到绩效薪酬的吸引而增加努力；第二，转向绩效薪酬计划的可能性会扩大个体之间努力的差异；第三，生产效率的提高是激励效应和分选效应共同发挥作用的结果；第四，在固定薪酬和绩效薪酬之间进行选择的可能性会导致劳动力市场的分割，即高技能个体集中在实行绩效薪酬的公司，低技能个体则集中在采用固定薪酬的公司。Eriksson etal.（2009）以大学生为被试的实验研究表明，自行选择锦标赛薪酬的个体平均努力程度比计件薪酬下的个体高 32.47%，其中 14.63% 是锦标赛薪酬的激励效应带来的，17.84% 可归因于锦标赛薪酬的分选效应；锦标赛薪酬下的个体间努力程度差异更小，原因是锦标赛薪酬比计件薪酬不确定性更高，高风险厌恶、缺乏自信的个体更倾向选择计件薪酬方案，分选效应带来个体努力程度的同质性，即锦标赛薪酬下的个体工作动机强、平均努力程度更高、但差异更小；该结论再次支持了 Lazear（2000）、Eriksson 和 Villeval（2008）的观点。Dohmen 和 Falk（2011）以波恩大学的本科生和研究生为被试的实验研究表明，相较于在固定薪酬下，在计件薪酬和锦标赛薪酬两种绩效薪酬形式下个体的产出更高；产出的差异只有部分可以由个体的动机解释，更主要的是由分选效应产生的；能力越高的个体越有可能选择这两种绩效薪酬形式；此外，风险厌恶程度越低、自我能力评价高于他人的个体更可能选择锦标赛薪酬，女性和社会偏好更高的个体更倾向于选择固定薪酬。Trevoret 等（2012）以国家冰球联盟球员的公开数据为样本的研究表明，在工作具有相互依赖的情形下，相对于较低薪酬差距，较高薪酬差距的团队会吸引并留住更多高工作投入的球员，薪酬差距具有分选效应，这种分选效应可以提高团队绩效。Fehrenbacher 和 Pedell（2012）的实验研究表明，分选效应对生产率的影响大于激励效应；相对于被指定到某种薪酬计划组中的个体，在可自行选择计件工资、预算薪酬和固定薪酬组中的个体生产率变化更小。Shaw（2015）以美国 1000 家杂货商店全职员工的问卷调查数据为样本的研究表明，薪酬差距具有分选效应和激励效应；在高绩效薪酬感知下，薪酬差距对绩差的员工离职率有显著正向影响，且薪酬差距对组织绩效和绩效差员工离职率的间接影响更强；在低绩效薪酬感知下，薪酬差距对绩优员工离职率有显著负向影响，当削减薪酬且不实施绩效薪酬时，绩优员工离职率最高；在高绩效薪酬感知的组织中，薪酬差距对组织绩效有直接显著正向影响。Park 和 Sturman（2016）运用美国服务组织员工的两年纵向大样本客观数据，探究绩效加薪、一次性奖金和长期激励三种形式的绩效薪酬计划对员工工作绩效（激励效应）和自愿离职（分选效应）的相对影响，研究表明在同时执行三种绩效薪酬计划的多绩效薪酬计划情境中，相对于一次性奖金和长期激励，绩效加薪的激励效应与分选效应更强，而且在三种绩效薪酬计划中，只有绩效加薪具有激励与分选两种效应。此外，Belogolovsky 和 Bamberger（2014）以以色列某大学大学生为被试的实验法检验了在不同的绩效薪酬制度特征下，薪酬沟通政策的激励效应和分选效应的有调节的中介模型，研究结论表明：薪酬保密对任务绩效有负向影响，而且当绩效薪酬确定标准是相对的时候，这种影响会加大，而当绩效评价是客观的时候，这种影响会减弱；薪酬保密对（尤其对高绩效者）的留职意愿（分选效应）也有负向影响，在薪酬确定标准是相对的时候增强，而在绩效评估是客观的时候减弱。

（三）研究启示

以上研究文献表明：第一，薪酬对员工绩效影响的激励效应和分选效应既独立存在又具有共生性。激励效应是薪酬计划通过员工工作动机产生影响，其前提是薪酬计划能够提高员工动机，进而提高员工绩效；分选效应会通过改变员工队伍构成而对员工绩效产生影响，因为薪酬计划会影响申请工作的员工质量和离职员工的绩效水平。第二，不同的经济性薪酬计划形式与特征具有不同的激励效应和分选效应。这些经济性薪酬计划形式包括固定薪酬计划和多种绩效薪酬计划（如计件工资计划、绩效加薪计划、一次性个人奖金、长期激励计划），薪酬计划的特征涉及薪酬差距、薪酬沟通政策等。第三，已有研究无论使用的是实验数据还是实际企业数据，薪酬形式变量采用的都是客观指标数据。第四，从薪酬分选效应的变量关系研究来看，一是探讨了员工自身特征与其薪酬形式选择的关系，二是探讨了不同薪酬形式与离职之间关系。

由此获得的研究启示是：第一，进一步研究可扩展到非经济性薪酬形式，即探讨全面薪酬五种构成形式激励效应和分选效应的独立与共存的作用机制。第二，进一步研究可采用主观指标数据来检验两种效应的作用结果。因为即使在同一全面薪酬体系下，不同员工对不同的全面薪酬形式的感受会有不同，由此对其行为和态度可能产生不同的影响，因此研究员工对组织全面薪酬的主观感受即全面薪酬满意度对其行为与和态度的影响非常重要。工作绩效和离职倾向是薪酬对员工行为和态度影响的两个关键结果变量（Belogolovsky 和 Bamberger，2014），而且薪酬形式与离职之间关系是分选效应研究的一个重要方面，因此本书基于全面薪酬满意度、工作绩效、离职倾向等变量的主观测量数据，通过研究全面薪酬满意度对工作绩效的影响来揭示激励效应机制，通过研究全面薪酬满意度对离职倾向的影响来揭示分选效应机制。第三，搭建全面薪酬满意度激励效应有调节的中介模型。全面薪酬满意度需要通过工作动机对员工绩效产生影响，因此本书选取组织支持感作为中介变量建立全面薪酬满意度中介激励效应模型。此外，在不同条件下主效应因果关系和中介效应可能不同，在不同的薪酬沟通政策下全面薪酬满意度可能对工作绩效有不同的影响，因此把薪酬沟通作为调节变量，构建了全面薪酬满意度通过组织支持感的中介作用对工作绩效产生影响的有调节的中介模型。第四，从个体差异视角探讨全面满意度的分选效应。分选效应会通过改变员工队伍构成而对员工绩效产生影响，体现了具有不同个人特征的员工对全面薪酬不同形式会有不同偏好，因此全面薪酬满意度存在不同员工子群体的差异，而工作价值被认为是预测的个体差异发生作用的重要影响因素（Hofmans 等，2013；De Gieter 和 Hofmans，2015），因此有必要探讨不同员工子群体的全面薪酬满意度对离职倾向影响是否有不同，以及员工的工作价值观是否可以解释这种不同，从而真正揭示全面薪酬分选效应的个体差异。

综上文献回顾，找出了基于全面薪酬满意度的激励机制研究值得推进的新方向，并获取了研究的六个构念变量，分别是全面薪酬满意度、工作绩效、离职倾向、组织支持感、薪酬沟通和工作价值观。本章以下内容将对这六个构念界定与测量及其关系的进行系统文献梳理，进一步从文献上获得和确定研究的突破点，同时为研究假设提供支持。

二、研究构念的界定与测量及相关研究

（一）全面薪酬满意度的界定与测量

1. 全面薪酬的定义与构成形式及其要素。

（1）全面薪酬的定义。

全面薪酬的英文最常用的是“total rewards”，也有研究者使用“total compensation”，如 Tropman（2001）指出的“total compensation”包括的 10 个要素，其内涵与“total rewards”完全一致，但是在有些场合中“total compensation”也常常仅指基本工资、绩效薪酬和员工福利等经济性薪酬（Milkovich 等，2016：10－11），因此本书全面薪酬的英文采用“total rewards”。

目前国内研究者对“total rewards”有五种翻译，分别是“全面薪酬”“总报酬”“整体薪酬”和“整体报酬”。截至 2020 年 5 月在中国知网（www. cnki. net）以篇名为“全面薪酬”检索到期刊论文有 154 篇、学位论文有 94 篇，以篇名为“全面报酬”检索到期刊论文有 25 篇、学位论文有 5 篇，以篇名为“总报酬”检索到期刊论文有 17 篇、学位论文有 3 篇，以“整体薪酬”为篇名检索的期刊论文 52 篇、学位论文有 9 篇，以篇名为“整体报酬”检索到期刊论文有 5 篇、学位论文有 8 篇。由此可见，“全面薪酬”是采用最多的翻译术语，因此本书采用这一译法。

通常认为，全面薪酬是于 20 世纪 90 年代由美国一些学者，在针对传统经济性薪酬对吸引、激励和保留员工的局限性基础提出的一种新的“新薪酬”（new“new pay”），并将新的“新薪酬”界定为给每一个员工设立自己的薪酬组合系统，并定期依据其偏好或需求的变化进行相应调整（Tropman，2001：1－18）。全面薪酬的概念是由新薪酬的发展而来的，表明从与工作有关的薪酬转向与人（或业绩）有关的薪酬（Duckett 和 Langford，2013）。Armstrong（2006）强调了全面薪酬概念的整体特征及其与整个人力资源战略中的一致性，认为全面薪酬框架包括特定的经济性薪酬（例如，基本工资、可变工资、股票和福利）和非经济薪酬（例如，工作生活质量、职业发展机会、认可）。美国薪酬协会①（WorldatWork，2000）指出全面薪酬不仅是员工从组织获得的所有薪酬要素的组合或者员工感受到的所有有价值的要素，还是组织保留、激励以及使员工满意的体系（Ludlow 和 Farrel，2010）。美国薪酬协会（2006）进一步完善了全面薪酬的定义，即全面薪酬是指员工认为雇佣关系中所有有价值的报酬，包括经济性报酬和非经济性报酬，具体指薪酬（compensation）、福利（benefits）、工作生活平衡（work－life balance）、绩效与认可（performance & recognition）和职业发展机会（development & career oportunity）五种构成形式，这五种形式与员工的态度与行为有

① 美国薪酬协会成立于 1955 年，当时英文名称是 American Compensation Association，ACA，2000 年更名为 WorldatWork，致力于推动薪酬福利、工作生活平衡以及全面薪酬的综合性教育培训认证、理论研究和实践发展的非营利性组织，为这一领域从业人员和组织提供专业化服务。

直接的关系，有助于吸引、保留和激励员工，以实现期望的组织绩效（美国薪酬协会，2012：3；Payne 等，2010）。

由此可见，全面薪酬的界定包含两层含义：一是全面薪酬包含所有对员工有价值的构成形式和要素，二是全面薪酬是一个具有吸引、保留和激励员工功能的综合体系。

（2）全面薪酬的构成形成及其要素。

全面薪酬构成形式及其要素划分经过了不断探索与演进的过程（谭春平等，2019），目前采用定性划分主要有：单一构成形式、两种构成形式、三种构成形式、四种构成形式、五种构成形式和六种构成形式。具体如下：

第一，单一构成形式。美世咨询公司（1993）指出全面薪酬由 8 种薪酬要素组合而成，分别是薪金、奖金、长期激励、福利、额外补贴、产品折扣、工作生活平衡、其他有形和无形的工作回报（Rabin，1995）。Tropman（2001）指出全面薪酬包括 10 种薪酬要素，它们是基本工资、工作用品补贴、附加工资、额外津贴、员工福利、晋升与发展机会、生活质量、心理收入和员工个人特定需求（如带狗上班）。

第二，两种构成形式。Armstrong（2006）认为全面薪酬包括经济性薪酬和非经济性薪酬两种形式，其中经济性薪酬（financial rewards）包括基本工资与可变工资、股票和福利等要素，非经济性薪酬（non – financialrewards）包括工作生活质量、学习和职业发展机会、认可等要素，Chiang 和 Birtch（2011）、Duckett 和 Langford（2013）及较多研究者采用该观点。

第三，三种构成形式。2000 年美国薪酬协会第一次公布包括薪酬、福利和工作体验三种构成形成的全面薪酬模型，其中薪酬包括工资、奖励等要素，福利包括健康关怀、退休金等要素，工作体验包含认可、工作生活平衡、组织文化、职业/专业发展和工作环境四个要素（美国薪酬协会，2012）。IRS 将全面薪酬划分为固定薪酬、绩效薪酬和环境薪酬三种构成形式，其中固定薪酬包括基本工资和退休金两个要素，绩效薪酬包括优先认股权和奖金两个要素，环境薪酬包括工作环境和发展前景两个要素（Nazir 等，2012）。De Gieter 等（2006）认为全面薪酬的三种构成形式包括经济性薪酬、非经济性薪酬与心理薪酬，其中经济性薪酬包括月工资和其他货币收入两个要素，非经济性薪酬包括人际关系支持、礼物、休假和健康保险等一般项目以及培训、工作时间安排等个性化项目四个要素，心理薪酬包括认可、赞美、工作的社会意义、感激、社会支持、工作环境和信心八个要素。Cao 等（2013）也指出全面薪酬有三种构成形式，分别是外在经济性薪酬、外在非经济性薪酬和内在薪酬，其中薪酬和福利属于经济性薪酬，绩效与认可属于外在非经济性薪酬，工作生活平衡和职业发展机会属于内在薪酬。De Gieter 和 Hofmans（2015）认为全面薪酬包括货币薪酬、物质薪酬和心理薪酬三种构成形式，其中货币薪酬包括基本工资和奖金等要素，物质薪酬包括培训机会和健康保险等要素，心理薪酬包括认可和赞扬等要素。

第四，四种构成形式。Zingheim 和 Schuster（2000）将全面薪酬划分为个人成长、全面工资、引人注目的未来和积极的工作环境形式，但未列出每一形式的具体要素。Roberts（2013）将全面薪酬划分为环境、发展、福利和薪酬四种构成形式，环境包括领导和文化、体力劳动、环境和工作生活平衡四个要素，发展包括职业机会、学习和发展、目标和培训三个要素，福利包括健康、退休/储蓄、带薪休假三个要素，薪酬包括基本工资、短期激励、股票/长期激励计划三个要素。

第五，五种构成形式。美国薪酬协会（2006）经过修订发布了第二代全面薪酬模型，包括五种构成形式，其中薪酬的四个要素包括固定薪酬、可变薪酬、短期激励薪酬和长期激励薪酬，福利的三个要素包括社会保险、团体保险和非工作时间报酬，工作生活平衡的七个要素包括带薪和不带薪假期、弹性工作安排、子女关怀、健康和情绪状态、社区参与、财务援助和参与管理文化变革，绩效与认可的两个要素包括绩效计划与认可计划，职业发展机会的三个要素是指导、学习机会和晋升机会（美国薪酬协会，2012；Bussin 和 Van Rooy，2014）。Giancola（2009）支持了这一观点。

第六，六种构成形式。Hay Group（2001）创立了的全面薪酬模型包括工作质量、工作生活平衡、鼓励和价值观、工作条件、未来的个人成长和发展机会以及有形报酬六种构成形式及其 32 个要素。2015 年美国薪酬协会公布了全面薪酬的第三代模型，划分为薪酬、福利、有效的工作生活、认可、绩效管理和人才开发六种构成形式，薪酬包括固定薪酬和变动薪酬等要素，福利包括健康和收入保障、储蓄和退休计划等要素，工作生活有效性包括组织对员工工作和家庭生活成功提供实践、政策、计划和理念上的支持等要素，认可包括正式认可计划和非正式认可计划等要素，绩效管理包括建立期望、技能展示、评价、反馈和持续改进等要素，人才开发包括对员工短期和长期职业发展的技能和能力提高提供机会和途径等要素（Worldat Work，2015）。

国内学者关于全面薪酬构成形式及其要素研究较少，基本上都采用上述国外的研究成果，在此不做赘述。综上所述，已有研究表明关于全面薪酬构成形式及其要素虽然存在一定的差异，但是总体上大同小异，其中全面薪酬由两种形式或五种形式构成的观点在实践和研究中最为常见。本研究认为，构成形式过少、区分简单，可能导致区分度欠佳，构成形式过多可能导致维度繁杂，通过比较以上全面薪酬构成形式的定性划分，发现美国薪酬协会（2006）五种构成形式的全面薪酬模型更为明晰，涵盖了全面薪酬的内涵，因此本书采用美国薪酬协会（2006）全面薪酬模型。

2. 全面薪酬满意度的界定与测量。

薪酬满意度是员工对获取的薪酬表示出的消极或积极情感态度水平（Miceli 和 Lane，1991），是薪酬研究领域的一个重要方面（格哈特和瑞纳什，2005）。根据薪酬满意度的定义，本书认为全面薪酬满意度（total rewards satisfaction）是员工对所获取的他们认为有价值的所有报酬表示出的消极或积极情感态度水平。

自 20 世纪 70 年代以来，有关薪酬满意度测量从单维度到多维度的研究已积累了较丰富的研究成果（李春玲，2016）。然而，就全面薪酬满意度而言，尽管全面薪酬提出至今已有 30 多年，但是对全面薪酬满意度的测量研究成果极其有限，本研究分别以“total rewards”“total compensation”且“satisfaction”为篇名或关键词检索英文文献；以“全面薪酬”“总报酬”“整体报酬”且“满意度”为篇名或关键词检索中文文献，通过国内外数据库检索到的较为规范实证研究论文不到 10 篇，综述如下：

第一，二维度量表。O’Driscoll 和 Randall（1999）采用全面薪酬满意度二维度量表，以新西兰和爱尔兰乳制品合作社牛奶工为样本，获得的两个分量表内在薪酬满意度和外在薪酬满意度的 Cronbach’s α 系数分别为 0.86、0.71，其中内在薪酬满意度维度包括工作多样化、工作挑战、使用技术和能力机会和工作自主等要素，外在薪酬满意度维度包括经济报酬、工作保障、同事关系、晋升与发展、工作条件、他人支持与工作绩效认可等要素。Hofmans 等（2013）使用二维度的全面薪酬满意度量表，以比利时跨部门员工、工业部门员工、非营利组织员工为样本，得到了两个分量表分别是经济报酬满意度和心理报酬满意度，其 Cronbach's α 系数分别是 0.96、0.95，其中经济报酬满意度包括实际工资收入等要素，心理报酬满意度包括上级对我的工作的表扬等要素。张廷君（2014）以科技人员为样本，检验了包括经济报酬与非经济报酬的二维度量表，总量表、各分量表的 Cronbach's α 系数分别为 0.95、0.91 和 0.95，经济报酬包括基本工资、津贴、绩效薪酬和五险一金等 5 个题项，非经济报酬包括工作稳定性、晋升机会、弹性工作时间、工作自主性等 15 个题项。

第二，三维度量表。De Gieter 和 Hofmans（2015）采用全面薪酬满意度三维度量表，以比利时金融机构行政管理岗位员工为样本，获得的三个分量表货币薪酬满意度、物质薪酬满意度和心理薪酬满意度的 Cronbach's α 系数分别为 0.97、0.93、0.95，其中货币薪酬满意度维度包括实际工资收入等四个要素，物质薪酬满意度维度包括总体员工福利状况等四个要素，心理薪酬满意度维度包括上级对我的工作的表扬等四个要素。

第三，五维度量表。Payne 等（2010）以美国某大学会计专业已工作学生为样本的实证研究，将美国薪酬协会全面薪酬五个构成形式及其要素作为全面薪酬满意度五个维度及其题项，但没有报告全面薪酬满意度量表的信效度。

第四，六维度量表。Snelgar 等（2013）采用全面薪酬满意度六维度量表，以南非的企业员工为样本，获得的六个分量表即基本工资满意度、浮动工资满意度、福利满意度、绩效和职业管理满意度、工作生活融合满意度和工作环境质量满意度的 Cronbach's α 系数都大于 0.7；Shelton 和 Renard（2015）以南非的医院护士为样本，运用修正后的 Snelgar 等（2013）的量表，获得的六个分量表的 Cronbach's α 系数都大于 0.7，总量表的 Cronbach's α 系数为 0.9。

3. 研究启示。

通过对以上研究文献的梳理，获得以下两点研究启示：

第一，全面薪酬定义及其构成形式的定性划分是一个不断探索和演进的过程。美国薪酬协会致力于推动全面薪酬的实践和理论研究，其全面薪酬模型（2006）在实践界获得普遍的认可，在理论研究中研究者对全面薪酬内涵和构成形式划分及其要素的表述大同小异，并且与美国薪酬协会（2006）保持大体一致。因此，本书采用美国薪酬协会 2006 年对全面薪酬的界定和构成形式划分。

第二，有关全面薪酬满意度测量的研究很匮乏，以零售企业员工为样本的全面薪酬满意度测量研究具有理论研究价值。已有文献测量使用的样本涉及多个国家、多种行业与岗位类型，说明全面薪酬满意度的测量可基于不同国家、行业和岗位类型的员工；已有有关全面薪酬满意度的测量维度及其要素都是基于全面薪酬构成形式和要素的定性研究成果进行的，因此本书的零售企业全面薪酬满意度的测量将以美国薪酬协会的全面薪酬模型（2006）五个构成形式及其要素为基础，借鉴 De Gieter 和 Hofmans（2015）、Snelgar 等（2013）、Payne 等（2010）量表，进一步发展与检验包括薪酬满意度、福利满意度、工作生活满意度、绩效与认可满意度和职业发展机会满意度的零售企业全面薪酬满意度五维度测量量表。

（二）工作绩效的界定与测量及相关研究

1. 工作绩效的定义。

目前关于工作绩效（performance）的界定有结果论、行为论和综合论三种观点，具体阐述如下：

第一，工作绩效界定的结果论。该观点将工作绩效看作可测量的工作任务的完成与组织目标的实现，是一种工作产出或工作结果（Bernardin 和 Beatty，1984；Tracy 和 Presha，2004）。虽然工作绩效的结果论也承认工作绩效受员工动机、特质和工作环境的影响，但认为最终工作产出结果才是绩效的真正体现。鉴于这一观点仅看重工作结果而忽略了某些对组织非常重要的有关工作过程和情境的因素，容易造成员工为追求个人工作成果而采取不当手段，对组织长期生存与发展有较大危害，因此该观点在学术界和实践界都受到质疑。

第二，工作绩效界定的行为论。该观点认为工作绩效是员工所做的有利于组织或组织目标的一系列可观测的行为（Campbell，1990；Murphy 和 Cleveland，1995）。目前该观点被大多数研究者和实践者所接受和认可（孙健敏和焦长泉，2002）。

第三，工作绩效综合论。该观点把工作绩效视作结果和行为的统一，认为工作绩效是个人及组织在特定的时期里、在完成特定工作任务和实现特定组织目标过程中表现出的行为、方式与取得的结果（Brumbrach，1988）。虽然该观点对工作绩效的界定较为全面，丰富了工作绩效的内涵，但该观点的工作绩效构念较复杂，基于该观点的工作绩效实证研究不多。

2. 工作绩效的测量。

目前研究者已普遍认可工作绩效测量多维度观点，主要有二维度、三维度、四维度、五维度和八维度测量结构，其中最常流行的是二维度和三维度测量结构。

第一，二维度测量结构。工作绩效的二维度结构中最主流的两个观点是：角色内行为和角色外行为（Katz 和 Kahn，1978）、任务绩效和周边绩效（Borman，Motowidlo，1993）。角色内行为（in-role performance）是指员工达到或超额完成职位职责要求的绩效标准，角色外行为（ex-role performance）是指能够积极承担职位职责以外的可以帮助实现组织目标的行为，包括团队合作、自我发展、维护组织声誉等。任务绩效（task performance）是指职位说明书明确要求的、与职位工作内容密切相关的行为；周边绩效（contextual performance），又译为情境绩效、关系绩效，是指员工积极承担的、与职位职责通常没有直接关联的行为，但对岗位任务的完成有促进作用。一般而言，任务绩效是角色内行为，周边绩效是角色外行为（王辉等，2003）。Motowidlo 和 Van Scotter（1994）编制了包括任务绩效与周边绩效的工作绩效的二维度量表，任务绩效与周边绩效的 Cronbach's α 系数都超过了 0.95，并以空军机械师为研究样本验证了任务绩效和周边绩效对总工作绩效产生的独立作用，且任务绩效与经验相关性更高，周边绩效与人格特质相关性更高。Riggle 等（2009）对 1986～2006 年的 167 篇论文进行元分析，其中任务绩效和周边绩效量表的加权平均 Cronbach's α 系数分别为 0.87 和 0.75。余德成（1996）运用台湾地区员工的样本数据，验证了在中国文化中任务绩效与周边绩效二维结构的适用性，王辉等（2003）以我国某银行员工为样本的研究也支持了二维结构在中国文化中的适用性，方绘龙和葛玉辉（2016）以我国科技企业员工为样本检验了任务绩效和周边绩效的 Cronbach's α 系数分别为 0.763、0.759。

第二，三维测量结构。Van Scotter 和 Motowidlo（1996）根据 Motowidlo 和 Van Scotter（1994）的二维结构模型基础上，把周边绩效进一步分成两个维度即人际促进和工作贡献，以美国空军机械师为样本数据，检验了任务绩效、人际促进和工作奉献三个子量表的 Cronbach's α 系数分别是 0.65、0.85、0.77。人际促进（interpersonal facilitation）是指有助于实现组织目标的人际倾向行为，如鼓励合作、主动帮助他人等行为，工作奉献（job dedication）是指遵守规章制度、工作努力、积极解决工作中出现的问题等自律性行为。王辉等（2003）以我国某银行员工为样本获得任务绩效、人际促进和工作奉献子量表的 Cronbach's α 系数分别为 0.87、0.89、0.93。孙健敏和焦长泉（2002）以我国企业员工为样本的研究将工作绩效划分三个维度，分别是任务绩效、个人特质绩效和人际关系绩效。

3. 工作绩效的前因变量。

通过国内外文献数据库的检索发现，有关工作绩效的前因变量的研究很丰富，大致有社会人口特征变量、个体特质变量、工作态度变量、工作特征变量和组织变量五个方面。社会人口特征变量主要有性别、年龄、学历、工作年限和职位等级等，个体特质变量主要有自我效能感、风险态度、成就需要和情绪智力等，工作态度变量主要有工作满意度、薪酬满意度、全面薪酬满意度、组织支持感、组织承诺和工作压力等，工作特征变量主要有工作自主性、工作资源可获取性和工作匹配等，组织变量主要有组织文化氛围、组织薪酬制度、领导风格和高绩效人力管理实践等。

通过进一步检索关键词“满意度”且“绩效”“satisfaction”且“performance”发现，关于“满意度”对“工作绩效”影响主要集中在工作满意度对工作绩效的影响方面，有关薪酬满意度与工作绩效关系的实证研究不多，而全面薪酬与工作绩效关系的实证研究则更少。尤其是，目前有关薪酬满意度对工作绩效影响的研究结论尚未达成一致，而全面薪酬满意度对工作绩效的影响机制则更加复杂，因此本书会增添这一领域的研究文献。本书将在后文研究构念之间关系部分对全面薪酬满意度对工作绩效的影响进行文献综述。

4. 研究启示。

第一，对工作绩效的界定采用行为论的观点，并采用二维度的测量量表。工作绩效的行为论观点得到普遍认可，Motowidlo 和 Van Scotter（1994）量表应用广泛且在我国文化背景下也得到了验证，因此本研究对工作绩效的界定采用行为论的观点，并以 Motowidlo 和 Van Scotter（1994）量表为主，其中任务绩效参照余德成（1996）的四个题项。

第二，全面薪酬满意度对工作绩效的激励效应有待进一步研究。已有研究文献表明，工作绩效的驱动因素和影响因素一直是工作绩效研究焦点课题，研究者从人口特征、个体特质、工作态度、工作特征和组织等多个方面进行了探讨，其中全面薪酬满意度对工作绩效激励效应的研究尚待进一步探究。

（三）离职倾向的界定与测量及相关研究

1. 离职倾向的定义与测量。

离职（turnover）是指员工在组织间的移动，也就是说，员工离开原来的组织、到新组织里工作。员工离职有两种类型，即自愿离职（voluntary）和非自愿离职（involuntary）。自愿离职是指由员工本人主动要求离开并退出其所在组织的行为，非自愿离职是指由组织方面主动要求员工离开组织，从而使员工被迫退出组织的行为。通常而言，员工自愿离职会给组织带来人力成本的增加以及人才流失等不良后果，组织希望能够预测员工的离职行为，因此本书研究的是自愿离职。

离职倾向（turnover intention）是指近期员工离开当前工作组织的个人主观意愿（Mobley，1982）。Mobley 等（1978）认为，离职倾向是一种有意识的、有意图的退出认知过程最后一个环节，该认知过程包括离开的想法、寻找其他工作意向和离开的意向，Griffeth 等（2000）的元分析结论表明离职倾向对实际离职行为有非常强的预测作用。

已有研究对离职倾向测量使用多个量表，其中基于 Mobley 等（1978）研究编制的三个题项单维度测量量表在研究中应用广泛，其信度得到了其后较多研究的支持，如 Carmeli 和 Weisberg（2006）研究获得的 Cronbach's α 系数为 0.9，本书采用该量表。

2. 离职影响因素模型与离职倾向的前因变量。

有关离职影响因素的研究有五个经典模型，其中 Mobley（1977）离职过程模型和 Price-Muelle（2000）模型在研究应用最广泛（金国荣，2014）。Mobley（1977）离职过程模型指出从员工对工作感到满意或不满意到正式离职包括了多个心理过程，通过对现有工作的评估对当前工作产生满意感或不满意感，如果不满意度就会产生离开当前组织的想法、寻找其他工作的意向、比较当前工作与可选择工作等，最后决定离职或留任，该模型还认为员工满意度和工作压力是影响员工离职的最关键性两个因素，其后的研究对该模型在理论上和实证上都做了进一步发展；Price-Muelle（2000）模型假设，员工怀着对组织的某种期望而进入组织，并追求净收益最大化，员工与组织间进行利益交换，组织向员工提供各种回报，用以交换员工的服务，基于上述假设该模型从个体变量、环境变量、过程变量和结构变量四个方面诠释了员工离职在心理上发生的变化（Carmeli 和 Weisberg，2006；金国荣，2014）。

通过国内外文献数据库的检索发现，有关离职倾向前因变量的研究非常丰富，根据离职影响因素模型，可把离职倾向前因变量分为三种类型：个体变量、组织变量和环境变量。个体变量包括个体社会人口特征变量和个体工作态度变量，个体特征变量有性别、年龄、工作年限、教育程度、婚姻状况、户籍和地区等，个体工作态度变量有工作满意度、员工满意度、薪酬满意度、工作压力、工作价值观、组织支持感、组织公平、领导－成员交换关系和组织承诺等。组织变量主要有领导风格、高绩效人力资源管理系统、员工导向人力资源管理实践和组织文化（如差错反感文化）等。环境变量主要包括经济发展状况、行业生命周期、社会就业压力和劳动力市场变化等外在变量。

3. 研究启示。

已有对离职倾向前因变量的研究大都基于上述离职影响因素模型，并积累了极其丰富的研究文献，对本书研究的启示如下：

第一，Mobley（1977）离职过程模型在理论可以支持全面薪酬满意度对离职倾向影响研究。Mobley（1977）离职过程模型指出员工满意度是影响员工离职的最关键性因素之一，而员工满意度的一个方面是全面薪酬满意度，但有关全面薪酬满意度对离职倾向影响的研究还有待于加强，并将在构念关系中主要综述全面薪酬满意度与离职倾向关系的文献，进一步指出全面薪酬满意度对离职倾向影响研究具有理论上和文献上的贡献。

第二，Price-Muelle（2000）离职影响因素模型体现了社会交换理论对全面薪酬满意度与离职倾向关系的理论解释。该模型假设员工和组织之间是一种交换关系，与社会交换理论主要观点具有一致性，因此可以进一步支持了社会交换理论对全面薪酬满意度与离职倾向关系逻辑演绎推理。

（四）组织支持感的界定与测量及相关研究

1. 组织支持感的定义与测量。

Eisenberger 等（1986）根据社会交换理论提出了组织支持感（perceived organizational support，POS）这一构念，并编制了组织支持感的单维度测量量表。Eisenberger 等（1986）认为，组织支持感是组织对员工做出的承诺，是员工对于组织重视其贡献和关心其福祉的总体信仰。员工之所以感知到组织的支持是因为员工将组织拟人化，即员工倾向于将组织代理的行为视为组织本身的行为，通过组织的代理，员工将其从组织获得愉悦或不愉悦的对待看作是组织看待其贡献和关心其幸福的依据。以往的研究强调员工对组织的承诺，而组织支持感从一个全新的视角诠释了组织与员工的关系，引起了学术界的普遍关注，此后形成了大量的研究。

有关组织支持感测量量表大致有：单维度量表、二维度量表、三维度量表、四维度量表和多维度量表。其中，Eisenberger（1986）编制的单维度量表包括 36 个题项，Cronbach's α 系数为 0.97。该量表得到了后续研究的广泛应用和验证，Riggle 等（2009）对 167 篇论文进行元分析，组织支持感量表的 Cronbach's α 系数在 0.71 ~ 0.98。而且，大多数研究者为研究方便，通常选择量表中因子载荷比较高的几项形成简化版的量表。采用 6 个题项简版量表的 Cronbach's α 系数分别在 0.755 ~ 0.88，如 Vatankhah 等（2017）、颜爱民等（2018）、苗仁涛等（2015）的研究；采用 8 个题项简版量表的 Cronbach's α 系数分别在 0.732 ~ 0.934，如 Neves 和 Eisenberger（2012）、孙健敏等（2015）、颜爱民和李歌（2016）、文吉和侯平平（2018）、方绘龙和葛玉辉（2016）的研究；采用 16 个题项简版量表的 Cronbach's α 系数为 0.94，如 Allen 等（2003）的研究；采用 17 个题项简版量表的 Cronbach's α 系数为 0.98，如 Moorman 等（1998）的研究。Rhoades 和 Eisenberger（2002）元分析指出由于研究需要，许多研究使用较少的项目，由于原始量表是单维的，具有较高的内部信度，因此使用较短版本的量表信度依然较高。

2. 组织支持感的相关研究。

（1）组织支持感的前因变量。

Kurtessis 等（2015）运用元分析对 492 篇论文 558 个研究中组织支持感的前因变量进行系统梳理，将这些前因变量划分为三类：第一类是对待组织成员变量，如，辱虐管理、领导成员交换、上级和同事支持、领导风格；第二类是员工组织关系质量变量，如，公平、心理契约、与组织价值观一致和组织政治感知；第三类是人力资源实践和工作条件变量，如，工作保障、弹性工作时间、家庭支持实践、发展机会、福利、工作丰富化、自主性、参与决策和角色压力。这一研究支持了 Rhoades 和 Eisenberger（2002）运用元分析对 73 篇论 177 个组织支持感前因变量的研究结论。此外，一些研究还表明，组织支持感的前因变量还有高绩效工作系统、企业责任、管理沟通、组织公平、薪酬满意度等（Vatankhah 等，2017；颜爱民等，2018；苗仁涛等，2015；颜爱民和李歌，2016；Neves，Eisenberger，2012；Moorman 等，1998；方绘龙和葛玉辉，2016）。此外，Zhang 等（2012）运用定性和定量研究方法得出，在中国文化下的组织支持感前因变量主要有：程序公平、内在公平、领导支持、分配公平、薪酬、福利、培训、职业发展、工作匹配、关心员工的特殊需求、关系员工家庭和工作条件，其中公平、领导支持、培训、职业发展、关心员工的特殊需求、关心员工家庭是更重要的前因变量，薪酬、福利相对次要，并分析其原因在于样本员工年轻、学历水平高。

（2）组织支持感的结果变量。

关于组织支持感结果变量的研究也非常多。Riggle 等（2009）对 167 篇论文进行元分析发现，组织支持感所涉及的员工态度与行为的四个结果变量是工作满意度、组织承诺、离职意愿和工作绩效，其中组织支持感对工作满意度、组织承诺的正向影响较强，对工作绩效（任务绩效和周边绩效）有适度的正向影响，对离职意愿有强烈的负面影响。其后，Kurtessis 等（2015）的元分析表明组织支持感的结果变量分为三类：第一类是组织和工作导向变量，如，与组织进行的经济和社会交换、感知义务、组织认同、情感承诺、规范承诺、工作投入和信任等；第二类是主观幸福感变量，如，工作满意度、工作自我效能、自尊、情感耗竭、压力和工作家庭冲突等；第三类是员工行为变量，如，角色内绩效、组织公民行为、离职倾向和反生产行为等。这一研究支持了 Rhoades 和 Eisenberger（2002）对组织支持感结果变量进行元分析的研究结论。

（3）组织支持感的中介作用。

目前关于组织支持感中介作用的研究也较多，主要有：组织支持感在薪酬满意度与工作绩效之间的中介作用；组织支持感在高绩效工作系统与亲社会性违规行为、员工建言之间的中介作用；组织支持感在企业社会责任与员工行为之间的中介作用；组织支持感在程序公平和组织公民行为之间的中介作用（如，Vatankhah 等，2017；颜爱民等，2018；苗仁涛等，2015；颜爱民和李歌，2016；方绘龙和葛玉辉，2016；Moorman 等，1998）；Zhang 等（2012）研究支持了组织支持感在个人职业发展、关心员工特殊需求、领导支持与组织公民行为、离职倾向之间起中介作用。

3. 研究启示。

第一，组织支持感的界定和测量获得较一致的看法。本书的组织支持感定义和测量采用 Eisenberger 等（1986）的观点。Eisenberger 等（1986）单维度量表，获得不同国家、行业、岗位样本的检验，具有很强的文化适用性。根据 Rhoades 和 Eisenberger（2002）的观点，本书选择其中 5 个较高因子载荷的题项 4、8、9、23、25 形成简化版量表。

第二，已有文献为本研究将组织支持感作为中介变量提供有力的文献支持。尽管目前还很欠缺组织支持感在全面薪酬满意度与工作绩效之间的中介作用研究，但基于社会交换理论提出的组织支持感，使该变量作为全面薪酬满意度与工作绩效之间关系的中介作用具有理论逻辑，而且已有有关组织支持感的研究为之提供了基础性的文献支持，将在后文构念关系中详述。

（五）薪酬沟通的界定与测量及相关研究

1. 薪酬沟通的定义与测量。

通过检索国内外数据库文献发现，至今有关薪酬沟通的实证研究非常有限（Belogolovsky 和 Bamberger，2014；Day，2007），并尚未发现全面薪酬沟通的实证研究，对全面薪酬沟通的阐述主要是实施措施的介绍，因此以下仅对薪酬沟通进行文献回顾。

在国外已有研究文献中，并未对薪酬沟通进行严格的界定。通常，将薪酬沟通看作有关薪酬信息的公开、透明，如薪酬保密（pay secret）和薪酬公开（pay openness）被认为是薪酬沟通政策的两个极端模式，薪酬沟通是包括这两个极端模式的连续体（Day，2007）。Belogolovsky 和 Bamberger（2014）指出薪酬保密是一种限制员工获取薪酬相关信息并阻止讨论薪酬问题的薪酬沟通政策，而薪酬公开则是向员工完全公布薪酬信息并允许员工讨论薪酬问题的薪酬沟通政策。一些描述薪酬沟通实践的文章将薪酬沟通看作组织向员工进行薪酬信息传递的具体措施，并强调薪酬沟通的有效性（Scott，2008）。通常，薪酬沟通的内容主要有组织薪酬的理念和战略、基本工资、绩效薪酬和员工福利（Shields 等，2009）。本书综合上述两种观点，将薪酬沟通界定为组织有计划地通过某些方式，就薪酬制度的建立与实施等信息与员工进行公开有效交流，以取得员工理解并达成共识的薪酬管理政策。

Day（2007）编制了薪酬沟通单维度包括 5 个题项的测量量表，以美国中西部大学商学院毕业生和 MBA、EMBA 学生为样本进行信度检验，Cronbach's α 系数为 0.75。Day（2011）编制了薪酬沟通单维度包括 4 个题项的测量量表，但未报告量表的 Cronbach's α 系数。对这两个量表题项进行对比分析，发现两个量表题项所表述内容非常相似。由于 Day（2007）报告了量表的信度，本书的薪酬沟通量表参考该量表，并根据中国企业实际情况进行适当的改编。

2. 薪酬沟通的相关研究。

由于薪酬沟通实证研究非常有限，以下文献回顾包括有代表性的基于大规模公开调查数据的百分比分析研究。

实证研究表明，有关薪酬沟通对工作满意度、薪酬满意度、薪酬公平感、工作绩效、离职倾向和组织效率的影响的研究结论大致有三种：一是，有积极影响的结论。Futrell 和 Jenkins（1978）运用实验法以药品销售人员为样本的研究发现，实施公开薪酬政策对销售人员工作绩效、薪酬满意度和工作满意度有正向的影响；Cappelli 和 Sherer（1988）以航空业员工为样本的研究表明，薪酬满意度与员工从管理层获得薪酬信息的程度之间存在着强烈的正相关关系，市场比较和市场工资是薪酬满意度最有力的预测因素；Day（2011）以美国中西部公立大学教职工为样本的研究发现，薪酬沟通对薪酬满意度有显著正向影响；Werner 和 Ones（2000）以 MBA 学生为样本的研究发现，员工的绩效和资历差异与薪酬不公平感相关，当与员工进行薪酬沟通时，会显著降低这种薪酬不公平感，薪酬沟通起调节作用。二是，有消极影响或没有显著影响的结论。Martin 和 Lee（1992）认为薪酬信息与积极的薪酬态度负相关；Day（2007）以美国中西部大学商学院毕业生和 MBA、EMBA 学生为样本的研究发现，薪酬沟通与薪酬满意度不相关，而且增强薪酬沟通会降低薪酬公平感。Giancola（2014）对 20 世纪 60 年代至 21 世纪 10 年代对薪酬公开政策的九篇文献回顾表明，在知晓其他员工薪酬信息和薪酬满意度、绩效之间没有显著相关关系，关于薪酬公开政策对任务绩效的积极影响的普遍观点没有得到证实，因为有些人在薪酬保密政策下绩效更高。三是，不同情境下有不同的影响。Bamberger 和 Belogolovsky（2010）运用实验法对薪酬保密政策对个人任务绩效影响的有调节的中介模型进行检验表明，对于那些容忍不公平程度高的人来说，薪酬保密政策对个人任务绩效有显著正向影响，而对于那些容忍不公平程度低的人来说，薪酬保密政策对个人任务绩效有显著负向影响。Nosenzo（2013）运用实验法研究表明，如果员工受到不平等对待，薪酬信息披露可能会对员工努力造成不利影响。Belogolovsky 和 Bamberger（2014）运用实验法研究结论表明，薪酬保密对任务绩效有负向影响，而且当绩效薪酬确定标准是相对时这种影响会加大，而当绩效评价是客观时这种影响会减弱；薪酬保密对（尤其对高绩效者）留职意愿也有负向影响，在薪酬确定标准是相对的时候增强，而在绩效评估是客观的时候减弱。

此外，来自大规模员工调查数据的百分比分析也表明，薪酬沟通对员工薪酬满意度、工作满意度、员工敬业度、离职倾向和组织效率的影响也有两种结论。一是有积极影响的调查结果，如 Mulvey 等（2002）对美国和加拿大 26 个组织 6000 名经理和员工的调查数据分析表明，员工了解薪酬和绩效管理信息，对薪酬满意度和组织效率都会产生积极影响；Shields 等（2009）通过对澳大利亚和美国的人力资源和薪酬从业人员的调查数据分析表明，发现薪酬沟通对组织绩效、薪酬满意度、员工保留和员工积极性有重要的影响；Smith（2015）通过 PayScale 薪酬咨询公司对 7.1 万名员工的调查数据分析表明，组织清晰地与员工进行薪酬沟通的能力是员工满意度和离职倾向的最重要的预测因素，诚实透明的薪酬沟通是一种无成本地提升员工敬业度的途径；在工资低于市场工资率时，进行薪酬沟通，会使 82% 的员工仍然对其工作感到满意。二是影响没有差异的调查结果，Card（2010）对美国三所州立大学 1700 名员工的调查表明，与员工不知晓同事薪酬相比，员工知晓同事的薪酬对薪酬满意度、工作满意度和求职意向的影响差别不大。总体来看，员工调查报告结论以支持薪酬沟通的积极作用为主要观点。

3. 研究启示。

第一，薪酬沟通在很大程度上涵盖全面薪酬五个构成形式的内容。薪酬沟通通常包括薪酬战略与理念、基本工资、加薪和奖金等绩效薪酬和员工福利相关信息，由于绩效薪酬会涉及绩效管理与认可、晋升与发展的信息，员工福利会涉及工作生活平衡某些项目和培训费用的信息，因此薪酬沟通在较大程度上覆盖了全面薪酬五个构成形式的内容。所以，虽然从研究构念逻辑上来看，对全面薪酬的研究应选择全面薪酬沟通作为研究变量，但是本书选择薪酬沟通这一构念作为研究变量是符合研究内容需要的。

第二，已有研究为薪酬沟通作为全面薪酬满意度激励效应的调节变量提供一定的文献支持。目前很有限的薪酬沟通文献的研究结论存在着争议，表明进一步探讨薪酬沟通政策在组织薪酬对员工态度和行为影响上作用是十分必要的；而且，已有研究较多关注薪酬沟通的两个极端薪酬保密和薪酬公开，对于薪酬沟通本身关注不够，因此将薪酬沟通作为调节变量进行研究具有重要的理论价值。

（六）工作价值观的界定与测量及相关研究

1. 工作价值观的界定。

目前关于工作价值观（work values）的界定有三种观点：第一，从需求视角来定义工作价值观。工作价值观是员工个人的内在需求或员工追求的工作特征和目标的表达（Super，1970）。这一定义获得了一些学者的赞同，认为工作价值观是员工通过工作所追求的目标和回报，是工作情境中人们的普遍价值观（Schwartz，1999）。第二，从判断标准视角来定义工作价值观。工作价值观是员工个人对工作行为和获得的某种工作结果的重要性做出判断（Braham 和 Elizur，1999）。这一定义也获得了一些学者的赞同，认为工作价值观是员工在工作中所呈现的价值取向，或员工对工作和职业选择所持有的态度或信念（凌文辁和方俐洛，1999）。第三，从整合需求和判断标准两个视角来定义工作价值观。霍娜和李超平（2009）认为工作价值观是员工在工作情境中所追求的目标和回报，能够引导员工个体对与工作和职业相关的行为和活动做出评价和选择的观念与信念。工作价值观能够决定员工从工作中想要获得满足的需求或偏好，本书采纳霍娜和李超平（2009）的观点。

2. 工作价值观的测量。

工作价值观与文化情境相关（Schwartz，1999），因此不同国家的学者开发了不少有代表性的工作价值观量表，根据本书的需要，以下主要综述应用较为广泛、信度得到较好验证的三个量表。

第一，SWVI 的 15 个维度和修订的 SWVI－R 的 12 个维度工作价值观量表。Super（1970）开发出包含追求新意取向、管理取向、成就感取向、环境取向、监督取向、安全感取向、生活方式取向、人际关系取向、审美取向、社会地位取向、变动取向、独立取向、经济保障取向、智力激发取向和利他主义取向共 15 个维度、52 个题项的工作价值观量表（SWVI），各维度分量表信度的中位数是 0.83（Wong 和 Yuen，2015）。Zytowski（2004）对 SWVI 进行修订，修订版工作价值观量表（SWVI－R）共 12 个维度，即成就取向、同事关系取向、创造性取向、经济保障取向、独立性取向、生活方式取向、挑战性取向、声誉取向、安全性取向、监督关系取向、追求新意取向和工作环境取向，每一维度包括6个题项，共72个题项。李万县等（2008）以企业员工为样本检验了SWVI量表的信度，Cronbach's α为0.94，验证了SWVI（1970）在中国的适用性。Robinson和Betz（2008）以大学生为样本对SWV－R进行了检验，结果发现其中11个维度的Cronbach's α为0.72，信度处于较高水平，只有一个维度未通过一致性信度检验。Wong和Yuen（2015）以香港大学生为样本检验SWVI分量表信度，有10个维度信度较好，5个维度信度较弱。总之，SWVI和SWVI－R量表覆盖面比较全面，且能体现时代变化，也得到了跨文化的检验，在已有的工作价值观量表中有较大的影响力，得到较为广泛的应用。

第二，Meyer等（1998）的三个维度工作价值观量表。Manhardt（1972）编制了包含25个工作特征的工作价值观量表，Meyer等（1998）对该量表做了修订，编制了三个维度包含22个题项的量表，三个维度分别是舒适与安全、地位与独立、能力与成长。秦启文等（2007）以我国企业员工为样本，得到三个维度及总量表的Cronbach's α都超过0.7。Meyen等（1998）量表比较简短，测量方便，其Cronbach's α在0.6～0.85，而且也在不同国家使用，具有跨文化的适用性（霍娜，李超平，2009）。

第三，吴铁雄等（1996）的7个维度工作价值观量表。该量表包括7个维度49个题项，7个维度分别是组织安全与经济取向、安定与免于焦虑取向、休闲健康与交通取向、社会互动取向、自我成长取向、自我实现取向、尊严取向。很多大陆和台湾研究者对该量表进行信度检验，较好地达到了统计测量的要求（霍娜，李超平，2009）。

3. 工作价值观相关研究。

有关工作价值观的研究主要集中在工作价值观的结果变量和将工作价值观作为调节变量两个方面。工作价值观的结果变量研究主要有：工作价值观对工作满意度、离职倾向、组织公民行为、工作绩效和创新绩效的影响（如，Hofmans等，2013；栾贞增，等，2017；黄中伟等，2016；秦启文等，2007）；以工作价值观为调节变量的研究，如工作价值观对工作经验和组织承诺关系的调节作用、对工作嵌入与员工流动倾向关系的调节作用、组织认同与建言关系的调节作用等（如，Meyer等，1998；徐茜和张体勤，2017；李燕萍等，2016）。

此外，通过中外数据库文献检索还发现，Hofmans 等（2013）、De Gieter 和 Hofmans（2015）研究表明，工作价值观可以解释不同员工子群体的全面薪酬满意度和工作满意度、全面薪酬满意度和离职倾向、全面薪酬满意度和工作绩效之间关系的差异。

4. 研究启示。

第一，选择适合研究目的的工作价值观量表。目前研究者对工作价值观的界定有三种观点，有关工作价值观测量量表众多。以往有关工作价值观的研究表明，可以从自身研究需要去界定工作价值观的构念并选择测量量表。本书借鉴 De Gieter 和 Hofmans（2015）的研究，从需求和判断标准两个方面对工作价值观做出界定，主要以 Super（1983）、吴铁雄等（1996）的量表为依据，参考 Meyer 等（1998）的量表，编制了包括经济保障取向、舒适生活取向、成就认可取向、能力与成长取向 4 个维度、14 个题项的工作价值观量表。

第二，从个体差异化视角研究工作价值观差异的影响是特别值得关注的新研究方向。虽然可以将工作价值观作为前因变量或调节变量探讨其对员工行为和态度的影响，但这些研究都是将总体员工样本看作同质的，而本书认为总体员工样本具有异质性，从个体差异的视角，探讨工作价值观如何解释不同员工子群体全面薪酬满意度对离职倾向的不同影响，将会进一步拓展全面薪酬满意度分选效应的研究。

三、研究构念之间的关系

（一）全面薪酬满意度激励效应的研究构念之间的关系

1. 全面薪酬满意度与工作绩效之间的关系。

有关全面薪酬满意度实证研究极少，全面薪酬满意度对工作绩效影响的实证研究就更少，以“total rewards”“total compensation”且“performance”，“全面薪酬”“总报酬”“整体报酬”且“绩效”为篇名或关键词，通过国内外数据库检索到较为规范的实证研究论文仅两篇。因此，以下文献回顾包括了只涉及全面薪酬满意度某个维度对工作绩效影响的研究，但这些研究并没有基于全面薪酬满意度的构念之上。

（1）全面薪酬满意度对工作绩效的影响。

Payne 等（2010）根据美国薪酬协会全面薪酬的五种构成形式，以美国某大学会计专业已就业学生为样本的研究发现，绩效与认可满意度和工作生活满意度对员工内在激励有显著正向影响，而薪酬满意度、福利满意度和职业发展机会满意度对员工内在激励无显著影响。De Gieter 和 Hofmans（2015）以比利时金融机构行政管理岗位员工为样本，从员工总体来看，只有货币薪酬满意度对任务绩效有显著的负向影响，物质薪酬满意度和心理薪酬满意度对任务绩效没有显著影响；运用潜在剖面分析，没有发现货币薪酬满意度、物质薪酬满意度和心理薪酬满意度对任务绩效的影响在员工子群体间的不同。

（2）全面薪酬满意度某一维度对工作绩效的影响。

第一，薪酬满意度对工作绩效的影响。Heneman 和 Schwab（1985）研究表明薪酬满意度包括四个维度结构，分别是薪酬水平满意度、福利满意度、加薪满意度和薪酬结构/管理满意度，这一结论为其后很多研究者所采用，以下文献综述中，如无特别指出，薪酬满意度均包含这四个维度或其中的三个维度。目前有关薪酬满意度与工作绩效关系的研究结论有两种：一种观点是呈显著正向影响，如 Curral 等（2005）以美国教师为样本的研究表明，薪酬满意度对教师的工作绩效如学生学业成绩有显著正向影响，Williams 等（2006）运用元分析的研究表明，薪酬水平满意度与工作绩效之间有微弱的正相关关系，其中与客观绩效评价的正向相关关系强于自评和上级评价，方绘龙和葛玉辉（2016）运用我国科技企业员工的样本数据研究表明，薪酬满意度对任务绩效、关系绩效有显著的积极影响，卢长宝等（2017）运用我国民营企业员工样本数据的研究表明，薪酬满意度对任务绩效呈显著正向影响，毕妍等（2016）运用中学教师的样本数据研究表明，薪酬满意度对工作绩效呈显著正向影响。第二种观点是无显著影响，如 Faulk（2002）以美国某州大型公共部门员工为样本的研究发现，薪酬满意度对任务绩效没有显著影响。

第二，非经济性薪酬满意度对工作绩效的影响。张俊琴（2008）以高校教师为样本的研究发现非经济薪酬对教学绩效和科研绩效都有显著正向影响，Ganiyu 等（2017）以尼日利亚制造业员工为样本的研究发现工作家庭满意度对工作绩效有显著正向影响。

2. 组织支持感的中介作用。

（1）全面薪酬满意度对组织支持感的影响。

通过检索国内外数据库，尚未找到全面薪酬满意度对组织支持感影响研究的文献，以下对关联研究进行综述。方绘龙和葛玉辉（2016）以我国科技企业员工为样本的研究发现，薪酬满意度对组织支持感呈显著正向影响。毕妍等（2016）以中学教师为样本的研究发现，薪酬满意度对组织支持感有显著正向影响。此外，Kurtessis 等（2017）、Rhoades 和 Eisenberger（2002）研究指出组织支持感的前因变量有：工作保障、弹性工作时间、家庭支持实践、发展机会和福利等，Zhang 等（2012）研究发现组织支持感的前因变量有培训、职业发展、关心员工的特殊需求、关心员工家庭、薪酬和福利，这些前因变量都涉及了全面薪酬的五种构成形式及其要素，并与组织支持感呈显著正向相关。Vatankhah 等（2017）、颜爱民等（2018）、苗仁涛等（2015）研究表明，高绩效工作系统对组织支持感呈显著正向影响，高绩效工作系统为员工提供的薪酬、福利、培训、晋升和发展机会也都涉及了全面薪酬的五种构成形式及其要素。Mohamed 和 Ali（2015）以马来西亚大学教师为样本的研究支持了薪酬、晋升、认可、工作保障等组织报酬和工作条件因素对组织支持感的正向影响。

（2）组织支持感对工作绩效的影响。

工作绩效是组织支持感的一个重要的结果变量。Riggle 等（2009）的元分析表明组织支持感对工作绩效（任务绩效和周边绩效）有适度的正向影响，Guan 等（2014）运用我国大学教师的样本数据研究表明组织支持感对任务绩效呈显著正向影响，Mohamed 和 Ali（2015）运用马来西亚大学教师的样本数据研究表明组织支持感对工作绩效呈显著正向影响，方绘龙和葛玉辉（2016）运用我国科技企业员工的样本数据研究表明组织支持感对任务绩效和关系绩效都呈显著的积极影响，毕妍等（2016）运用中学教师的样本数据研究表明组织支持感对工作绩效呈显著正向影响，颜爱民和李歌（2016）运用湖南省企业员工的样本数据研究表明组织支持感对角色内行为呈显著正向影响，Kurtessis 等（2017）通过元分析表明组织支持感与角色内绩效之间呈显著正向关系，Rhoades 和 Eisenberger（2002）的元分析表明组织支持感与角色内绩效和角色外绩效都呈显著正向关系。

（3）组织支持感在全面薪酬满意度与工作绩效的关系中起中介作用。

通过检索国内外数据库，尚未找到组织支持感在全面薪酬满意度与工作绩效关系中起中介作用研究的文献，以下对关联研究进行综述。方绘龙和葛玉辉（2016）以我国科技企业员工为样本的研究发现，组织支持感在薪酬满意度与任务绩效、关系绩效之间具有中介作用，毕妍等（2016）以我国中学教师为样本的研究发现组织支持感在薪酬满意度与工作绩效之间有中介作用，Mohamed 和 Ali（2015）以马来西亚大学教师为样本的研究支持了组织支持感在组织报酬、工作条件与工作绩效之间的中介作用，Vatankhah 等（2017）、颜爱民等（2018）、苗仁涛等（2015）研究表明组织支持感在高绩效工作系统与反生产行为、高绩效工作系统与员工亲社会性违规行为、高绩效工作系统与建言之间都具有中介作用。

3. 薪酬沟通的调节作用。

已有研究主要聚焦于薪酬对员工行为和态度的影响研究上，很少关注薪酬管理政策对员工行为和态度的影响（Day，2007），有关薪酬沟通的实证研究很有限。将薪酬沟通作为调节变量的研究只检索到一篇，Werner 和 Ones（2000）以 MBA 学生为样本的研究，探讨薪酬沟通分别与他人的绩效差异、资历差异和性别差异的交互项对薪酬不公平感的影响，研究表明薪酬沟通起到了降低员工在绩效和资历上的差异对薪酬不公平感正向影响的调节作用。

在已有有限的实证研究文献中，有关薪酬沟通政策对员工行为和态度有直接影响的研究结论并不一致：一些研究支持薪酬沟通对薪酬满意度、工作绩效有积极影响（Futrell 和 Jenkins，1978；Cappelli 和 Sherer，1988；Day，2011），另一些研究结论表明薪酬沟通对薪酬满意度、工作绩效没有影响（Martin 和 Lee，1992；Day，2007；Giancola，2014），还有研究表明不同情境下有不同的影响（Bamberger 和 Belogolovsky，2010；Nosenzo，2013；Belogolovsky 和 Bamberger，2014）。此外，基于大规模调查数据报告的结论以支持薪酬沟通的积极影响为主流观点（Mulvey 等，2002；Shields 等，2009；Smith，2015）。

4. 研究启示。

第一，有关全面薪酬满意度对工作绩效影响的研究需要进一步探索。文献回顾发现，由于全面薪酬满意度对工作绩效影响的研究非常匮乏，故本书将那些没有使用全面薪酬满意度构念，但研究涉及了全面薪酬满意度某一维度的论文也纳入文献综述，其中较多研究聚焦于薪酬满意度与工作绩效的关系，但研究结论尚未达成一致，而工作生活满意度、绩效与认可满意度和职业发展机会满意度对工作绩效影响的研究极少，因此确需在理论上进一步探讨全面薪酬满意度各维度对工作绩效的影响。

第二，组织支持感可以作为全面薪酬满意度激励效应的作用机制的中介变量。虽然全面薪酬满意度对组织支持感的影响以及组织支持感在全面薪酬满意度与工作绩效之间的中介作用还缺乏实证研究文献支持，但已有有关组织支持感前因变量和中介作用的研究对之提供了基础性的文献支持。

第三，薪酬沟通的调节作用。薪酬沟通作为调节变量的文献极少，而且已有探讨薪酬沟通对薪酬满意度和工作绩效等员工行为与态度的直接或间接影响的研究结论并不一致，这可能说明薪酬沟通做前因变量是不合适的；如前所述，薪酬沟通在很大程度上涵盖全面薪酬五种构成形式的内容，可以将薪酬沟通看作组织的全面薪酬管理政策，在不同的薪酬沟通政策下，全面薪酬满意度对工作绩效影响可能是不同的。因此，将薪酬沟通作为调节变量在变量关系上是成立的，在后文将基于信号理论对薪酬沟通作为调节变量进行理论逻辑推演。

（二）全面薪酬满意度分选效应的研究构念之间的关系

1. 全面薪酬满意度与离职倾向之间的关系。

有关全面薪酬满意度实证研究极少，全面薪酬满意度对离职倾向影响的实证研究就更少，以“total rewards”“total compensation”且“turnover”，“全面薪酬”“总报酬”“整体报酬”且“离职倾向”为篇名或关键词，通过国内外数据库检索到较为规范的实证研究论文仅两篇，因此以下文献回顾包括了只涉及全面薪酬满意度某个维度对离职倾向影响的研究，但这些研究并没有基于全面薪酬满意度的构念之上。

（1）全面薪酬满意度对离职倾向的影响。

De Gieter 和 Hofmans（2015）以比利时金融机构行政管理岗位员工为样本的研究发现，从员工总体来看，货币薪酬满意度和心理薪酬满意度对离职倾向有显著负向影响，物质薪酬满意度对离职倾向无显著影响；然而，运用潜在剖面分析发现，全面薪酬满意度各维度与离职倾向关系存在三个员工子群体组：在全面薪酬—离职组中，货币薪酬满意度、物质薪酬满意度、心理薪酬满意度对离职倾向有显著负向影响；在心理薪酬—离职组中，只有心理薪酬满意度对离职倾向有显著负向影响，而货币薪酬满意度和物质薪酬满意度对离职倾向无显著影响；在货币—薪酬离职组中，只有货币薪酬满意度对离职倾向有显著负向影响。Payne 等（2010）基于美国薪酬协会（2006）全面薪酬模型，以美国某大学会计专业已工作学生为样本的研究发现，工作生活平衡满意度对离职倾向呈显著负向影响，而薪酬满意度、福利满意度、绩效与认可满意度和职业发展机会满意度对离职倾向无显著影响。

（2）全面薪酬满意度某一维度对离职倾向的影响。

第一，薪酬满意度对离职倾向的影响。关于薪酬满意度对离职倾向影响的研究结论大致有两种观点：一种观点认为薪酬满意度对离职倾向呈显著负向影响，Faulk（2002）以美国某州大型公共部门员工为样本的研究发现，加薪满意度和薪酬结构/管理满意度对离职倾向呈显著负向影响，Curral 等（2005）以美国教师为样本的研究发现薪酬满意度对离职倾向有显著的负向影响，Williams 等（2006）通过元分析发现薪酬水平满意度与离职倾向有中度相关关系，Singh 和 Loncar（2010）以加拿大护士为样本的研究发现薪酬满意度对离职倾向有显著的负向影响，Panaccio 等（2014）以加拿大人力资源管理人员为样本的研究发现薪酬满意度对离职倾向有显著负向影响，Jung 和 Yoon（2015）以韩国豪华酒店员工为样本的研究发现薪酬满意度对离职有显著的负向影响，李春玲等（2016）以零售企业员工为样本的研究发现薪酬结构与管理、薪酬水平和员工福利满意度三个维度对离职倾向呈显著负向影响，Memon 等（2017）基于马来西亚石油天然气部门专业人员的样本数据研究表明薪酬满意度对离职倾向有显著负向影响，解进强和付丽茹（2019）基于中小型物流企业员工的样本数据研究表明薪酬满意度对员工离职倾向呈显著负向影响；第二种观点认为薪酬满意度对离职倾向没有显著影响，如

DeGieter 等（2010）基于比利时医疗机构的护士的样本数据研究表明薪酬满意度对离职倾向没有显著影响，De Gieter 等（2012）基于比利时公立中学教师的样本数据研究表明薪酬水平满意度对离职倾向没有显著影响。

第二，非经济性薪酬满意度对离职倾向的影响。如 DeGieter 等（2010）基于比利时医疗机构护士的样本数据研究表明心理薪酬满意度对离职倾向的负向影响显著，De Gieter 等（2012）基于比利时公立中学教师的样本数据研究表明心理薪酬满意度（包括认可与称赞）对离职倾向的负向影响显著，Caillier（2016）基于美国联邦机构员工的样本数据研究表明家庭友好计划满意度对离职倾向的负向影响显著，李宪印等（2016）基于我国不同地区企业员工的样本数据研究表明个人发展满意度对离职倾向的负向影响显著，兰玉杰和张晨露（2013）基于我国新生代员工的样本数据研究表明个人发展满意度对离职倾向的负向影响显著。

2. 工作价值观对全面薪酬满意度与离职倾向关系的影响。

有关工作价值观对全面薪酬满意度与离职倾向关系的影响，已有文献从工作价值观个体差异视角进行研究。De Gieter 和 Hofmans（2015）以比利时金融机构行政管理员工为样本，探析了工作价值观的个体差异能否解释全面薪酬满意度与离职倾向关系在不同员工子群体间的差异，研究发现心理薪酬满意度对离职倾向有显著负向影响的员工，在人际交往取向得分显著更高，而货币薪酬满意度对离职倾向的不同影响在经济保障取向得分高低上无显著差异、心理薪酬满意度对离职倾向的不同影响在成就认可取向得分高低上无显著差异。

类似的研究还有 Hofmans 等（2013）以比利时工业和非营利组织员工为样本，探讨工作价值观的个体差异是否可以解释全面薪酬满意度与工作满意度关系在不同员工群体的差异，研究发现经济薪酬满意度对工作满意度有显著正向影响的员工，在经济保障取向得分显著更高。

3. 研究启示。

第一，全面薪酬满意度对离职倾向的研究有待于进一步探索。全面薪酬满意度对离职倾向的研究极为匮乏，故本书将那些没有使用全面薪酬满意度构念，但研究涉及了全面薪酬满意度某一维度对离职倾向影响的论文也纳入文献综述，其中有关薪酬满意度对离职倾向的影响研究较多，而绩效与认可满意度、工作生活满意度和职业发展机会满意度对离职倾向的影响研究很少。已有绝大多数研究结论表明，全面薪酬满意度各维度对离职倾向有显著负向影响，但也有个别研究不支持这一结论，因此仍须进一步研究检验。

第二，从个体差异化视角探讨全面薪酬满意度对离职倾向的不同影响在工作价值观上的差异，推动全面薪酬满意度分选效应研究真正落实到员工个人层面。以往研究是将员工样本作为一个同质总体，假定全面薪酬满意度对所有员工行为或态度都有相同的影响，而实际上几乎所有员工样本都具有一定的异质性，不同员工个体对全面薪酬的偏好不同，会反映在全面薪酬满意度在不同员工子群体上差异，以及工作价值观可以解释不同子群体全面薪酬满意度对离职倾向影响的不同；全面薪酬分选效应体现了员工个体与组织全面薪酬匹配程度，以往将员工看作同质总体的研究难以精确地揭示这种匹配关系，因此个人差异这一视角的研究推动了全面薪酬满意度分选效应真正落实到员工个人层面，具有理论研究上的新意。

| 第三章 |

研究的理论基础与研究假设

一、对已有研究理论的评述

对员工进行激励（incentive）是组织最重要的一项活动，是管理学中最具挑战性的课题（罗宾斯，2016），也为多个学科如心理学、经济学和组织行为学所关注，其中薪酬的激励机制研究又是受到特别关注的研究课题。薪酬通过激励效应和分选效应两种不同的机制对员工的行为和态度产生影响，以下对这两种效应的已有研究理论进行评述。

薪酬的激励效应一直是薪酬—绩效关系研究的重点。以往有关员工激励效应研究通常基于管理学的激励理论（incentive theory），如需求层次理论、期望理论、强化理论、自我决定理论、目标设定理论等，这些理论也是组织行为学的动机理论（motivation theory），而激励理论或者动机理论都是以心理学为基础；此外，经济学中的委托－代理理论、锦标赛理论等，通常也作为员工激励效应研究的理论基础。从心理学和经济学两大学科的视角来看，基于心理学视角的激励效应研究，更倾向于将非经济性薪酬视为激励因素，关注激励因素转化为员工行为和态度的基本认知过程，即薪酬—绩效的因果关系中的中介变量和调节变量，并且认为这些干预性变量对于真正理解激励效应至关重要；而基于经济学视角的激励效应研究，则更倾向于仅将经济性薪酬视为激励因素，虽然未否定干预性变量的重要性，但并不强调这一点；此外，心理学视角侧重员工个体层面的薪酬激励效应研究，而经济学视角侧重组织层面的薪酬激励效应研究（格哈特和瑞纳什，2005）。由于全面薪酬包括五种构成形式，其激励机制更为复杂，以往分别基于心理学、经济学单一视角的某种激励理论都只能解释全面薪酬的某一种形式的激励效应，难以对全面薪酬的激励效应做出全面系统的解释，因此本书需要应用一个综合多学科的理论作为研究理论基础。

相对于激励效应研究，有关薪酬分选效应的研究一直极为有限（Gerhart 和 Fang，2014；格哈特和瑞纳什，2005）。从经济学角度来看，Lazear 对薪酬分选效应研究做出了重要的贡献，Lazear（1981）构建了分选效应经济学模型，Lazear（1986）通过模型推导出在固定薪酬制度下，只要薪酬水平高于保留工资，低能力员工就难以被淘汰，而实施计件工资会使低能力员工退出企业，从而实现薪酬制度的分选效应，Lazear（2002）通过企业实践例证进一步证实并推动了薪酬分选的研究。此后有研究者扩展了 Lazear 的模型，但是传统经济学理论的研究假设前提存在局限性，如个体理性和自利与现实并不完全一致（丁明智等，2013），且仅关注员工个人能力差异，未能将员工个人心理和行为因素纳入研究；此外，信息经济学的信号理论被认为是薪酬分选效应的最早理论起源（丁明智等，2013），但基于信号理论的薪酬分选效应实证研究一直很少，目前检索到 Belogolovsky 和 Bamberger（2014）的研究，认为信号理论可以更好地理解薪酬管理是如何影响员工行为和态度的，基于信号理论建立了薪酬沟通政策对留职倾向和员工绩效有调节的中介模型，不仅验证了薪酬沟通政策的分选效应，而且验证了其激励效应，由此可见信号理论可同时作为分选效应和激励效应研究的理论基础。从心理学角度来看，员工队伍构成特征与其薪酬实践可能具有某种最佳的匹配关系，这种匹配关系属于个人—组织匹配关系的一个重要方面，而且匹配的观点在应用心理学占据核心地位（格哈特和瑞纳什，2005）。Waller 和 Chow（1985）将个人与组织匹配的观点引入薪酬分选效应的研究，因此基于心理学视角的个人—组织匹配理论为薪酬分选效应研究提供了理论支持。

以上评述指出了现有研究理论基础的缺陷，并指明了未来研究方向。本书认为，社会交换理论综合了心理学、经济学和社会学的视角，被认为是理解工作中的努力与回报之间关系的可能的最好途径（Janssen，2000），也是理解工作场所行为最有影响力的概念范式之一（Cropanzano 和 Mitchell，2005）。

因此，本书引入社会交换理论，并结合信号理论和个人—组织匹配理论作为整体研究框架的理论基础。以下对社会交换理论、个人—组织匹配理论和信号理论的主要观点进行阐述，以用于推演本书的研究假设。

二、社会交换理论

社会交换是人类社会生活需要遵循的一个基本原则。社会交换理论（social exchange theory，SET）是关于人类社会行为中双方互动行为的理论，认为预期能够带来报酬的交换活动支配着人类行为。社会交换理论是于20世纪五六十年代提出的，其主要代表有：乔治·C. 霍曼斯（George C. Homans）的行为主义交换理论、彼得·M. 布劳（Peter M. Blau）的结构主义交换理论、约翰·W. 蒂博（John W. Thibaut）和哈罗德·H. 凯利（Harold H. Kelley）的认知交换理论等。其后，很多学者对社会交换理论进行了进一步论证与评述，并基于社会交换理论进行了实证研究。由于不同研究者对社会交换的研究理论基础、侧重点不同，目前还没有形成一套真正完整系统的社会交换理论的概念和命题，本部分主要综述目前普遍接受的社会交换理论的基本概念和社会交换规则，以及社会交换理论在组织行为研究中的应用。

（一）社会交换理论的基本概念

报酬（reward）、成本（cost）、利润（profit）、社会交换和社会交换关系（relationships）是理解社会交换理论的最重要概念。

1. 报酬。

报酬是指交换中人们认为有价值的任何东西。Homans（1958）使用报酬的价值（value of a reward）来强调既定的报酬对不同的人可能有不同的价值，并从社会交换的情景下对价值进行界定。当报酬只能通过与他人的互动来实现时，就称为社会报酬，例如被爱、被尊重、被社会接受、被别人吸引，或者别人认可的意见和判断，都依赖于别人。布劳（2012）进一步把社会报酬分为内在报酬和外在报酬，内在报酬是指情感上的报酬，如爱、支持感、满意感，外在报酬是将人际关系作为寻求其他利益的工具，如帮助等工具性的服务、金钱或薪酬、社会赞同等。此外，Thibaut 和 Kelley（1959）认为社会互动中的报酬包括快乐、满意感和需求的满足，是可以进行心理测量的。

2. 成本。

Homans（1958）最初将成本定义为被放弃的某种有价值的东西。布劳（2012）指出，投入成本、直接成本和机会成本是指在交换中为他人提供社会报酬所付出的代价。投入成本包括时间和精力上的投入以及技能；直接成本包括表示尊重或表明服从中的从属性；机会成本是指把时间花在既定交换关系中所放弃的替代机会。如果替代机会或选择看上去有诱惑力，也就是说能够获得更多的报酬，人们就倾向于探索这种交换关系，但是当人们决定了他们认为最好的选择方案，便可能对一种交换关系承担责任并停止进一步探索。

3. 利润。

利润 = 报酬 - 成本，是由 Homans（1958）提出的，认为这个公式非常适合经济活动，但它在社会交换中的应用不是直接的，而是更为复杂。利润会影响人们对社会交换关系的决定，人们寻求有利可图的互动，即感觉报酬大于成本。布劳（2012）指出在社会交换中，一方给另一方带来报酬的行动不是被另一方体验为净成本，而是被体验成一种净收益，促使其参与交换；满足感可以被视为一种净收益即利润。

4. 社会交换。

Homans（1958）最初将社会交换称为“社会行为”，认为可以把人们之间的相互作用看作物质和非物质（如认可、声望）的商品交换。布劳（2012）认为，社会交换是指人们因期望从他人那里获得的、并的确也从他人那里获得的回报所激励的自愿行为，他指出社会交换与经济交换不同，两者的根本区别是：经济交换的产生常常是基于确定的等价交换，而社会交换的产生是基于某种关系，是没有明确规定的义务，具有不确定性，也就是说，回报是不能讨价还价的；经济交换是以获得外在报酬为目的的交换，如货币等，通常使用正式合同以确保双方履行特定的责任，而社会交换则是为了获得心理满足感，如安全、社交、尊重等，这种交换没有合同保障但人们希望获得报酬者会履行义务（布劳，2012）。因此，经济交换往往是交换条件，涉及较少的信任和更积极的监督，而社会交换往往是开放的，涉及更多的信任和灵活性（Organ，1990）。

5. 社会交换关系。

布劳（2012：39）认为，社会关系是互动双方行动的共同产物。根据这一观点，Cropanzano 和 Mitchell（2005）提出关系有两种不同的界定：一是将关系解释为一系列相互依赖的交换，是一种交易的关系、经济交换关系；二是从本质上讲关系是一系列相互依赖的交换所产生的人际依恋（interpersonal attachments），是一种情感关系。为促使人们行为引发社会交换一定要满足两个条件：一是必须只有通过与其他人进行互动才能达成最终目标，二是互动双方必须选择能促进上述目标实现的方式（布劳，2012）；并且从和他人交换中获得报酬的一方，有动力向他人提供继续交往的诱因（布劳，2012）。也就是说，布劳的观点是在交换中产生了关系，并将社会交换和经济交换视为交易类型，而不是关系类型。Cropanzano 和 Mitchell（2005）基于已有社会交换理论的实证研究，指出交换和关系还存在另一种可能的形式，即在关系中产生交换，社会交换关系一旦产生，就会改变人们对待彼此的方式。因此，交换关系既是交换的结果也是交换资源，一方面，通过交换形成了关系，通常一系列成功的互惠交换可以把一种经济交换关系转变为一种高质量的社会交换关系（Cropanzano 等，2017）；另一方面，这些关系变量如组织支持、承诺和信任会成为以后交易中使用的好处（Bishop 等，2000；Eisenberger 等，1986；Eisenberger 等，2001；Eisenberger 等，2002）。

由于交换关系既是交换的结果也是交换资源，一个阶段的结果会成为下一个投入，原因和结果是由研究者选择的顺序所决定。为了更清晰地理解社会交换关系，Cropanzano 等（2017）从交换形成关系的因果关系角度指出，大多数现代组织中社会交换关系包括三个部分：发起行为（initiating action）、双方关系（relationship between parties）和互动回应（reciprocating response）。首先，行动者对目标对象发起行动，即发起行为（initial behaviors）。当组织的行为者，通常是主管或同事，以积极或消极的方式对待目标对象时，目标对象通常是下属或同事，社会交换过程就开始了（Eisenberger等，2004）。组织支持、公正等属于积极的发起行为，辱虐管理、欺凌等属于消极行为。其次，目标对象对发起行动做出互动回应。目标对象可能会选择用其好或坏的行为对发起行为在态度和行为上进行互动回应。如图3.1所示描绘了社会交换的一般模型（generic model of social exchange）。图3.1中的享乐价值是指人们感到快乐和不快乐的享乐刺激的程度，即对感知的享乐评估。享乐价值有助于人们决定采取哪些行为，避免哪些行为。如模型1积极享乐价值（positive hedonic value）所示，通常积极的发起行动者会带来积极的交换关系，由此目标对象可能会对发起行动者做出积极互动回应；反之，如模型2消极享乐价值（negative hedonic value）所示，消极的发起行动会导致消极的交换关系，由此目标对象可能会对发起行动者做出消极互动回应。

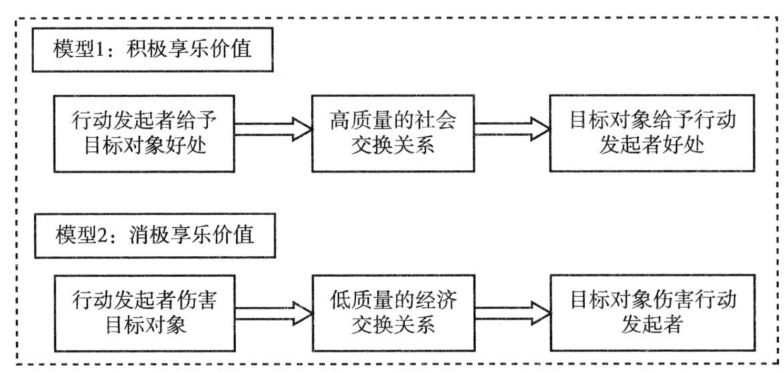

图3.1 社会交换的一般模型

（二）社会交换的规则

互惠规则（reciprocity rules）和协商规则（negotiated rules）是社会交换理论最重要的两个规则（Cropanzano和Mitchell，2005），也是被普遍接受社会交换规则。

1. 互惠规则。

Gouldner（1960）概括了社会交换的三种互惠形式：第一，基于相互依赖交换的互惠。因为交换需要双向交易，需要给予和回报，需要参与交换双方的共同努力，是一种彼此互补性安排，因此基于相互依赖交换的互惠规则是社会交换理论的最典型特征（Molm，1994）；互惠交换被理解为不包括明确的讨价还价，相互依赖降低了风险，并鼓励了合作。第二，基于信念的互惠。互惠作为一种人们信念是指一种文化期望，即人们得到他们应得的东西（Gouldner，1960），这种信念会产生积极的影响，促进亲密关系的发展，在某些情况下可以减少破坏性行为的可能性。第三，基于规范和个人取向的互惠。规范是指人们的行为标准，而且个体对互惠的认可程度不同，高互惠交换倾向的人比低互惠交换倾向的人更可能对获得的报酬给予回报，社会交换要遵守这些规范并受人们对互惠认可倾向的影响。

2. 协商规则。

交换方也可就规则进行协商，以期达成有益的安排（Cook 等，1983）。通过谈判达成的协议往往更明确，也更像是交换条件，而不是互惠交换。经济交换通常是经过协商所达成的交易，社会交换在有些情况下也可能会进行协商。一般来而言，互惠比协商更能产生好的工作关系，能够增加交换双方之间的信任和承诺（Molm 等，2000）。此外，协商交换会增加无益权力的使用并有损于平等（Molm 等，1999）。

（三）社会交换理论在组织行为研究中应用：组织支持感

社会交换理论在组织行为研究中应用主要体现在组织支持感、领导成员交换、组织承诺、信任等方面（Cropanzano 和 Mitchell，2005），其中组织支持感（perceived organizational support，POS）是由 Eisenberger 等（1986）基于社会交换理论提出的构念，并开发了测量量表。

Eisenberger 等（1986）认为组织支持感是组织对员工的承诺，是员工对于组织重视其贡献和关心其福祉的总体信仰。Eisenberger 等（1986）指出组织支持感依赖于人们通常用来推断他人对社会关系承诺的相同归因过程，也就是说，组织支持感会受到组织在各个方面如何对待员工的影响，进而影响员工对这种对待背后的组织动机的解释。首先，通过确定组织愿意回报工作努力并满足赞扬和认可的需要，员工建立了有关组织在多大程度上重视其贡献和关心其福祉的信念，即组织支持感；其次，组织支持感会增强员工对组织的情感依恋，并会提高员工对通过更加努力地实现组织目标获得回报的期望（努力—结果期望），即组织支持感会强烈影响员工对组织的承诺。总之，社会交换理论的观点及其互惠交换规则支持了组织支持感，并且通常将组织支持感看作员工和组织之间发生的社会交换的“质量”（Cropanzano 和 Mitchell，2005），通过互惠规范强化了承诺并激励绩效。最后，很多学者对组织支持感进行实证研究，包括组织支持感的测量、前因变量、结果变量以及组织支持作为中介变量和调节变量的研究，大多数研究结论支持 Eisenberger 等（1986）的组织支持感观点（Riggle 等，2009；邵芳，2014）。

（四）社会交换理论对研究的逻辑演绎

虽然学术界对社会交换理论的理论框架、概念和观点存在一些批评和争议，如概念界定不够清晰明确、缺乏足够的理论精确度、对工作场所行为的理论预测有限等（Cropanzano 和 Mitchell，2005；Cropanzano 等，2017；迈尔斯，2017），但是不可否认，社会交换理论已被应用到几乎每一种社会情境中，其中包括组织管理，并成为理解组织行为的最有影响力的理论之一。

社会交换理论的重要概念和交换规则可以较充分地诠释组织基于全面薪酬满意度的员工激励机制。

首先，基于报酬、成本、利润和社会交换概念的阐释。全面薪酬与员工获得的报酬内涵界定是一致的，即员工认为任何有价值的东西，包括外在报酬与内在报酬。从员工视角来看，员工在获得组织提供的全面薪酬的同时，需要付出时间和精力上的投入以及技能等投入成本，以及表明服从组织绩效要求的直接成本，并受制于选择是否离开组织的机会成本。员工寻求与组织有利可图的交换，即感觉报酬大于成本，或者说员工将组织提供报酬的行动体验成一种净收益，促使其参与交换行为，满足感可以被视为一种净收益即利润（布劳，2012）。此外，Thibaut 和 Kelley（1959：12）也指出社会互动中的报酬包括快乐、满意感和需求的满足，是可以进行心理测量的。因此，全面薪酬满意度这一构念既可用来表示员工在与组织进行交换所获得的净收益，同时也是全面薪酬的心理测量变量。从组织角度来看，员工所付出的成本如工作绩效、留在组织中是组织所期望的回报。当全面薪酬满意度越高，员工感觉的净收益越高，会促进员工参与与组织的交换，员工会使其行为满足组织的期望回报，因此全面薪酬满意度会对工作绩效和离职倾向产生影响。

其次，基于社会交换、社会交换关系和社会交换规则的阐释。组织向员工提供全面薪酬的雇用合同，是社会交换行动发起者。虽然全面薪酬包括外在报酬的经济交换，但正如布劳（2012）指出的由于员工有些不得不完成的工作并没有事先做出详细的规定，员工与组织的交换更接近于社会交换，因此总体上说组织通过提供全面薪酬发起了与员工的社会交换。通过这种社会交换员工和组织之间形成了社会交换关系。根据社会交换的一般模型以及互惠规则，组织作为积极发起行动者，为获得员工绩效，以提供令员工满意的全面薪酬的方式，发起的与员工的社会交换会带来积极的交换关系，由此员工可能会对组织在态度上和行为上做出积极的互动回应，如高工作绩效或低离职倾向。积极的交换关系可表现为组织支持感，因为通常将组织支持感视为从总体上体现了员工和组织之间发生的社会交换的“质量”（Cropanzano 和 Mitchell，2005），通过互惠规范强化了承诺并激励绩效（Eisenberger 等，1986）。反之，如果组织不能提供令员工满意的全面薪酬，作为消极的发起行动者，会导致消极的交换关系，由此员工可能会对组织做出消极互动回应，如低工作绩效或高离职倾向。因此，根据社会交换理论，不仅可构建一个以组织支持感为中介变量的全面薪酬满意度与绩效关系的激励效应模型，而且社会交换理论也可以解释全面薪酬满意度与离职倾向关系内在动因，从而在理论上支持全面薪酬满意度分选效应的研究。

三、个人—组织匹配理论

个人—组织匹配理论（person - organization fit）源于人与环境互动的视角，并基于互动心理学观点而提出的，正如 Chatman（1991）指出的理解和预测组织中的行为需要考虑人和环境因素，以及这些因素是怎样相互影响的，通常把个人的组织行为看作人与组织发生互动的结果。Schneider（1987）提出的 ASA 模型将个人与环境匹配转向个人与组织匹配，推动了个体与组织匹配的研究（格哈特和瑞纳什，2005），其后 Kristof（1996）提出了一个综合的个人—组织匹配的概念模型，并获得研究者的广泛接受。以下主要回顾 Schneider 的 ASA 模型和 Kristof 的个人—组织匹配的观点。

（一）Schneider 的 ASA 模型

Schneider（1987）认为环境是人在环境中行为的函数，即 E = f(P，B)，并提出 ASA 模型（attraction - selection - attrition model），即吸引—选择—退出模型，该模型阐释了组织和员工都试图实现自身特征和另一方特征相匹配过程。该模型有关个人—组织匹配的主要命题是：第一，人们自己选择加入或退出组织，是因为他们被组织环境所吸引、所选择，并与之共存，不同类型的组织吸引、选择和保留不同类型的人员；第二，作为吸引、选择和退出循环的结果，组织对其人员类型进行严格地限定，组织与员工实现高度匹配。如图 3.2 所示吸引—选择—退出模型框架所示，在吸引阶段，潜在员工通过评估自身和组织的匹配性，对特定组织产生偏好；在选择阶段，组织通过正式和非正式选择程序选择在能力和个人特质符合组织期望和要求的员工；在退出阶段，当员工发现自己不适合组织时，就会选择离开组织。在吸引—选择—离开循环中，组织呈现的目标决定了哪些人会被某一特定组织所吸引，哪些人会被该组织选中，哪些人会留在该组织，随着时间的推移，组织表现出同质性。第三，组织吸引、选择并留在组织中的人决定了组织结构和政策、组织氛围和文化等组织特征，进而这些组织特征又会对员工行为产生影响。

Schneider 的 ASA 模型既展示了组织与员工之间的互动作用，同时也提示要从个体和组织两方面去关注个人—组织匹配研究，该模型在其后的个人—组织匹配实证研究中被许多学者所应用。

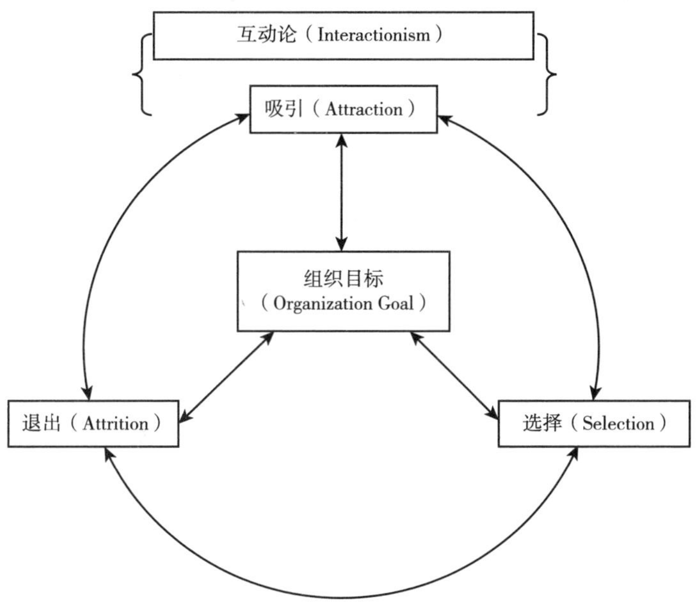

图 3.2　吸引—选择—退出模型框架

（二）Kristof 的个人—组织匹配理论的主要观点

Kristof（1996）整合已有有关个人—组织匹配的研究，提出了个人与组织匹配的一个综合性概念结构，如图 3.3 所示。个人与组织的匹配包含两种形式，即一致性匹配（supplementary fit）和互补性匹配（complementary fit）。图 3.3 箭头 A 代表的是一致性匹配，是指价值观、人格、目标和态度等个人特征与文化氛围、价值观、目标和规范等组织特征之间具有相似性。从组织和个人的雇用合同中体现的供求关系来看，互补性匹配是指个体与组织能够互为对方提供满足其所需的资源，互补性匹配包括需求—供给匹配（needs-supplies fit）和需求—能力匹配（demands-abilities fit）。需求—供给匹配是指组织提供了员工所需要的货币、物质和心理的资源以及与任务和人际相关的发展机会，如图 3.3 箭头 B 所示；需求—能力匹配是指员工在时间、努力、承诺、经验、知识、技能、能力等方面能满足组织的需求，如图 3.3 箭头 C 所示。而且，个人和组织的需求和供应很可能受到个人和组织的基本特征的影响，如图 3.3 中的虚线显示了这种影响。

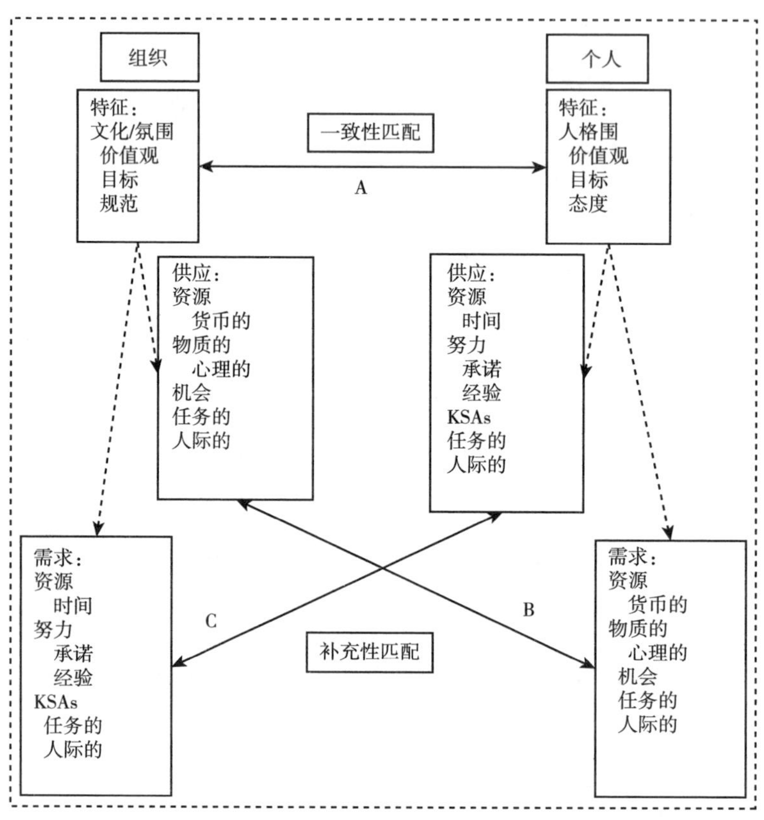

图 3.3　个人—组织匹配的概念结构

注：KSA 代表知识、技能和能力（Knowledge, Skills and Abilities）。

Kristof（1996）通过整合上述一致性匹配和补充性匹配的观点，将个人与组织的匹配界定为个人和组织之间的兼容性（compatibility），并指出这种兼容性发生在以下情况：(1) 组织和个人之间至少有一方提供了另一方之所需，或 (2) 组织和个人拥有相似的基本特征，或 (3) 上述两者都有。虽然有研究者认为该定义表述不够清晰（奚玉芹和戴昌钧，2009），但总体来看 Kristof（1996）的界定较系统、全面地呈现了多种个人—组织匹配形式，在个人—组织匹配研究领域获得普遍认同。

（三）个人—组织匹配理论在组织行为研究中的应用：个人—薪酬匹配

个人—组织匹配理论已成为组织行为研究的重要理论基础，已有实证研究探讨了个人—组织匹配是如何影响员工行为和态度的，研究发现个人—组织匹配对工作绩效、组织公民行为、工作满意度、员工敬业度和组织承诺等都有积极的影响（奚玉芹和戴昌钧，2009；唐源鸿等，2010；Alfes 等，2016；Afsar 和 Badir，2016；Liu 等，2015），也能较好地预测离职倾向（Jin 等，2018；Jung 和 Yoon，2013）。

员工与组织薪酬的匹配是个人与组织匹配的一个重要方面，个人—组织匹配理论为薪酬分选效应的研究提供了理论基础。Waller 和 Chow（1985）从个人与组织匹配角度提出了员工对不同报酬形式的雇用合同的自我选择和努力效应与绩效之间关系的实证研究框架，研究发现员工通过评估其自我感知的个人属性和可获得的雇用合同感知属性之间的匹配，来选择其认为主观期望效用最大化的雇佣合同；研究结果表明，绩效能力水平较高的员工倾向于选择绩效激励较高的合同，而绩效能力水平较低的员工倾向于选择绩效激励较低的合同。Cable 和 Judge（1994）认为薪酬政策的自我选择与个人与组织的匹配原理相一致，研究发现薪酬政策之所以具有吸引力，可能是因为员工个人性格特征与薪酬制度特征之间的匹配度更高。总之，由于薪酬分选效应研究一直被忽视，因此目前基于个人—组织匹配理论的分选效应研究很有限。

（四）个人—组织匹配理论对研究的逻辑演绎

个人与组织匹配理论可以解释全面薪酬满意度分选效应的发生机制。全面薪酬不仅代表了组织的某种特征，而且也表明了为了满足员工需要组织所要提供的资源和机会，同时员工也通过提供自身的资源以满足组织的需要，因此员工—全面薪酬匹配体现了 Kristof（1996）的一致性匹配及互补性匹配。组织和员工的需求是各自价值观的反映，因此在上述匹配形式中，价值观的一致性匹配被认为是个人—组织匹配的根本属性（唐源鸿等，2010）。此外，Kristof（1996）区分的三种个人—组织匹配形式仅仅是基于不同视角而言的，其本质具有共融性，因此本书选取员工工作价值观作为员工—全面薪酬匹配中最具代表性变量，通过探讨不同员工子群体间的全面薪酬满意度对离职倾向的不同影响，能否被不同员工子群体的工作价值观维度与全面薪酬满意度相应维度的匹配度所解释，从而揭示全面薪酬满意度的分选效应机制。

因此，根据个人—组织匹配理论的 ASA 模型，当员工感受到现行全面薪酬制度不能满足自身需要时，全面薪酬满意度的分选效应会使这部分与组织不匹配的现有员工产生离职倾向，从而离开企业。而当组织员工与现有全面薪酬制度匹配度越高，现有全面薪酬制度能够激励员工提高工作绩效。

四、信号理论

信息经济学的信号理论（signaling theory）是于20世纪70年代由美国经济学家 Spence（1973）在关于劳动力市场的开创性研究中首先提出的，他指出雇主在招募甄选员工时缺乏求职者生产率的信息，潜在员工通过不同学历水平来传递劳动力质量信号，从而降低雇主在选择员工时的信息不对称。其后，Akerlof、Stiglitz 等将信号理论进一步完善，Akerlof、Spence、Stiglitz 三位学者因有关不对称信息市场的分析对信息经济学做出的重要贡献，获得2001年诺贝尔经济学奖。目前信号理论已经被广泛应用于管理学研究中，并推动了管理学研究的发展（Connelly 等，2011）。

（一）信息不对称

从根本上说，信号理论解决的是如何减少社会经济中交换双方之间的信息不对称（information asymmetry）问题（Spence，2002）。Stiglitz（2002）指出当不同的人知道不同的事情时，就会出现了信息不对称。换言之，当交换的一方拥有比另一方更多或更高质量的信息时，就出现了信息不对称。信息会对人们在家庭、经营等各方面的决策产生影响。因此，信息不对称可能导致效率低下的交易，或者当积累达到市场水平时，会导致市场功能失调（Akerlof，1970）。Spence（1973）指出，知情方试图将某些信息传达或发送“信号”给信息不足的交换方，并希望通过降低信息不足方的不确定性，从而使信息不足方的行为能够有利于知情方。然而，信息不足方不需要等待知情方发出信号；相反，他们可以从其所处环境发现减少不确定性并降低选择行为风险的信号。

（二）信号理论的基本概念和主要原理

目前信号理论已经形成了较完整的理论框架，从时间线来看，信号理论的基础要素有信号发出者（signaler）、信号（signal）、信号接收者（receiver）、反馈（feedback）和信号环境（signaling environment），如图 3.4 所示（Connelly 等，2011）。信号发出者是指内部人如高管或经理，他们掌握有关个人、产品和组织信息，这些信息对外部人决策起关键作用，但外部人无法获得这些信息。信号是指内部人获得正面和负面的秘密信息，并要做出是否与外部人对这些信息进行沟通的决定。信号理论更关注有意识地进行有关积极信息的沟通，去尽力传达组织属性中积极的方面。信号接受者指的是外部人，他们对组织信息知之甚少，但愿意接受这些信息，并会对信号信息做出解释。当信号起作用时，信号发出者应该从信号接收者的一些行动中获得好处，而当信号不起作用时，信号接收者不会这样做。反馈是指信号接受者向信号发出者发送有关信号有效性的信息，如接受者怎样理解信号、最关注哪些信号、哪些信号最可靠等信息。信号发出者也期待获取信号接受者发出的反向信号（countersignal），并将反向信号作为调整其后的信号发送的依据，从而增强信号的有效性。信号环境是由组织内部或组织之间构成的，会对信号降低信息的不对称性产生不同程度的影响。

在解决信息不对称方面，信号有效性取决于接收者对所接收信号的解释的准确性。信号接受者对信号解释可能会与信号发出者的意图不一致，其原因如下：首先，信号接收者可能会依据先入为主来判断信号的重要性，或发生认知性扭曲信号现象，从而使对信号的理解偏离了信号发出者的原始意图（Connelly 等，2011）。其次，信号接收者可能使用经环境过滤过的某种微弱、有意图的信号（Stiglitz，2002），用以解释其交换方发送的更强信号，这样的解释可能大大地不同于预期信息（Suazo 等，2011）。最后，与积极—消极不对称效应相一致，在根据信号进行推断时，个体可能更关注或过度解读负面信息（Baumeister 等，2001）。

综上，信号理论的主要原理如下：一是知情的交换方把信息传递给不知情方，以影响他们的行为；二是信息不足方从其所处的环境发现可能降低不确定性的信号；三是信号可能会被接收者误解；四是不知情方把有意图的信息不对称直接归因于知情方，解释为知情方发出的有意图信号，这可能反过来影响不知情方对知情方传递的其他信号的解释（Belogolovsky 和 Bamberger，2014）。

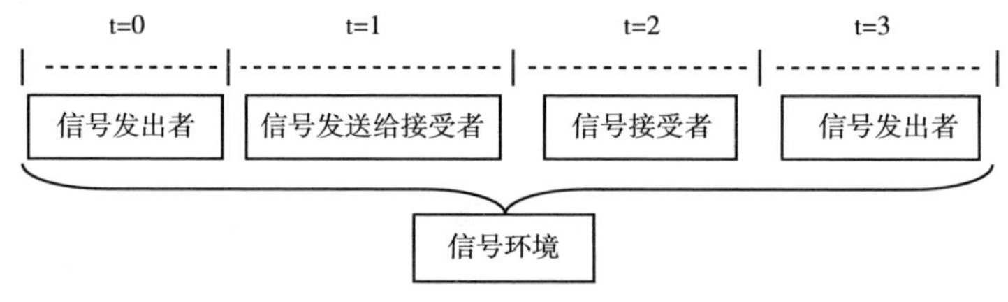

图 3.4　信号理论的研究框架和基本概念

注：t = 时间。

（三）信号理论在组织行为研究中的应用

目前信号理论为战略、创业、组织行为和人力资源管理等领域研究的深化与拓展提供了新的视角和研究框架，并成为这些领域研究的重要理论依据。在组织行为和人力资源管理研究方面，Rynes 等（1991）指出根据信号理论，应聘者将各种招聘经验，如招聘人员能力、招聘延迟和面试小组的性别构成，理解为较广泛的组织特征的表象，并提出招聘经验信号感知会影响求职者的工作选择；Ehrhart 和 Ziegert（2005）指出信号理论在组织吸引力研究中的理论优势和不足，提出整合信号理论和其他理论的组织吸引力研究的三元理论；Hochwater 等（2007）的研究表明个人声誉在政治行为与不确定性、情绪耗竭和工作绩效评价之间的关系中起到调节作用；此外，信号理论被认为是薪酬分选效应研究最早的理论基础，但相关实证研究极少。Belogolovsky 和 Bamberger（2014）基于信号理论建立并检验了在不同的绩效薪酬制度特征下薪酬保密的激励效应和分选效应的有调节的中介模型，推进了薪酬沟通政策对薪酬激励效应与分选效应的影响研究，给本书的研究提供了启发。

（四）信号理论对研究的逻辑演绎

信息不对称是市场既定属性，信号理论关注的是信息不对称问题，对解决交换双方之间在信息不对称下的决策问题具有重要的指导意义（Connelly 等，2011）。组织作为全面薪酬体系的知情方即信号发出者，通过薪酬沟通政策向信号接受者员工（不知情方）传递信息，而且薪酬沟通政策自身会被员工视为信号，从而对员工行为产生影响。由于员工对所接收信号的解释的准确性决定了信号有效性，通常组织有意识地沟通有关全面薪酬积极的信息，以努力传达积极的组织特征，如组织支持感，组织期望这些信号起作用，以从员工的行为中获得好处如高工作绩效。因而，基于信号理论，在不同的薪酬沟通政策下，全面薪酬满意度与工作绩效的关系会所有不同，薪酬沟通是二者关系的边界条件，因此薪酬沟通作为调节变量会对全面薪酬满意度与组织支持感之间关系起调节作用，并可以通过组织支持感的中介作用对工作绩效产生影响，由此构建了一个有调节的中介作用模型。

此外，全面薪酬满意度是员工向组织发送的反向信号，在信息反馈中反映了员工对全面薪酬各维度的满意程度，换言之，反映了组织对员工不同需求的满足度，而工作价值观是员工内在稳定需求的体现，因此将信号理论与个人—组织匹配理论相结合可以更有力地解释全面薪酬的分选效应。

五、研究假设与模型

结合前述文献综述与理论逻辑演绎推论，提出以下研究假设与模型。

（一）全面薪酬满意度的激励效应研究假设

1. 全面薪酬满意度对工作绩效影响的主效应。

根据社会交换理论，基于全面薪酬的雇佣合同，企业和员工形成了交换关系。企业向员工提供全面薪酬希望获得员工高工作绩效，而员工需要付出时间和精力上的投入以及技能等投入成本，以及必须达到企业要求的工作绩效作为回报来获取全面薪酬。企业与员工相互寻求有利可图的交换，即彼此都感觉报酬大于成本，或者说双方都将对方提供回报的行动体验成一种净收益，促使双方发生交换行为。由于全面薪酬的五种构成形式包括经济性报酬（外在报酬）和非经济性报酬（内在报酬），所以这种交换既有经济交换也有社会交换。布劳（2012）指出的由于员工有些不得不完成的工作并没有事先做出详细的规定，员工与组织的交换更接近于社会交换，通过这种社会交换员工和组织之间形成了社会交换关系。总体上说，组织首先通过提供全面薪酬向员工发起了社会交换，根据社会交换的积极享乐价值模型，通常积极的发起行动者会带来积极的交换关系，由此目标对象可能会对发起行动者做出积极互动回应。具体而言，企业提供令员工满意的全面薪酬，满意感会被员工视为一种净收益即利润（布劳，2012），因此企业会与员工产生积极的社会交换关系，由此员工可能会以高工作绩效对企业做出积极互动回应，员工不仅会努力达到或超额完成岗位职责要求的绩效标准，提高任务绩效，而且可能会更积极主动承担岗位职责之外的活动，如团队合作、维护组织声誉等，周边绩效得以提高。此外，互惠交换可以把雇佣合同的经济交换关系转变为一种高质量的社会交换关系（Cropanzano等，2017）。已有研究文献也表明，薪酬满意度对工作绩效（包括任务绩效和周边绩效）有显著正向影响（Curral 等，2005；Williams 等，2006；方绘龙和葛玉辉，2016；毕妍等，2016；卢长宝等，2017），工作生活满意度和绩效与认可满意度对内在激励呈显著正向影响（Payne 等，2010；Ganiyu 等，2017），非经济薪酬对工作绩效呈显著正向影响（张俊琴，2008）。由此提出本章假设：

H1：全面薪酬满意对工作绩效有显著正向影响；

H1a：全面薪酬满意度对任务绩效有显著正向影响；

H1a-1：薪酬满意度对任务绩效有显著正向影响；

H1a-2：福利满意度对任务绩效有显著正向影响；

H1a-3：工作生活平衡满意度对任务绩效有显著正向影响；

H1a-4：绩效与认可满意度对任务绩效有显著正向影响；

H1a-5：职业发展机会满意度对任务绩效有显著正向影响。

H1b：全面薪酬满意度对周边绩效有显著正向影响；

H1b-1：薪酬满意度对周边绩效有显著正向影响；

H1b-2：福利满意度对周边绩效有显著正向影响；

H1b-3：工作生活平衡满意度对周边绩效有显著正向影响；

H1b-4：绩效与认可满意度对周边绩效有显著正向影响；

H1b-5：职业发展机会满意度对周边绩效有显著正向影响。

2. 组织支持感的中介作用。

根据社会交换理论，员工之所以感知到组织的支持是因为员工将组织拟人化，即员工倾向于将组织代理的行为视为组织本身的行为，为了确定拟人化的组织愿意回报员工更努力地工作并满足赞扬和认可的需要，员工形成了关于组织重视他们的贡献和关心他们福祉的程度的总体信念（Eisenberger等，1986）。通过组织的代理，员工将其从组织获得愉悦或不愉悦的对待看作是组织看待其贡献和关心其幸福的依据。组织向员工提供薪酬、福利、工作生活平衡、绩效与认可、职业发展机会的全面薪酬待遇，员工因组织提供的全面薪酬待遇而产生满意或不满意感，从而影响其感受到来自组织的支持程度。因此，当员工对全面薪酬满意度越高时，其从组织获得的支持感就越高。虽然缺乏全面薪酬满意度对组织支持感的影响研究文献，但已有研究表明薪酬满意度对组织支持感有显著的正向影响（方绘龙和葛玉辉，2016；毕妍等，2016），而且已有研究表明薪酬、福利、认可、工作保障、弹性工作时间、家庭支持实践、培训、发展机会、晋升等是组织支持感的前因变量，并会对组织支持感产生显著正向影响（Kurtessis等，2017；Rhoades和Eisenberger，2002；Zhang等，2012；Vatankhah等，2017，颜爱民等，2018；苗仁涛等，2015；Mohamed和Ali，2015）。由此提出本章假设：

H2：全面薪酬满意度对组织支持感有显著正向影响；

H2－1：薪酬满意度对组织支持感有显著正向影响；

H2－2：福利满意度对组织支持感有显著正向影响；

H2－3：工作生活平衡满意度对组织支持感有显著正向影响；

H2－4：绩效与认可满意度对组织支持感有显著正向影响；

H2－5：职业发展机会满意度对组织支持感有显著正向影响。

依据社会交换理论，将雇佣看作与员工忠诚和努力进行的交易，员工可以从组织取得某些有形利益和社会资源（Cropanzano 和 Mitchell，2005）。依据社会交换的互惠原则，组织支持感会引发员工一种帮助组织的义务感，以及为了引起组织注意并得到组织回报而努力地提高绩效期望。因此，员工组织支持感越高，他们应在工作中投入更多的努力，以提升任务绩效和周边绩效。前述文献回顾表明工作绩效是组织支持感的重要的结果变量，Riggle 等（2009）的元分析表明组织支持感对包括任务绩效和周边绩效的工作绩效的正向影响均显著，这一结论得到后续较多研究的支持，如 Guan 等（2014）、Mohamed 和 Ali（2015）、方绘龙和葛玉辉（2016）、毕妍等（2016）、颜爱民和李歌（2016）、Kurtessis 等（2017）、Rhoades 和 Eisenberger（2002）。由此提出本章假设：

H3：组织支持感对工作绩效有显著正向影响；

H3a：组织支持感对任务绩效有显著正向影响；

H3b：组织支持感对周边绩效有显著正向影响。

组织支持感会受到组织从各个方面如何对待员工的影响，进而影响员工对这种对待的潜在组织动机的解释（Eisenberger 等，1986）。根据社会交换理论，得到组织的支持会提高员工的期望，也就是说，员工认为组织将回报为达到组织工作绩效要求而更加努力的员工，即努力—结果期望。当感知到组织支持也满足了员工对薪酬、福利、工作生活平衡、绩效与认可和职业发展计划的需求时，员工会对组织形成积极的情感关系。努力—结果期望和积极情感关系会使员工更加努力以更高的工作绩效来达到组织的目标，因此在全面薪酬满意度与工作绩效之间，组织支持感起到了中介作用。虽然目前还缺乏这方面研究文献的支持，但已有研究表明在薪酬满意度与任务绩效、周边绩效之间，组织支持感都起到了中介作用（方绘龙和葛玉辉，2016；毕妍等，2016）；此外，有研究表明在组织报酬、工作条件与工作绩效之间组织支持感起中介作用（Mohamed 和 Ali，2015），在高绩效工作系统与反生产行为、员工亲社会性违规行为、建言之间，组织支持感也具有中介作用（Vatankhah 等，2017；颜爱民等，2018；苗仁涛等，2015），以上文献在一定程度上为组织支持感在全面薪酬满意度与工作绩效之间的中介作用提供了支持。由此提出本章假设：

H4：组织支持感在全面薪酬满意度对工作绩效的影响中起中介作用；

H4a：组织支持感在全面薪酬满意度对任务绩效的影响中起中介作用；

H4a－1：组织支持感在薪酬满意度对任务绩效的影响中到中介作用；

H4a－2：组织支持感在福利满意度对任务绩效的影响中起中介作用；

H4a－3：组织支持感在工作生活平衡满意度对任务绩效的影响中起中介作用；

H4a－4：组织支持感在绩效与认可满意度对任务绩效的影响中起中介作用；

H4a－5：组织支持感在职业发展机会满意度对任务绩效的影响中起中介作用；

H4b：组织支持感在全面薪酬满意度对周边绩效的影响中起中介作用；

H4b－1：组织支持感在薪酬满意度对周边绩效的影响中起中介作用；

H4b－2：组织支持感在福利满意度对周边绩效的影响中起中介作用；

H4b－3：组织支持感在工作生活平衡满意度对周边绩效的影响中起中介作用；

H4b－4：组织支持感在绩效与认可满意度对周边绩效的影响中起中介作用；

H4b－5：组织支持感在职业发展机会满意度对周边绩效的影响中起中介作用。

3. 薪酬沟通的调节作用。

在雇佣关系中存在信息不对称，信号理论可以更好地理解薪酬管理政策是如何影响员工行为和态度的（Belogolovsky 和 Bamberger，2014）。根据信号理论，组织作为全面薪酬体系的知情方即信号发出者，通过薪酬沟通政策向信号接受者员工（不知情方）传递信息，而且薪酬沟通政策也被员工视为组织全面薪酬的信号，从而对员工行为产生影响。员工会对薪酬沟通政策如薪酬信息公开程度、内容及方式等做出解读，薪酬沟通政策信号的有效性取决于员工对所接收信号的解释的准确性。由于员工可能更关注或过度解读负面信号（Baumeister 等，2001），或者员工受先入为主的影响（Connelly 等，2011），都可能对薪酬沟通政策产生误解，偏离信号发出者的原意。在有限的薪酬沟通实证研究中，虽然有关薪酬沟通政策如薪酬信息公开还是保密对员工行为和态度影响的研究结论不一致，但一些研究支持公开、共享薪酬沟通对薪酬满意度、工作绩效有积极影响（Futrell 和 Jenkins，1978；Cappelli 和 Sherer，1988；Day，2011），而且调查报告的结论也大都支持薪酬沟通的积极影响（Mulvey 等，2002；Shields 等，2009；Smith，2015）。此外，已有研究还表明员工会把不同的薪酬沟通政策解释为组织发出不同的信号，公开、透明薪酬政策被员工视为积极信号，而薪酬保密被视为消极信号，从而对薪酬激励效应产生积极或消极的影响（Day，2007；Milkovich 等，2013；Belogolovsky 和 Bamberger，2014）。根据信号理论，组织通过有意识地沟通有关全面薪酬积极的信息，以努力传达积极的组织特征如组织支持感，组织期望这些信号起作用，以从员工行为中获得好处如高工作绩效。全面薪酬包括五种构成形式，比以往经济性薪酬更为复杂，当组织采取薪酬信息保密、不透明的做法时，往往会被员工视为组织全面薪酬体系可能存在问题的负面信号，可能会降低员工全面薪酬满意度，从而使员工难以感受到全面薪酬所传递的组织支持感；反之，当组织实施透明、公开、有效的薪酬沟通政策时，会被员工理解为组织全面薪酬体系的积极信号，可能会提高员工全面薪酬满意度，从而使员工更强烈地感受到全面薪酬所传递的组织支持感。具体而言，在薪酬沟通更加公开、有效时，全面薪酬满意度与组织支持感之间的正向关系就越强。Werner 和 Ones（2000）研究发现薪酬沟通起到了降低员工在绩效和资历上的差异对薪酬不公平感正向影响的调节作用。由此提出本章假设：

H5：薪酬沟通在全面薪酬满意度对组织支持感的影响中起正向调节作用；

H5 - 1：薪酬沟通在薪酬满意度对组织支持感的影响中起正向调节作用；

H5 - 2：薪酬沟通在福利满意度对组织支持感的影响中起正向调节作用；

H5－3：薪酬沟通在工作生活平衡满意度对组织支持感的影响中起正向调节作用；

H5－4：薪酬沟通在绩效与认可满意度对组织支持感的影响中起正向调节作用；

H5－5：薪酬沟通在职业发展机会满意度对组织支持感的影响中起正向调节作用。

4. 薪酬沟通的有调节的中介作用。

依据刘东等（2018）阐述的第一阶段有调节的中介作用模型的建立要求，由H5、H3的论述逻辑可推论出，薪酬沟通调节了组织支持感在全面薪酬满意度和工作绩效之间的中介作用。根据以上阐述，在公开有效程度不同的薪酬沟通政策下，全面薪酬满意度对组织支持感的正向影响是不同的，而组织支持感又在很大程度上影响了工作绩效，由此全面薪酬满意度与薪酬沟通的交互项首先对组织支持感发生作用，其次通过组织支持感的中介作用再对工作绩效产生影响。因此，与公开有效程度低的薪酬沟通相比，在公开有效程度高的薪酬沟通的情况下，会强化全面薪酬满意度和组织支持感之间的正向关系，从而进一步促进了工作绩效的更大提升。由此提出本章假设：

H6：薪酬沟通调节了全面薪酬满意度通过组织支持感影响工作绩效的中介作用。具体而言，薪酬沟通的公开有效程度越高，组织支持感的中介作用越强；

H6a：薪酬沟通调节了全面薪酬满意度通过组织支持感影响任务绩效的中介作用。具体而言，薪酬沟通的公开有效程度越高，组织支持感的中介作用越强；

H6a－1：薪酬沟通调节了薪酬满意度通过组织支持感影响任务绩效的中介作用；

H6a－2：薪酬沟通调节了福利满意度通过组织支持感影响任务绩效的中介作用；

H6a－3：薪酬沟通调节了工作生活平衡满意度通过组织支持感影响任务绩效的中介作用；

H6a－4：薪酬沟通调节了绩效与认可满意度通过组织支持感影响任务绩

效的中介作用；

H6a－5：薪酬沟通调节了职业发展机会满意度通过组织支持感影响任务绩效的中介作用；

H6b：薪酬沟通调节了全面薪酬满意度通过组织支持感影响周边绩效的中介作用。具体而言，薪酬沟通的公开有效程度越高，组织支持感的中介作用越强；

H6b－1：薪酬沟通调节了薪酬满意度通过组织支持感影响周边绩效的中介作用；

H6b－2：薪酬沟通调节了福利满意度通过组织支持感影响周边绩效的中介作用；

H6b－3：薪酬沟通调节了工作生活平衡满意度通过组织支持感影响周边绩效的中介作用；

H6b－4：薪酬沟通调节了绩效与认可满意度通过组织支持感影响周边绩效的中介作用；

H6b－5：薪酬沟通调节了职业发展机会满意度通过组织支持感影响周边绩效的中介作用。

根据以上研究假设，构建了全面薪酬满意度激励效应的研究模型，如图 3.5 所示；

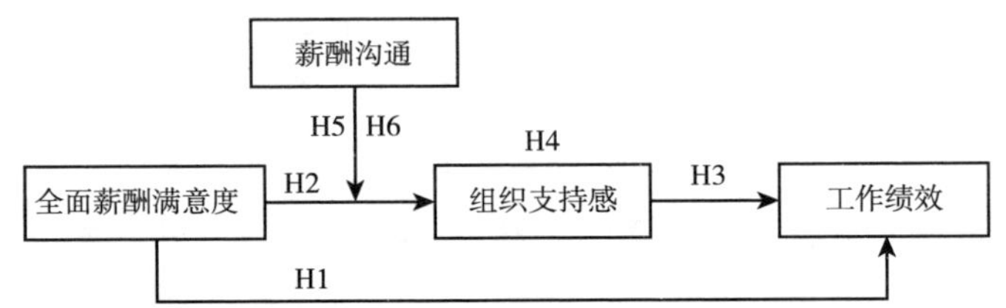

图 3.5　全面薪酬满意度激励效应研究模型

（二）全面薪酬满意度的分选效应研究假设

1. 全面薪酬满意度存在多个有区别的剖面。

个人—组织匹配理论认为，从组织和个人的雇佣合同中体现的供求关系来看，互补性匹配是指个体与组织能够互为对方提供满足其所需的资源，其中需求—供给匹配是指组织给予了员工所需要的货币资源、物质资源和心理资源以及与任务和人际相关的发展机会（Kristof，1996）。组织通过全面薪酬的五种形式及其要素，给予员工资源和机会以满足员工需要，同时员工也通过提供自身的资源以满足组织的需要，体现了个人与组织的一致性匹配及互补性匹配，即个人与组织间具有兼容性。然而，不同员工的需求是不同的，Leaf 和 Ryan（2010）、Von Bonsdorff（2011）、Dubinsky 等（2000）、Bussin 和 Van Rooy（2014）研究发现不同性别、年龄、任职年限、婚姻状况及子女的年龄、职位等级和收入等社会人口特征的劳动者所看重的全面薪酬形式有显著差异，这意味着对于特定的全面薪酬形式，不同员工的偏好或员工赋予这种全面薪酬形式的价值也不同（Mitchell 和 Mickel，1999）。因此，从组织获得不同的全面薪酬形式会给不同的员工带来不同的满足程度，全面薪酬满意度可能存在不同员工间的差异，De Gieter 和 Hofmans（2015）、Hofmans 等（2013）的研究结论支持了这一推论。由此提出本章假设：

H7：全面薪酬满意度存在多个有区别的潜在剖面。

2. 个体视角下全面薪酬满意度的分选效应。

Schneider（1987）的 ASA 模型指出，在吸引—选择—离开循环中，人们自己选择加入或退出组织，是因为他们被组织环境或呈现的目标所吸引、所选择，并与之共存，不同类型的组织吸引、选择和保留不同类型的人员。从社会交换理论来看，Price-Muelle（2000）模型假设员工对组织怀有某种期望而进入组织并追求净收益最大化，员工和组织之间存在利益交换，组织向员工提供各种回报，用以交换员工的服务。综合 ASA 模型和 Price-Muelle（2000）模型，全面薪酬体系构成了组织重要的环境特征，传递了组织的战略目标，当员工感受到现行全面薪酬体系不能满足自身需要或偏好时，也就是说其所看重的全面薪酬形式对其缺乏吸引力，与组织不匹配的现有员工就会产生离职倾向，以致离开组织，从而使组织通过全面薪酬满意度对员工队伍实现了分选。此外，根据社会交换理论消极享乐价值模型，员工会将不能满足其需要的全面薪酬体系看作消极的发起行动，会导致消极的交换关系，由此员工可能会对组织做出消极互动回应，如产生离职倾向、乃至于最终离开组织。

Mobley（1977）离职过程模型指出员工满意度是影响员工离职的最关键性因素之一，支持了全面薪酬满意度对离职倾向影响，而且已有文献表明全面薪酬满意度各维度对离职倾向有显著负向影响，其中 Faulk（2002）、Curral 等（2005）、Williams 等（2006）、Singh 和 Loncar（2010）、Panaccio 等（2014）、Jung 和 Yoon（2015）、李春玲等（2016）、Memon 等（2017）、解进强和付丽茹（2019）等研究表明薪酬满意度对离职倾向有显著负向影响，DeGieter 等（2010、2012）、Payne 等（2010）、Caillier（2016）、李宪印等（2016）、兰玉杰和张晨露（2013）等研究表明心理薪酬满意度（包括认可与称赞）、个人发展满意度和工作生活平衡满意度对离职倾向的负向影响显著。

以上文献都将总体员工样本看作同质的，即假设全面薪酬满意度对所有员工离职倾向有相同的影响，但本书对这个基本假设提出了质疑，认为总体样本具有异质性，正如 H7 阐述的不同员工对全面薪酬的偏好不同，某种全面薪酬形式对员工越重要，由此带来的该种全面薪酬满意度可能对员工的离职倾向影响越大，因此在不同员工子群体间全面薪酬满意度对离职倾向影响可能不同。DeGieter 和 Hofmans（2015）研究发现，全面薪酬满意度各维度与离职倾向关系存在三个员工子群体组，在不同员工子群体组中，货币薪酬满意度、物质薪酬满意度、心理薪酬满意度对离职倾向的显著负向影响是不同的。由此提出本章假设：

H8：全面薪酬满意度各维度对离职倾向的影响在不同员工子群体间是不同的。

3. 在工作价值观上全面薪酬满意度分选效应的个体差异。

工作价值观是指员工在工作情境中所追求的目标和回报，能够引导员工个体对与工作和职业相关的行为和活动做出评价和选择的观念与信念（霍娜，李超平，2009）。员工的工作价值观会决定其想要从工作中获得满足的需求或偏好。根据信号理论，全面薪酬满意度是员工向组织发送的反向信号，在信息反馈中反映了员工对全面薪酬各维度的满意程度，换言之，反映了组织对员工不同需求的满足度。根据 ASA 模型（Schneider，1987）和个人—织匹配理论（Kristof，1996），价值观的一致性匹配被认为是个人—织匹配的本质属性（唐源鸿等，2010）。当组织所提供的全面薪酬形式符合员工工作价值观，即能满足员工的需求或偏好，则对员工产生吸引力，员工对全面薪酬感到满意度，继而愿意留在组织里；反之，则可能会离开组织，由此全面薪酬满意度的分选效应发挥作用。由于工作价值在不同的时间和情况下具有相对稳定性（Nord 等，1988），而且个体之间存在明显的差异（De Cooman 等，2008），具有不同工作价值的个体会对不同的全面薪酬形式赋予不同的重要性，因此工作价值观的个体差异可以解释全面薪酬满意度对离职倾向影响在不同子群体间的不同。相较于低经济报酬取向的员工，高经济报酬取向员工更看重薪酬和福利，所以薪酬满意度、福利满意度更可能对高经济报酬取向员工的离职倾向有显著负向影响，即薪酬满意度和福利满意度对离职倾向有显著负向影响的员工在经济报酬取向得分上可能更高；相较于低舒适生活取向的员工，高舒适生活取向的员工更看重工作与生活之间的平衡，所以工作生活平衡满意度更可能对高舒适生活取向员工的离职倾向有显著负向影响，即工作生活平衡满意度对离职倾向有显著负向影响的员工在舒适生活取向上得分可能更高；相较于低成就认可取向的员工，高成就认可取向的员工更看重来自组织的绩效评价与认可，所以绩效与认可满意度更可能对高成就认可取向员工的离职倾向有显著负向影响，即绩效与认可满意度对离职倾向有显著负向影响的员工在成就认可取向上得分可能更高；相较于低能力成长取向的员工，高能力成长取向的员工更看重组织提供的职业发展机会，所以职业发展机会满意度更可能对高能力成长取向员工的离职倾向有显著负向影响，即职业发展机会满意度对离职倾向有显著负向影响的员工在能力成长取向上得分可能更高。

已有研究也表明，不同工作价值观的员工在全面薪酬满意度上存在显著差异，如心理薪酬满意度对离职倾向有显著负向影响的员工，人际交往取向得分显著更高（De Gieter 和 Hofmans，2015），类似研究表明货币报酬满意度对工作满意度有显著正向影响的员工，经济保障取向得分显著更高（Hofmans 等，2013）。由此提出本章假设：

H9：在工作价值观上全面薪酬满意度对离职倾向的不同影响具有显著个体差异；

H9 -1：薪酬满意度对离职倾向有显著负向影响的员工，经济报酬取向得分显著更高；

H9-2：福利满意度对离职倾向有显著负向影响的员工，经济报酬取向得分显著更高；

H9-3：工作生活平衡满意度对离职倾向有显著负向影响的员工，舒适生活取向得分显著更高；

H9-4：绩效与认可满意度对离职倾向有显著负向影响的员工，成就认可取向得分显著更高；

H9-5：职业发展机会满意度对离职倾向有显著负向影响的员工，能力成长取向得分显著更高。

（三）全面薪酬满意度激励机制路径模型

已有研究运用实验法通过几轮实验数据，揭示薪酬激励效应与分选效应独立与共生关系（Cadsby 等，2007；Eriksson 和 Villeval，2008；Belogolovsky 和 Bamberger，2014），还有研究运用实际企业的数据，通过对比薪酬计划变化前后员工生产率变化以及离职员工生产率，揭示薪酬激励效应与分选效应独立与共生关系（Lazear，2000；Park 和 Sturman，2016），激励效应体现了薪酬的直接激励机制，而分选效应体现了薪酬的间接激励机制，这些研究有力支持了 Gerhart 和 Fang（2014）提出的薪酬激励效应和分选效应图（见图 2.1）。

以上根据社会交换理论、个人—组织匹配理论和信号理论及相关文献，本书分别提出了全面薪酬满意度的激励效应与分选效应两种机制的研究假设。参考图 2.1 薪酬激励效应和分选效应图，基于上述假设，本书构建了全面薪酬满意度激励机制的理想路径模型，如图 3.6 所示，试图揭示全面薪酬满意度的两种效应独立与共生的激励机制。然而，遗憾的是，本书获得的问卷调查数据难以支持理想路径模型中分选效应后半段的实证研究。故退而求其次，暂不探讨由于与组织不匹配的员工离开企业后，组织通过提高现有员工队伍与组织匹配程度而提高的工作绩效，即理想路径模型中分选效应的后半段，并以虚线表示，如图 3.7 所示，由此得到全面薪酬满意度激励机制的次优路径模型。

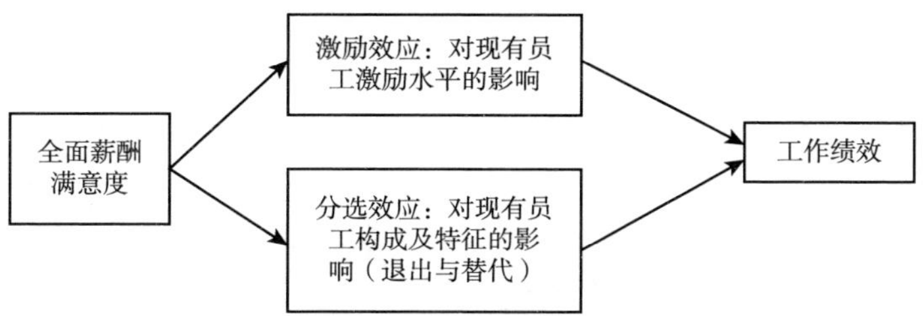

图 3.6　全面薪酬满意度激励机制的理想路径模型

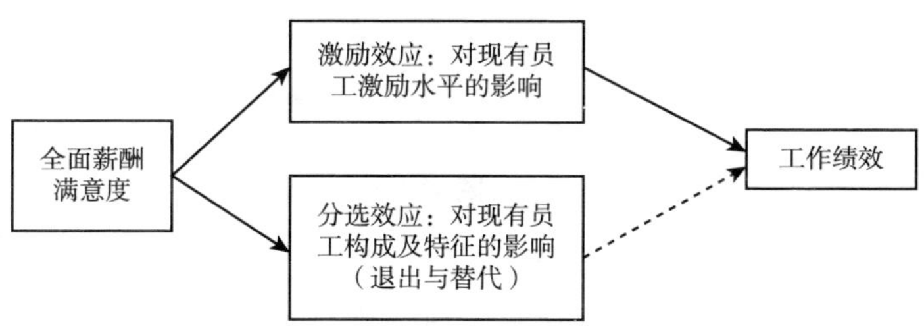

图 3.7　全面薪酬满意度激励机制的次优路径模型

| 第四章 |

实证研究设计

一、变量的测量

本书全部变量测量量表均来自现有研究文献的量表。为尽可能确保测量量表的信度和效度，避免沿用现有量表在文化上、时间上和语言上的局限性，本书实施以下措施（梁建和谢家琳，2018：220－224）：

第一，选择获得普遍认可、使用率高、在现有文献中占据显著地位的量表。以国外一流期刊文献量表为主，适当参考量表在国内研究中的使用。

第二，采用结构化访谈或采用华人学者的量表及经国内研究验证过的国外量表，以确保量表适用性。沿用现有国外量表需要确定变量在概念上、文化上和样本上的适用性。由于全面薪酬满意度测量量表目前尚未获得普遍认可，因此本书采用结构化访谈审核这一变量的适用性；对于其他变量测量量表，本书选择华人学者开发的测量量表，或者经国内研究验证过的国外量表，来确保其在概念上、文化上和样本上的适用性。以下概述本次结构化访谈对全面薪酬满意度变量适用性的审核。

通过文献回顾发现，有关全面薪酬满意度测量量表都是建立在全面薪酬构成形式及其要素之上的，因此本书以美国薪酬协会（2006）全面薪酬构成形式和要素为基础，参考 De Gieter 和 Hofmans（2015）、Snelgar 等（2013）、Payne 等（2010）量表，根据我国目前的薪酬福利项目具体状况，设计全面薪酬实施状况访谈大纲，包括全面薪酬项目选择和六个开放性问题，参见附录 A。

本书联系了两家大型连锁超市和一家零售电商，分别是北京 SF 连锁股份有限公司（以下简称“SF 超市”）、MD（中国）公司和 XY 微店[①]，于 2016 年 10 月至 2016 年 12 月，在北京分别对 SF 超市总经理、MD（中国）的人力资源部经理、XY 微店的总经理及其员工进行半结构化访谈。SF 超市是我国连锁超市百强之一，其总部在北京，门店主要分布在北京地区，拥有综合超市、食品超市、社区超市、社区菜市场四种经营业态，现有连锁超市百余家；SF 超市在近些年我国实体零售企业销售及毛利低增长甚至负增长的背景下，其业绩令人瞩目，2017 年 SF 超市门店利润增长 13%，销售额增长 7.6%，新增门店 20 多家，其员工流失率低于 10%，同时 SF 超市推行了全面薪酬体系。MD（中国）是全球知名零售企业，世界 500 强企业，目前在中国的几十个城市开设了近百家商场，拥有上万名员工，并对其中国员工实施了全面薪酬体系，将在第七章“全球标杆零售企业全面薪酬实践现状”中进行具体阐述。XY 微店是一家创业型零售电商，于 2015 年创立，虽然其实施涉及了全面薪酬的五种构成形式，但包括的具体项目较少。三家访谈企业覆盖了实体零售企业、外资实体零售企业和新兴创业型零售电商，而且两家实体零售企业也开展了网上零售业务，说明所选择的访谈零售企业具有一定的代表性。从整理后的访谈资料来看，仅对个别全面薪酬具体项目进行了调整，增加“对目前公司组织的社区送温暖、福利院等志愿活动”，将“心理健康帮助”与“旅游、体检、健身活动”“带薪休假”与“带薪病假”合并，略微调整了个别语言表达。总之，访谈大纲中列出的全面薪酬的五种形式及其项目符合零售企业全面薪酬实施现状，由此可知全面薪酬满意度变量在概念上、文化上和样本上具有很强的适用性。

第三，对英文量表采用反向翻译并广泛征求目标样本的建议，以保证量表语言表述准确易懂。反向翻译是用两组不同的研究人员对同一量表进行翻译（梁建和谢家琳，2018）。具体而言，由课题组成员将英文量表译成中文，再请一名商务英语的教师将中文量表译成英文，对双向翻译中存在的差异进行修正。然后，再将修订后的量表发给十几名零售企业人力资源经理和员工

① 本书对所访谈的零售企业的名称和相关数据资料进行了某些掩饰处理，以符合企业保密需要。

填写，逐一征求对量表的反馈意见和建议，对量表题项的语言表达再次进行修改，力求量表语言表述准确、通俗易懂。

本书的六个变量测量量表的具体内容如下：

1. 全面薪酬满意度量表。

已有文献研究表明，有关全面薪酬满意度的测量维度及其要素都是基于全面薪酬构成形式和要素的定性研究成果进行的，并且其所包含的维度及其要素与美国薪酬协会界定的全面薪酬模型（2006）的构成形式及其要素基本一致。因此，本书全面薪酬满意度的测量是以美国薪酬协会的全面薪酬模型（2006）构成形式和要素为基础，借鉴 De Gieter 和 Hofmans（2015）、Snelgar 等（2013）、Payne 等（2010）量表编制的。本书根据访谈获得零售企业全面薪酬实施现状，将美国薪酬协会全面薪酬模型（2006）包括要素的表述按符合我国的习惯进行了修改，该量表共包括 5 个维度、22 个题项，如表 4.1 所示。其中，5 个维度分别为：薪酬满意度、福利满意度、工作生活平衡满意度、绩效与认可满意度和职业发展机会满意度。运用 Likert 五点量表对题项的满意度进行评分，1 ~ 5 依次表示“很不满意”“较不满意”“基本满意”“比较满意”和“很满意”。

表 4.1　　全面薪酬满意度量表

题　　项	维　　度
1. 对目前固定工资，也就是基本工资 2. 对目前的加薪 3. 对目前各种奖金，如销售或送货提成、月季度奖、年终奖等	薪酬满意度
4. 对目前公司提供的五险一金（养老、医疗保险等） 5. 对目前公司提供的商业人寿保险、商业医疗保险 6. 对目前公司提供的节日红包礼品、内部购物折扣等 7. 对目前公司提供的带薪休假、带薪病假、带薪事假 8. 对目前公司提供的交通补贴、餐补、外勤补贴等各类补贴 9. 对目前公司提供的加班费	福利满意度
10. 对目前公司的工作时间安排 11. 对目前公司安排的旅游、体检、健身活动、心理健康帮助等 对目前公司给予员工照顾家庭帮助，如请假照顾老人孩子、提供子女教育费、托儿补助、子女医疗费用补助 12. 对目前公司组织的社区送温暖、福利院等志愿活动 13. 对目前公司工作场所的舒适、整洁和安全保护	工作生活平衡满意度

续表

题　　项	维　　度
14. 对公司对您的工作业绩要求，如销售量、销售额目标 15. 对上级与您进行的工作业绩谈话 16. 对公司给予业绩突出的员工数额较大的物质奖励 17. 对公司对工作给予的口头或书面表扬、奖状等肯定	绩效与认可满意度
18. 对公司提供的培训，如入职培训、其他技能培训等 19. 对公司提供的学习费用资助 20. 对公司提供的晋升机会 21. 对公司提供的未来职业发展指导	职业发展机会满意度

2. 工作绩效量表。

采用应用广泛的经典量表 Motowidlo 和 Van Scotter（1994）的工作绩效量表，同时参照余德成（1996）量表中的任务绩效题项，编制了包括 14 个题项的二维度工作绩效量表，如表 4.2 所示。该量表中的任务绩效包括 4 个题项、周边绩效包括 10 个题项。采用 Likert 五点量表进行评分，1 ~5 依次代表“完全不符合”“较不符合”“基本符合”“比较符合”和“完全符合”。

表 4.2　　　　工作绩效量表

题　　项	维　　度
1. 我是整个部门完成工作最出色的员工之一 2. 我工作效率很高，总是按时保质保量地完成工作任务 3. 我总是按正式考核要求完成工作 4. 我完成的工作总是能达到上级要求和期望	任务绩效
5. 如果需要，我总是能主动给其他同事提供帮助 6. 我总是能关心体贴其他同事 7. 在工作中，我与其他同事合作良好 8. 当同事碰到困难时，我总是会给予支持与鼓励 9. 我会为自己寻找并设定更有挑战性的目标 10. 我经常能认真贯彻上级主管的决定 11. 我总是能积极主动解决工作中存在的问题 12. 领导不在时，我也能自觉遵守公司的规章制度 13. 为了有效完成工作，我会努力克服各种困难 14. 我经常能主动承担工作职责之外任务	周边绩效

3. 离职倾向量表。

Mobley 等（1978）的单维度三个题项测量量表在研究中应用广泛，其信度得到了其后较多研究的支持（Carmeli 和 Weisberg，2006），本书采用该量表，如表 4.3 所示。运用 Likert 五点量表对题项进行评分，1～5 依次代表“完全不符合”“较不符合”“基本符合”“比较符合”和“完全符合”。

表 4.3　　离职倾向量表

题　项
1. 我时常想要离开现在的公司
2. 我时常在寻找其他的工作
3. 我想要尽快去别的公司工作

4. 组织支持感量表。

Eisenberger 等（1986）单维度量表，获得不同国家、行业、岗位样本的检验，具有很强的文化适用性。根据 Rhoades 和 Eisenberger（2002）的观点，本书选择其中 5 个较高因子载荷的题项 4、8、9、23、25 形成简化版量表，如表 4.4 所示。运用 Likert 五点量表对题项进行评分，1～5 依次代表“完全不符合”“较不符合”“基本符合”“比较符合”和“完全符合”。

表 4.4　　组织支持感量表

题　项
1. 公司关心我的福利
2. 公司尊重我的建议和意见
3. 在工作中当我遇到困难时，公司会帮助我
4. 公司尊重我个人的目标和价值
5. 公司关心我个人的感受

5. 薪酬沟通量表。

本书的薪酬沟通量表参考 Day（2007）的单维度量表编制，如表 4.5 所示。该量表包括 5 个题项，运用 Likert 五点量表对题项进行评分，1～5 依次代表“完全不符合”“较不符合”“基本符合”“比较符合”和“完全符合”。

表 4.5　薪酬沟通量表

题　项
1. 我能定期参加公司举行的有关工资福利方面的会议
2. 我知道并看过公司有关工资福利制度的文件
3. 领导或人力部会主动跟我讲解公司有关工资福利的规定
4. 我对工资福利有疑问时，可从领导或人力部得到合理的解释
5. 公司允许员工公开讨论工资福利问题

6. 工作价值观量表。

已有研究表明，工作价值观量表众多，可选择符合研究需要的量表。本研究借鉴 De Gieter 和 Hofmans（2015）的研究，以 Super（1983）、吴铁雄等（1996）的量表为主要依据，参考 Meyer 等（1998）的量表，选取经济保障取向、舒适生活取向、成就认可取向、能力与成长取向四个维度 14 个题项，作为本书的工作价值观测量量表，如表 4.6 所示。本量表运用 Likert 五点量表对题项的重要性进行评分：1 ~5 依次表示“很不重要”“较不重要”“一般重要”“比较重要”和“很重要”。

表 4.6　工作价值观量表

题　项	维　度
1. 工作为您带来的工资收入 2. 工作提供的五险一金（养老、医疗保险等） 3. 通过工作获得加薪或奖金 4. 获得加班费	经济保障取向
5. 工作时间可以灵活安排 6. 公司为您提供休闲或休假时间 7. 公司对员工家庭的关怀活动 8. 在工作中感到轻松、精神也不紧张	舒适生活取向
9. 自己的工作能受到他人的肯定 10. 从工作结果中可以知道自己工作做得不错 11. 从工作中不断获得成就感	成就认可取向
12. 在工作中获得的技能和能力提升 13. 工作给我带来的学习机会 14. 工作给我带来的晋升机会	能力与成长取向

二、问卷设计

本书正式调查问卷包括全面薪酬满意度、工作绩效、组织支持感、薪酬沟通、离职倾向和工作价值观量表以及样本基本信息，另外在线调查问卷还附加了有关地区、零售业态和员工劳动关系的三个甄选问题，正式问卷参见附录 B。为保证问卷数据质量，减少共同方法偏差，保证回答真实性，本书在问卷设计上采用以下事前控制措施：

1. 隐匿题项意义。

在问卷调查时，详尽地告知问卷填写者问卷所列出的研究概念的含义及研究的目的，可以提高问卷填写者参与问卷调查的积极性（梁建和谢家琳，2018），但容易造成社会赞许性和共同方法偏差。为降低社会赞许性和共同方法偏差，本书使用隐匿题项意义的方法，没有列明量表测量变量的名称，也没有对变量和研究内容向问卷填写者做出解释。

2. 同一测量变量随机排列题项。

在问卷设计中，题项排序有三种做法。第一种做法是将同一测量变量的题项集中放在一起，如果是多维度变量就将各维度题项放在一起，所有问卷填写者都按同一题项编排顺序回答，这种做法既有利于填写者集中回答某一问题（梁建和谢家琳，2018），也便于研究者后期整理数据；第二种做法是将所有测量变量题项混合并随机排列；第三种做法是按第一种做法将同一测量变量的题项集中放在一起，但同一变量下的题项随机排列。也就是说，在第二、三种做法下不同问卷填写者可能按不同的题项顺序回答问题。虽然还没有研究明确表明随机排列题项有助于有效降低共同方法偏差，但可以考虑该方法并使用（彭台光等，2006）。综合比较三种题项排序做法，本书采用第三种，除了填答者基本信息以外，同一测量变量的题项随机排列，以尽可能降低共同方法偏差问题。目前在线问卷技术能够容易地解决混合随机编排整理数据问题。

3. 设置禁止同一变量的所有题项选择相同选项的功能。

当问卷填写者填写不认真时，可能会对变量题项选择趋同，如同一个量表全部题项都选择“1”或“2”等，利用在线问卷技术设置禁止同一变量的所有题项选择相同选项的功能，可以强迫问卷填写者经认真思考再作答，从而提高问卷回答质量。

4. 问卷设置甄选题目以鉴别回答的真实性和认真程度。

本书量表通过设置“您的岗位名称”的题项，用于鉴别回答的真实性和认真程度。岗位是员工的一个重要个人社会特征，员工对岗位回答真实度高，岗位与员工收入、职位层级密切相关，由此可判断问卷填写人基本工资回答的真实性和认真程度；此外，在小样本和东中部地区的在线调查问卷还设置“您所在零售企业名称”的题项，通过核查每份问卷的企业名称作为样本真实性的鉴别。

三、小样本预调查收集数据

研究发现，在线问卷数据收集和现场问卷收集在心理测量特性、回答者的社会赞许性、数据完整性等方面没有明显差异，越来越多的组织研究实施在线调查数据（梁建和谢家琳，2018：199）。因此，本书调查问卷的发放、填写和回收采用线上调查和现场线上调查两种形式。

（一）小样本预调查的样本来源和基本信息

课题组于 2017 年 1 月委托调查公司对北京、上海、广东等我国东中部地区的多种实体零售企业和零售电商员工进行在线预调查，共收回问卷 200 份，其中有效问卷 186 份，有效率达 93.0%。

小样本预调查的样本基本信息如下：第一，从性别分布来看，男性员工占比 38.5%，女性员工占比 61.5%，符合零售企业员工性别分布；第二，从年龄分布看，18～22 岁占 5.5%，23～29 岁员工占比 44.5%，30～39 岁员工占比 38.5%，40～49 岁员工占比 10.5%，50 岁以上员工占比 1.0%。第三，从在现单位工作年限分布来看，1 年以下占 4.5%，1～2 年占 23.5%，3～5 年 42%，6～10 年占 19.5%，10 年以上占 10.5%。第四，从学历分布来看，初中及以下占 15.0%，中专或高中占 23.5%，大专 42%，本科及以上占 19.5%。第五，从职位层级分布来看，普通员工占比 47.5%，组长占比 35%，主管占比 7%，部门经理和店长占比 10.5%。第六，从每月税后工资分布来看，在 2000 元以下占比 2.0%，在 2001 ~3000 元占比 18%，在 3001 ~4000 元占比 33.5%，在 4001 ~5000 元占比 24.0%，在 5001 ~7000 元占比 14.0%，在 7001 ~1 万元占比 6.5%，1 万元以上占比 2.0%。第七，从每月工资收入中固定工资和奖励工资的比例分布来看，全部是固定工资占比 17.5%，1 ~2 成是奖励工资占比 42%，3 ~4 成是奖励工资占比 29%，5 ~6 成是奖励工资占比 9.5%，7 ~8 成是奖励工资占比 1.5%，9 ~10 成是奖励工资占比 0.5%；第八，从零售企业业态分布来看，大中型百货商场/购物中心占比 50%，大卖场/中等规模超市/仓储会员店占比为 40.0%，B2C/O2O 零售电商占比 10.0%。第九，从地区分布来看，东部地区占比 70%，中部地区占比 30%。

（二）小样本预调查的变量量表信效度检验

相对于本书的其他现有量表而言，有关全面薪酬满意度量表，目前国外学者仍存有一定的分歧，特别全面薪酬满意度测量量表还未以国内样本进行研究，因此需要对该量表进行探索性因子分析以检验构念效度；工作绩效、组织支持感、薪酬沟通、工作价值观的测量都采用成熟量表，运用验证性因子分析进行构念效度检验；离职倾向的测量采用单维度 3 个题项的量表，而一阶验证性因子分子最低要 4 个题项，因此采用探索性因子分析进行构念效度检验；此外，对所有变量测量量表进行信度检验。

1. 全面薪酬满意度量表的信效度检验及修订。

KMO 和 Bartlett 球形检验结果显示，KMO 值是 0.959 >0.8，说明题项变量间关系良好，可以进行探索性因子分析；Bartlett 球形检验的显著水平达到 0.000，自由度是 231，近似卡方值是 2813.937，说明全面薪酬满意度量表内有共同因子存在，再次说明可以进行探索性因子分析。

根据本书全面薪酬满意度量表构成维度，设定因子数为 5，进行第一次探索性因子分析，结果显示共同因子包含不同维度的题项，难以命名，因此要继续做修正性因子分析。遵照修正性因子分析要求和题项的删除原则，经过 5 次探索性因子分析[①]，删除了 6、10、12、13、14、17 六个题项后，其因子负荷量表见表 4.7。依据各因子维度包含题项的特征以及因子负荷量大小，把 16 个题项划分为四个因子：因子一包括题项 1、3、2、5、4、9，称之为“薪酬福利满意度”；因子二包括题项 22、21、19、20，称之为“职业发展机会满意度”；因子三包括题项 7、11、8，称之为“工作生活平衡满意度”，其中题项 8、7 原隶属福利满意度维度，但是这两个题项也涉及工作生活平衡的内容，因此将其划归这一维度；因子四包括题项 16、15、18，称之为“绩效认可计划满意度”；从四个维度的解释变异量来看，薪酬与福利解释力度最强（19.098%），职业发展机会满意度次之（18.161%），工作生活平衡满意度居于第三（17.804%），绩效认可计划居于第四（15.894%），四个维度的总解释力度达到 70.957% >60%，表明萃取后保留的因子相当理想。由此，说明零售企业全面薪酬满意度的测量结构由四维度构成，即薪酬福利满意度、职业发展机会满意度、工作生活平衡满意度和绩效与认可满意度。

表 4.7　小样本预调研全面薪酬满意度第五次因子分析因子负荷量表

维度	题　项	因子			
		1	2	3	4
薪酬福利满意度	1. 对目前固定工资/基本工资	0.781	0.268	0.149	0.178
	3. 对目前各种奖金，如销售或送货提成、月季度奖、年终奖等	0.659	0.313	0.352	0.21
	2. 对目前的加薪	0.645	0.315	0.21	0.385
	5. 对目前公司提供的商业人寿保险、商业医疗保险	0.643	0.263	0.471	0.131
	4. 对目前公司提供的五险一金（养老、医疗保险等）	0.571	0.009	0.561	0.213
	9. 对目前公司提供的加班费	0.461	0.411	0.451	0.206

① 预调查样本全面薪酬满意度前四次探索性因子分析因子负荷量表见附录 C。

续表

维度	题　　项	因子			
		1	2	3	4
职业发展机会满意度	22. 对公司提供的未来职业发展指导	0.355	0.748	0.196	0.168
	21. 对公司提供的晋升机会	0.263	0.727	0.155	0.399
	19. 对公司提供的培训，如入职培训、其他技能培训等	0.212	0.702	0.299	0.324
	20. 对公司提供的学习费用资助	0.18	0.591	0.523	0.271
工作生活平衡满意度	7. 对目前公司提供的带薪休假、带薪病假、带薪事假	0.223	0.207	0.722	0.279
	11. 对目前公司安排的旅游、体检、健身活动、心理健康帮助等	0.281	0.282	0.688	0.21
	8. 对目前公司提供的各类补贴，如交通补贴、餐补、外勤补贴等	0.331	0.391	0.579	0.297
绩效与认可满意度	16. 对上级与您进行的工作业绩谈话	0.14	0.186	0.267	0.795
	15. 对公司对您的工作业绩要求，如销售量、销售额目标	0.225	0.265	0.163	0.718
	18. 对公司对工作给予的口头或书面表扬、奖状等肯定	0.247	0.297	0.252	0.700
初始特征值		8.837	1.084	0.77	0.661
转轴后特征值		3.056	2.906	2.849	2.543
解释变异量（%）		19.098	18.161	17.804	15.894
累计解释变异量（%）		19.098	37.259	55.063	70.957

薪酬福利满意度、职业发展机会满意度、绩效与认可满意度、工作生活平衡满意度分量表的 Cronbach's α 系数分别为 0.891、0.874、0.791、0.618 >0.8 或 0.7 或 0.6，说明分量表信度很高或高或尚佳，全面薪酬满意度的总量表的 Cronbach's α 系数是 0.889 >0.8，说明总量表的信度高。

基于预调查样本获得零售企业全面薪酬满意度四维度测量结构将薪酬满意度和福利满意度合并为一个维度，由于薪酬福利属于经济性薪酬，因此具有研究逻辑上的合理性，四维度测量结构符合研究预设，而且测量问卷的总量表和分量表信度达到要求，因此全面薪酬满意度测量问卷可以符合研究需要。

2. 工作绩效量表的信效度检验。

本研究采用工作绩效二维度结构量表，根据该理论知识构建验证性因子分析的概念模型图进行分析，结果如图 4.1 和表 4.8 所示，标准化回归系数均介于 0.50 – 0.95 之间，说明模型基本的适配度良好；工作绩效量表的各项拟合指标：$\chi^2/df(1.65)<5$，$RMSEA(0.057)<0.08$，$RMR(0.028)<0.05$，NFI、TLI、CFI、GFI、AGFI 均大于 0.9，均符合评估模型适配度的指标标准，说明工作绩效二维度模型拟合良好，构念效度较高。

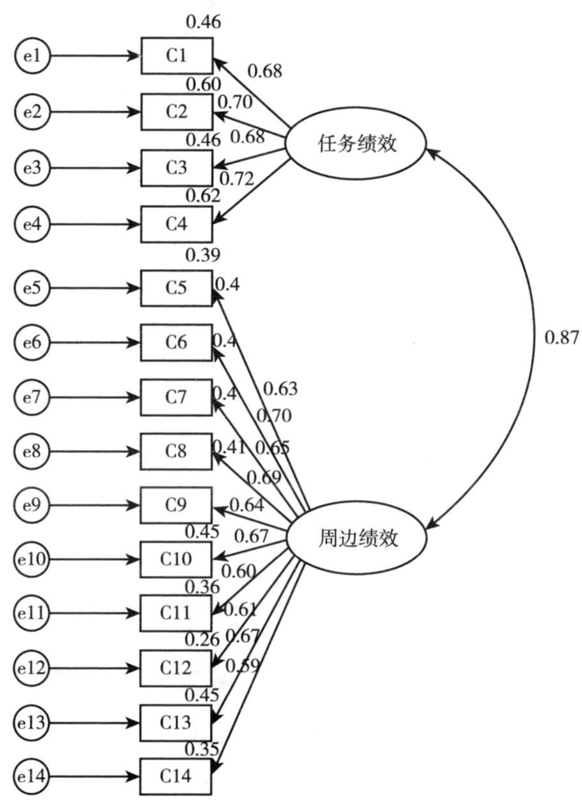

图 4.1　工作绩效量表结构模型图

表 4.8　　工作绩效测量模型的拟合指标

	χ^2/df	NFI	TLI	CFI	GFI	AGFI	RMSEA	RMR
二维模型	1.65	0.889	0.943	0.952	0.916	0.884	0.057	0.028

对工作绩效进行信度分析，其中任务绩效分量表 Cronbach's α 系数为 0.790 >0.7、周边绩效分量表 Cronbach's α 系数为 0.870 >0.8，说明各分量表信度高或很高，总量表 Cronbach's α 系数为 0.904 >0.9，表明总量表信度非常高。

3. 离职倾向量表的信效度检验。

由于离职倾向是单维度 3 个题项量表，构成饱和模型，因此对该量表的效度检验采用探索性因子分析。首先，进行 KMO 和 Bartlett 球形检验，其中 KMO 值是 0.692 >0.6，说明题项变量间关系尚可，达到进行探索性因子分析基本要求；Bartlett 球形检验的显著水平达到 0.000，自由度是 3，近似卡方值是 233.880，说明该量表内有共同因子存在，进一步表明量表适合进行探索性因子分析。其次，采用主成分分析法，抽取特征值大于 1 的因子。因子分析共抽取出一个共同因子，其特征值为 2.23，能够解释变异量为 74.334%，因子负荷量如表 4.9 所示。离职倾向量表构念效度得到验证。

表 4.9　　离职倾向因子负荷量表

题　项	因子
	1
3. 想要尽快去别的公司工作	0.899
1. 时常想要离开现在的公司	0.873
2. 时常在寻找其他的工作	0.812
初始特征值	2.23
提取平方和载入	2.23
解释变异量（%）	74.334
累计解释变异量（%）	74.334

对离职倾向量表进行信度分析，Cronbach's α 系数为 0.82 >0.8，说明该量表信度高。

4. 组织支持感量表信效度检验。

本书采用组织支持感单维度结构量表，根据该理论知识构建验证性因子分析的概念模型图进行分析，结果如图 4.2 和表 4.10 所示，标准化回归系数均介于 0.50 ~0.95，说明模型基本的适配度良好；组织支持感量表的各项拟合指标：χ^2/df(2.859) <5，RMSEA(0.097) <0.1，RMR(0.032) <0.05，NFI、TLI、CFI、GFI、AGFI 均大于 0.9，均符合评估模型适配度的指标标

准，说明组织支持感单维度模型拟合良好，构念效度较高。

对组织支持感量表进行信度分析，Cronbach's α 系数为 0.93 > 0.9，表明该量表的信度非常高。

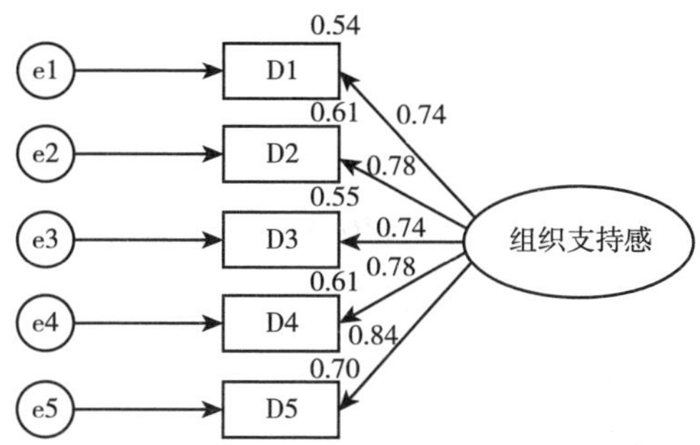

图 4.2　组织支持感量表结构模型图

表 4.10　　组织支持感测量模型的拟合指标

	χ^2/df	NFI	TLI	CFI	GFI	AGFI	RMSEA	RMR
单维模型	2.859	0.972	0.963	0.981	0.971	0.913	0.097	0.032

5. 薪酬沟通量表信效度检验。

本书采用薪酬沟通单维度结构量表，根据该理论知识构建验证性因子分析的概念模型图进行分析，结果如图 4.3 和表 4.11 所示，标准化回归系数均介于 0.50 ~ 0.95，说明模型基本的适配度良好；薪酬沟通量表的各项拟合指标：χ^2/df（2.302）< 5，RMSEA（0.081）< 0.1，RMR（0.047）< 0.05，NFI、TLI、CFI、GFI、AGFI 均大于 0.9，均符合评估模型适配度的指标标准，说明薪酬沟通单维度模型拟合良好，构念效度较高。

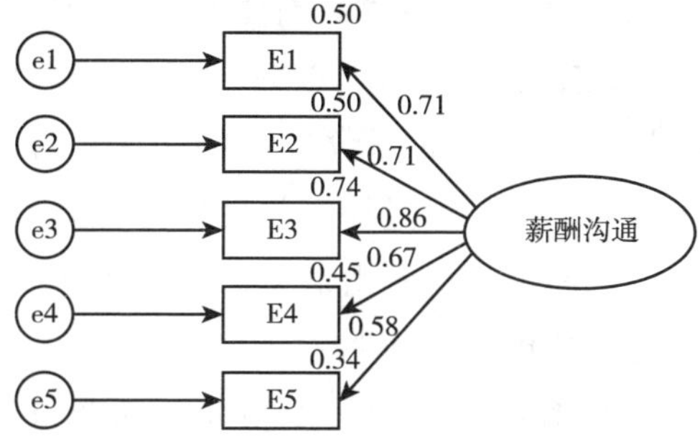

图 4.3　薪酬沟通量表结构模型图

表 4.11　　　　　　　　薪酬沟通测量模型的拟合指标

	χ^2/df	NFI	TLI	CFI	GFI	AGFI	RMSEA	RMR
单维模型	2.302	0.969	0.963	0.982	0.987	0.935	0.081	0.047

对薪酬沟通量表进行信度分析，Cronbach's α 系数为 0.83 >0.8，说明该量表的信度高。

6. 工作价值观量表的信效度检验。

本书采用的工作价值观四维度结构量表，根据该理论知识构建验证性因子分析的概念模型图进行分析，发现有指标未达到评断模型适配度良好的标准，如 RMSEA 为 0.103 >0.1，需要进行修正。吴明隆（2009：158 - 170）指出，当模型适配度检验无法与观察数据适配时，可以参考 Amos 提供的修正指标数据来判别。根据 Amos 23.0 修正指标数据两次输出操作，两次修正指标表中 M. I. 值分别以 e6 <- - -> e8（M. I. =56.519）、e1 <- - -> e3（M. I. =18.783）为最大，且 Par Change 分别为 0.066、0.024，e6 和 e8、e1 和 e3 为测量误差，测量指标 H6 与 H8、H1 与 H3 所测量的特质同类，因此建立 e6 与 e8、e1 与 e3 之间的关联符合 SEM 的假定。依次将 e6 和 e8、e1 与 e3 这两个测量误差变量进行释放并建立修正模型进行分析，其修正后的结果如图 4.4 和表 4.12 所示：修正后的模型中，$\chi^2/df = 1.931 < 5$，RMSEA = 0.068 <0.08，RMR =0.062 <0.08，GFI 大于 0.9，NFI、TLI、CFI、AGFI 均大于 0.8，结果适配良好。综上，工作价值观量表达到评估模型适配度的指标标准，具有良好的构念效度。

对工作价值观量表进行信度分析，工作价值观总量表 Cronbach's α 系数为 0.772 >0.7 这一可接受水平，表明总量表信度不错，其中能力与成长取向分量表的 Cronbach's α 系数为 0.641 >0.6 这一尚佳水平，经济报酬取向、成就认可取向分量表 Cronbach's α 系数为 0.520、0.591，均大于 0.5 这一可接受水平，而舒适生活取向分量表 Cronbach's α 系数为 0.476 <0.5，较不理想。

根据以上信效度检验结果，通过征询问卷填写者对问卷的反馈意见，发现工作价值观量表的某些题项表述不太清楚，于是在题项语义表述上进一步斟酌推敲修改，使语言表述更为简洁明了。

基于预调查样本数据对量表的信效度检验后的变量量表，参见表 4.1、表 4.2、表 4.3、表 4.4，可用于大样本正式问卷调查。

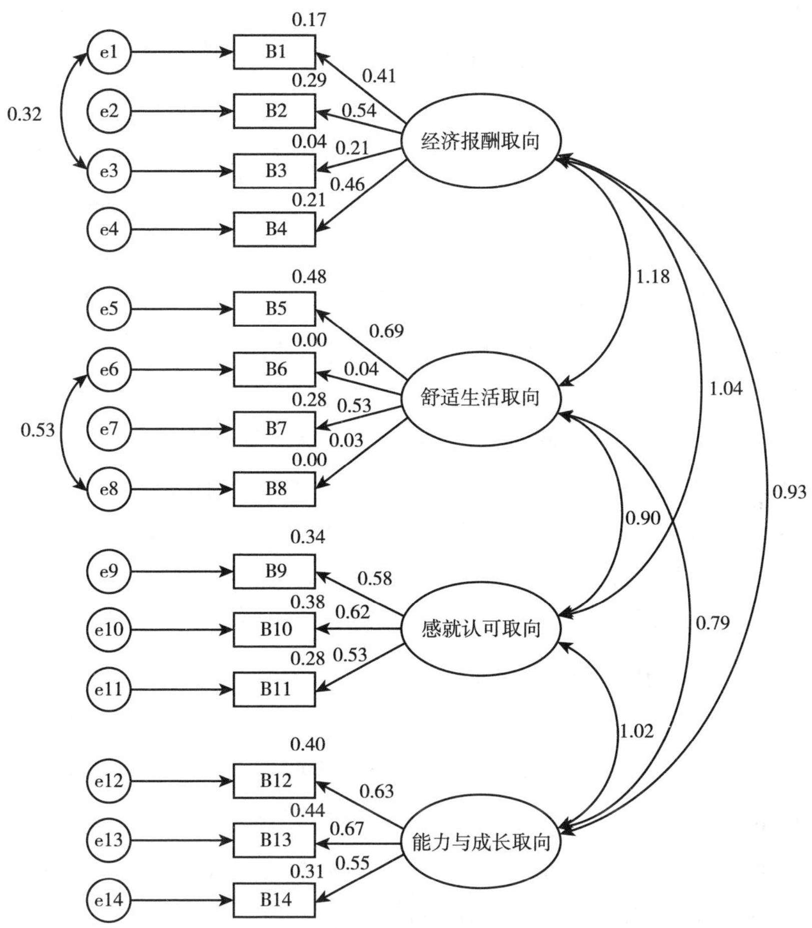

图 4.4　修正后工作价值观量表结构模型图

表 4.12　　　　　修正后工作价值观测量模型的拟合指标

	χ^2/df	NFI	TLI	CFI	GFI	AGFI	RMSEA	RMR
四维模型	1.931	0.816	0.867	0.899	0.916	0.872	0.068	0.062

四、正式问卷调查收集数据

通过访谈获悉，虽然北京 SF 超市没有提出全面薪酬的观点，但在实践中实施了全面薪酬体系，那么 SF 超市令人瞩目的经营业绩是否与其实施全面薪酬体系有关，或者说，全面薪酬体系是否有助于其形成一支稳定的高工作绩效的员工队伍，是本书需要解答的问题，因此正式调查选取了北京 SF 超市作为实证研究部分的样本来源。为了使本书获得的研究结论具体较好的普适性，因此在样本选取上考虑将地域扩大到我国东部（包括北京）和中部地区，但由于西部地区受经济发展水平限制，相对而言零售企业的管理水平逊于东中部地区，因此未将西部地区纳入样本。本书将运用东中部地区的样本数据对基于 SF 超市样本数据的研究结论进行稳健性检验，以增强研究结论的普适性，稳健性检验结果见附录 D。此外，问卷填写人限定在与所在零售企业签订正式劳动合同的员工，因为零售企业都拥有不同比例的厂家导购，而厂家导购的劳动关系、薪酬发放不属于零售企业，不能反映零售企业全面薪酬实施状况。综上，本书的正式调查按北京和我国东中部地区两类地域分别进行了两次调查。

（一）SF 超市样本的基本信息

本书于 2017 年 3 月在 SF 超市人力资源部的大力协助下，对其北京地区的连锁店签订正式劳动合同的员工（不包括厂家导购）在线发放问卷，员工匿名填写问卷，共收回问卷 2102 份，剔除缺失值和极端值等无效数据，筛选后的有效问卷 1799 份，有效率达 85.59%。

SF 超市样本基本信息，如表 4.13 所示：第一，从性别来看，男性占 31.9%，女性占 68.1%，符合零售企业的实际性别比例状况；第二，从年龄来看，18～22 岁员工占 0.7%，23～29 岁员工占 8.5%，30～39 岁员工占 38.7%，40～49 岁员工占 42.7%，50 岁及以上员工占 9.4%，说明 SF 超市以 30～49 岁员工为主；第三，从在当前单位工作年限来看，1 年以下占 9.4%，1～2 年占 8.8%，3～5 年占 13.6%，6～10 年 33.3%，10 年以上占 34.9%；第四，从学历分布来看，初中及以下占比为 20.8%，中专或高中占比为 57.5%，大专占比为 16.4%，本科及以上占比为 5.3%，说明 SF 超市员工学历偏低；第五，从职位层级来看，普通员工占 83.6%，组长（主任/值班经理）占 11.5%，主管占 1.4%，部门经理（包括总监/助理）1.6%，店长占 1.9%，样本职位层级分布符合 SF

超市实际情况；第六，从每月税后工资来看，2000 元以下占 2.1%，2001～3000 元占 64.5%，3001～4000 元占 22.7%，4001～5000 元占 6.3%，5001～7000 元占 3.7%，7001～1 万元占 0.5%，1 万元以上占 0.2%；第七，从固定工资和奖励工资的比例来看，全部是固定工资占比 19.3%，1～2 成是奖励工资占比为 46.6%，3～4 成是奖励工资占比为 24.7%，5～6 成是奖励工资占比 7.9%，7 成以上是奖励工资占比 1.1%，9～10 成占 0.4%。

表 4.13　　SF 超市样本基本信息

项目	样本特征	百分比	有效百分比
性别	男	31.9%	31.9%
	女	68.1%	68.1%
	合计	100.0%	100.0%
年龄	18～22 岁	0.7%	0.7%
	23～29 岁	8.5%	8.5%
	30～39 岁	38.7%	38.7%
	40～49 岁	42.7%	42.7%
	50 岁及以上	9.4%	9.4%
	合计	100.0%	100.0%
工作年限	1 年以下	9.4%	9.4%
	1～2 年	8.8%	8.8%
	3～5 年	13.6%	13.6%
	6～10 年	33.3%	33.3%
	10 年以上	34.9%	34.9%
	合计	100.0%	100.0%
学历分布	初中及以下	20.8%	20.8%
	中专或高中	57.5%	57.5%
	大专	16.4%	16.4%
	本科及以上	5.3%	5.3%
	合计	100.0%	100.0%
职位层级	普通员工	83.6%	83.6%
	组长	11.5%	11.5%
	主管	1.4%	1.4%
	部门经理	1.6%	1.6%
	店长	1.9%	1.9%
	合计	100.0%	100.0%

续表

项目	样本特征	百分比	有效百分比
每月税后工资总收入	2000 元以下	2.1%	2.1%
	2001～3000 元	64.5%	64.5%
	3001～4000 元	22.7%	22.7%
	4001～5000 元	6.3%	6.3%
	5001～7000 元	3.7%	3.7%
每月税后工资	7001～10000 元	0.5%	0.5%
	10000 元以上	0.2%	0.2%
	合计	100.0%	100.0%
固定工资和奖励工资的比例	全是固定工资	19.3%	19.3%
	1～2 成是奖励工资	46.6%	46.6%
	3～4 成是奖励工资	24.7%	24.7%
	5～6 成是奖励工资	7.9%	7.9%
	7～8 成是奖励工资	1.1%	1.1%
	9～10 是奖励工资	0.4%	0.4%
	合计	100.0%	100.0%

（二）东中部地区零售企业正式调查数据收集

我国东部和中部零售企业的问卷调查是于 2017 年 2 月再次委托调查公司（与预调查是同一家调查公司），对东部和中部地区的实体零售企业和零售电商签订正式劳动合同员工进行线上问卷调查。东部地区包括北京、上海、广东、天津、河北、辽宁、江苏、浙江、福建、山东和海南，中部地区包括黑龙江、吉林、山西、安徽、江西、河南、湖北和湖南，零售业态包括大中型百货商场/购物中心、大卖场/中等规模超市/仓储会员店、专业/专卖店、便利店（如：7－11）和 B2C/O2O 自营零售电商（如：京东商城）。采用零售企业员工匿名自我报告填写问卷，共收回问卷 511 份，删除调查对象不符合要求的样本、剔除缺失值和极端值等无效数据，筛选后的最终有效问卷共 467 份，有效率达 91.39%。东中部地区零售企业样本的基本信息概况见附录 D。

五、全面薪酬满意度的测量维度结构

以SF超市员工为样本，对全面薪酬满意度进行探索性因子分析和验证性因子分析来检验其构念效度，以确定全面薪酬满意度量表的测量维度结构。首先，从SF超市全部有效样本中随机抽取30%，共计526份，利用SPSS21.0对全面薪酬满意度量表进行探索性因子分析；其次，对经探索性因子分析后的量表进行信度检验；最后，再从全部有效样本中随机抽取30%，共计567份，利用Amos23.0对经探索性因子分析后的量表进行验证性因子分析。邱皓政（2013）指出样本量抽取标准，从绝对规模来看，通常认为200是一个重要的下限，100为差、200为还好、300为佳、500以上是非常好、1000以上则是优异；从相对规模来看，通常认为样本量与量表题项数的比例原则上是10∶1或20∶1，且一般而言越高的比例的因子分析稳定度越高。全面薪酬满意度原始问卷有22个题项，所以根据样本量抽取标准，上述抽取的样本量均达到适合进行因子分析的条件。

（一）全面薪酬满意度量表的探索性因子分析

进行KMO和Bartlett球形检验，以判断是否适合进行因子分析，如表4.14所示。结果显示KMO值为0.967，大于0.9，表明题项变量间的关系极佳，非常适合进行探索性因子分析；Bartlett球形检验卡方值为8281.288（自由度为231），达到非常显著水平，说明有共同因素存在，进一步证实适合进行探索性因子分析。

表4.14　　KMO和Bartlett的检验

取样足够度的 Kaiser - Meyer - Olkin 度量	0.967	
Bartlett 的球形度检验	近似卡方	8281.288
	df	231
	Sig.	0.000

根据本书全面薪酬满意度量表的维度结构，采用抽取固定因子个数法，

设定因子数为5，采取主轴因子分解法抽取方法；由于各因子之间存在一定的相关性，旋转方法采取直接斜交法。遵循转轴后的模式矩阵以及题项的因子负荷量来删减题项，共做了三次探索性因子分析，具体如下：

1. 第一次因子分析。

第一次因子分析的结果如表4.15所示，直接斜交法后得到5个共同因子，累积解释变异量为63.937%。第三个共同因子包含职业发展机会满意度和绩效与认可满意度两个维度，其中题项21、22、20、19属于职业发展机会满意度维度，题项18属于绩效与认可满意度维度。第5个共同因子中包含绩效与认可满意度和工作生活平衡满意度两个维度，其中题项16、15、17属于绩效与认可满意度维度，题项10属于工作生活平衡度满意度维度。由此可见，共同因子包含不同维度的题项，难以命名，因此需要进行修正性因子分析，删除题项18、10，进行第二次因子分析。

表4.15　　第一次因子分析因子负荷量表

题　　项	因　　子				
	1	2	3	4	5
11. 对目前公司安排的旅游、体检、健身活动、心理健康帮助等	0.665	0.038	-0.018	0.132	-0.016
13. 对目前公司组织的社区送温暖、福利院等志愿活动	0.593	0.018	-0.151	0.041	0.093
12. 对目前公司给予员工照顾家庭帮助，如请假照顾老人孩子、提供子女教育费、托儿补助、子女医疗费用补助	0.554	0.089	-0.192	0.090	-0.030
14. 对目前公司工作场所的舒适、整洁和安全保护	0.461	0.144	-0.080	-0.018	0.154
2. 对目前的加薪	-0.017	0.963	0.039	-0.008	-0.009
1. 对目前固定工资，也就是基本工资	-0.031	0.864	-0.016	-0.045	-0.003
3. 对目前各种奖金，如销售或送货提成、月季度奖、年终奖等	0.021	0.815	-0.045	0.041	-0.015
8. 对目前公司提供的各类补贴，如交通补贴、餐补、外勤补贴等	0.144	0.494	-0.028	0.185	0.026
9. 对目前公司提供的加班费	0.176	0.376	-0.024	0.142	0.193

续表

题项	因子				
	1	2	3	4	5
21. 对公司提供的晋升机会	-0.106	0.068	-0.834	0.043	0.078
22. 对公司提供的未来职业发展指导	0.053	0.061	-0.718	0.052	0.011
20. 对公司提供的学习费用资助	0.194	-0.049	-0.645	0.108	-0.006
19. 对公司提供的培训，如入职培训、其他技能培训等	0.260	0.035	-0.552	-0.009	0.033
18. 对公司对工作给予的口头或书面表扬、奖状等肯定	0.160	0.076	-0.496	0.017	0.211
5. 对目前公司提供的商业人寿保险、商业医疗保险	-0.059	0.085	-0.117	0.749	-0.065
4. 对目前公司提供的五险一金（养老、医疗保险等）	0.032	-0.030	0.024	0.739	0.013
7. 对目前公司提供的带薪休假、带薪病假、带薪事假	0.136	0.000	0.019	0.522	0.215
6. 对目前公司提供的节日红包礼品、内部购物折扣等	0.150	0.252	-0.045	0.426	0.059
16. 对上级与您进行的工作业绩谈话	-0.032	0.046	-0.259	0.125	0.552
15. 对公司对您的工作业绩要求，如销售量、销售额目标	0.075	0.093	-0.257	0.010	0.468
10. 对目前公司的工作时间安排	0.254	0.128	0.108	0.147	0.340
17. 对公司给予业绩突出的员工数额较大的物质奖励	0.102	0.140	-0.281	0.121	0.318
初始特征值	11.915	1.459	1.034	0.760	0.691
提取平方和载入合计	11.560	1.170	0.683	0.347	0.306
累计解释变异量（%）	52.545	57.862	60.966	62.545	63.937
旋转平方和载入合计	8.528	8.348	8.198	8.234	6.726

2. 第二次因子分析。

删除题项 18、10 后，对余下的 20 个题项进行第二次因子分析，因子负荷量如表 4.16 所示。一般因子负荷量的取舍标准为 0.4 以上，第二个共同因子中的题项 9 的因子负荷小于 0.4，因此删除题项 9，进行第三次因子分析。

表 4.16　　　　第二次因子分析因子负荷量表

题　项	因　子				
	1	2	3	4	5
11. 对目前公司安排的旅游、体检、健身活动、心理健康帮助等	0.645	0.052	-0.038	0.136	-0.014
13. 对目前公司组织的社区送温暖、福利院等志愿活动	0.572	0.014	-0.109	0.026	0.167
12. 对目前公司给予员工照顾家庭帮助，如请假照顾老人孩子、提供子女教育费、托儿补助、子女医疗费用补助	0.538	0.088	-0.178	0.079	0.026
14. 对目前公司工作场所的舒适、整洁和安全保护	0.431	0.141	-0.045	-0.019	0.201
2. 对目前的加薪	-0.013	0.954	0.036	-0.003	-0.003
1. 对目前固定工资，也就是基本工资	-0.028	0.850	-0.010	-0.042	0.015
3. 对目前各种奖金，如销售或送货提成、月季度奖、年终奖等	0.020	0.805	-0.062	0.037	-0.006
8. 对目前公司提供的各类补贴，如交通补贴、餐补、外勤补贴等	0.150	0.492	-0.015	0.179	0.049
9. 对目前公司提供的加班费	0.159	0.374	-0.033	0.135	0.185
21. 对公司提供的晋升机会	-0.134	0.044	-0.858	0.016	0.099
22. 对公司提供的未来职业发展指导	0.028	0.043	-0.767	0.027	0.017
20. 对公司提供的学习费用资助	0.183	-0.057	-0.631	0.094	0.031
19. 对公司提供的培训，如入职培训、其他技能培训等	0.237	0.028	-0.577	-0.016	0.030
4. 对目前公司提供的五险一金（养老、医疗保险等）	0.036	-0.013	-0.001	0.708	0.018
5. 对目前公司提供的商业人寿保险、商业医疗保险	-0.038	0.094	-0.135	0.695	-0.028
7. 对目前公司提供的带薪休假、带薪病假、带薪事假	0.133	-0.003	0.069	0.475	0.300

续表

题　　项	因　　子				
	1	2	3	4	5
6. 对目前公司提供的节日红包礼品、内部购物折扣等	0.149	0.261	-0.056	0.413	0.058
16. 对上级与您进行的工作业绩谈话	-0.035	0.006	-0.066	0.071	0.741
15. 对公司对您的工作业绩要求，如销售量、销售额目标	0.052	0.047	-0.074	-0.046	0.691
17. 对公司给予业绩突出的员工数额较大的物质奖励	0.112	0.111	-0.088	0.092	0.496
初始特征值	10.923	1.403	1.008	0.713	0.639
提取平方和载入合计	10.575	1.119	0.659	0.329	0.286
累计解释变异量（%）	52.873	58.469	61.766	63.408	64.837
旋转平方和载入合计	7.506	7.675	7.757	7.173	8.260

3. 第三次因子分析。

经过三次探索性因子分析，删除题项18、10、9后，解释的总方差和因子负荷量结果如表4.17所示。根据因子负荷量以及题项属性，将删除题项18、10、9后的19个题项划分为五个因子：共同因子一包含11、13、12、14四个题项，将该因子命名为"工作生活平衡满意度"；共同因子二包含2、1、3、8四个题项，其中2、1、3属于薪酬满意度，8属于福利满意度，但由于员工可能将公司提供的各类补贴等看作薪酬，所以将这个题项划归薪酬满意度，因此将该因子命名为"薪酬满意度"；共同因子三包含4、5、7、6四个题项，将该因子命名为"福利满意度"；共同因子四包含21、22、20、19四个题项，将该因子命名为"职业发展机会满意度"；共同因子五包含16、15、17三个题项，将其命名为"绩效与认可满意度"。五个维度的总解释力度达到65.267% >60%，表明萃取后保留的因子相当理想。由此，以SF超市员工为样本，获得包括工作生活平衡满意度、薪酬满意度、福利满意度、职业发展机会满意度、绩效与认可满意度的五维度的零售企业全面薪酬测量维度结构。

表 4.17　　　　第三次因子分析因子负荷量表

维度	题项	因子				
		1	2	3	4	5
工作生活平衡满意度	11. 对目前公司安排的旅游、体检、健身活动、心理健康帮助等	0.627	0.049	0.145	0.049	-0.014
	13. 对目前公司组织的社区送温暖、福利院等志愿活动	0.576	0.020	0.025	0.100	0.172
	12. 对目前公司给予员工照顾家庭帮助，如请假照顾老人孩子、提供子女教育费、托儿补助、子女医疗费用补助	0.540	0.094	0.076	0.169	0.035
	14. 对目前公司工作场所的舒适、整洁和安全保护	0.435	0.145	-0.017	0.035	0.209
薪酬满意度	2. 对目前的加薪	-0.005	0.953	0.000	-0.044	0.003
	1. 对目前固定工资，也就是基本工资	-0.021	0.843	-0.038	0.003	0.023
	3. 对目前各种奖金，如销售或送货提成、月季度奖、年终奖等	0.024	0.804	0.041	0.057	-0.001
	8. 对目前公司提供的各类补贴，如交通补贴、餐补、外勤补贴等	0.143	0.465	0.194	0.050	0.027
福利满意度	4. 对目前公司提供的五险一金（养老、医疗保险等）	0.037	-0.012	0.708	-0.005	0.023
	5. 对目前公司提供的商业人寿保险、商业医疗保险	-0.039	0.095	0.696	0.129	-0.023
	7. 对目前公司提供的带薪休假、带薪病假、带薪事假	0.135	-0.002	0.481	-0.067	0.291
	6. 对目前公司提供的节日红包礼品、内部购物折扣等	0.145	0.255	0.420	0.068	0.049
职业发展机会满意度	21. 对公司提供的晋升机会	-0.137	0.046	0.007	0.856	0.106
	22. 对公司提供的未来职业发展指导	0.019	0.041	0.022	0.779	0.016
	20. 对公司提供的学习费用资助	0.171	-0.060	0.094	0.652	0.019
	19. 对公司提供的培训，如入职培训、其他技能培训等	0.224	0.024	-0.016	0.594	0.024

续表

维度	题　　项	因　　子				
		1	2	3	4	5
绩效与认可满意度	16. 对上级与您进行的工作业绩谈话	-0.029	0.009	0.080	0.066	0.728
	15. 对公司对您的工作业绩要求，如销售量、销售额目标	0.058	0.049	-0.040	0.067	0.690
	17. 对公司给予业绩突出的员工数额较大的物质奖励	0.114	0.110	0.103	0.098	0.478
初始特征值		10.366	1.381	1.007	0.712	0.639
提取平方和载入合计		10.023	1.104	0.660	0.329	0.285
累计解释变异量（%）		52.753	58.562	62.035	63.767	65.267
旋转平方和载入合计		7.067	7.129	6.819	7.542	7.743

（二）全面薪酬满意度量表的信度分析

表 4.18 为删除题项后全面薪酬满意度量表的 Cronbach's α 系数。总量表的 Cronbach's α 系数为 0.952，大于 0.9，表明总量表信度非常高；各分量表的 Cronbach's α 系数均大于 0.8，表明分量表的信度很高。

表 4.18　　薪酬满意度量表信度分析结果

	工作生活平衡满意度	薪酬满意度	福利满意度	职业发展机会满意度	绩效与认可满意度	总量表
Cronbach's α 系数	0.853	0.900	0.843	0.892	0.836	0.952

（三）全面薪酬满意度量表的验证性因子分析

经过上述探索性因子分析修正后的全面薪酬满意度量表维度结构，需要运用验证性因子分析，以进一步检验该修正后量表的构念效度。

根据探索性因子分析所划分的全面薪酬满意度维度测量结构，建立验证性因子分析的概念模型图，结果如图 4.5 和表 4.19 所示，标准化回归系数均介于 0.50～0.95，说明模型基本的适配度良好。全面薪酬满意度量表的各项拟合指标均达到标准，$\chi^2/df(2.685)<5$，$RMSEA(0.055)<0.08$，$RMR(0.043)<0.05$，NFI、CFI、IFI、TLI、GFI、AGFI 均大于 0.9，说明全面薪酬满意度五维度模型拟合较好，具有良好的构念效度。

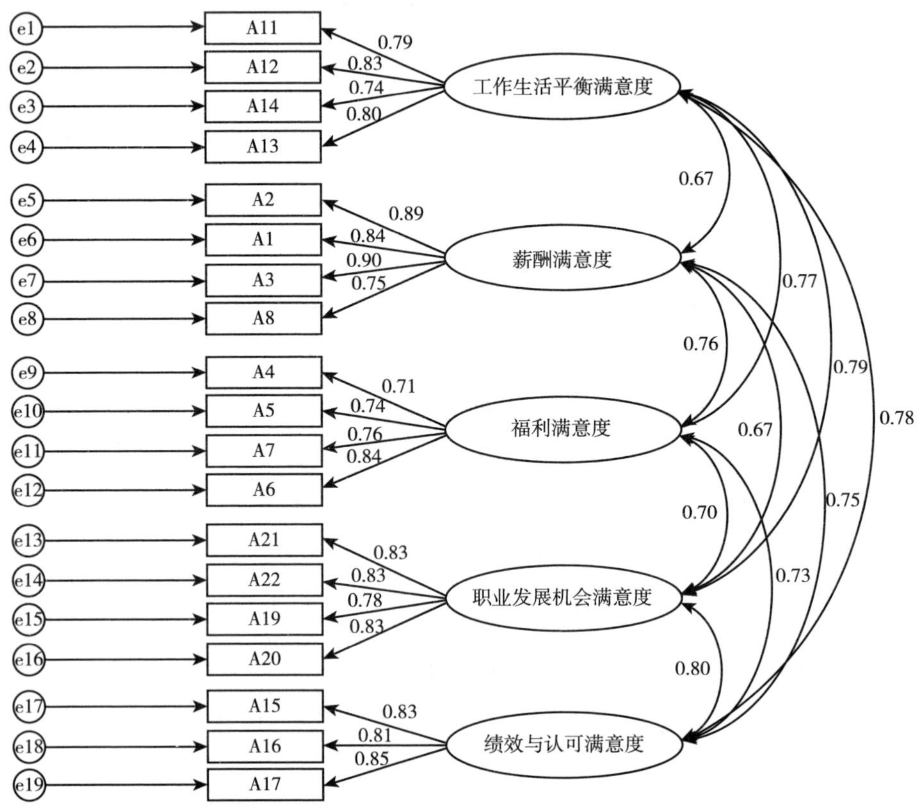

图 4.5　全面薪酬满意度量表结构模型图

表 4.19　　全面薪酬满意度测量模型的拟合指标

	χ^2/df	NFI	CFI	IFI	TLI	GFI	AGFI	RMSEA	RMR
五维模型	2.685	0.951	0.968	0.968	0.962	0.933	0.910	0.055	0.043

第五章

全面薪酬满意度激励效应统计检验

本书使用统计软件 SPSS21.0 以及 AMOS23.0，基于 SF 超市样本数据，对全面薪酬满意度激励效应的研究假设进行统计检验。第一，对量表信度进行检验；第二，对量表进行验证性因子分析，以检验量表的效度；第三，运用 Harman 单因素法检验量表的共同方差偏差；第四，对变量进行描述性统计分析和皮尔逊相关分析；第五，运用层次回归分析法，检验全面薪酬满意度对工作绩效的主效应、组织支持感的中介作用、薪酬沟通的调节作用和有调节的中介作用，并采用 Bootstrap 法对中介作用及有调节的中介作用进行再次验证。

一、量表的信度检验

第四章对全面薪酬满意度信度检验表明该量表信度很好。以下对组织支持感、薪酬沟通和工作绩效三个量表进行信度检验，其 Cronbach's α 系数如表 5.1 所示：组织支持感度量表 Cronbach's α 系数为 0.928，大于 0.9 这一非常理想水平，表明量表信度很高；薪酬沟通量表的 Cronbach's α 系数为 0.881，大于 0.8 这一理想水平，表明量表信度高；工作绩效总量表 Cronbach's α 系数为 0.933，大于 0.9 这一非常理想水平，表明总量表信度很高，任务绩效分量表的 Cronbach's α 系数为 0.859，表明分量表信度很高，周边绩效分量表的 Cronbach's α 系数为 0.917，表明分量表信度非常好。

表 5.1　各量表信度分析

变量	维度	Cronbach's α 系数	总量表
组织支持感	—	0.928	0.928
薪酬沟通	—	0.881	0.881
工作绩效	任务绩效	0.859	0.933
	周边绩效	0.917	

二、量表的效度检验

（一）构念效度检验

第四章的结论表明全面薪酬满意度具有良好的构念效度。以下对组织支持感、薪酬沟通和工作绩效量表进行验证性因子分析，以检验其构念效度。

（1）组织支持感量表的构念效度检验。

本书采用的组织支持感为单维度结构量表，根据该理论知识构建验证性因子分析的概念模型图进行分析，发现有两个指标未达到评断模型适配度良好的标准，如 χ^2/df 为 8.336 >5，RMSEA 为 0.114 大于 0.1，需要进行修正。吴明隆（2009）指出，当模型适配度检验无法与观察数据适配时，可以参考 Amos 提供的修正指标数据来判别。利用 Amos 23.0 进行修正指标数据输出操作后，所得修正指标表中 M.I. 值以 e2 <－－> e1（M.I. = 22.189）为最大，且 Par Change 为 0.068，e2 和 e1 为测量误差，测量指标 D2 与 D1 所测量的特质同类，因此建立 e2 与 e1 之间的关联符合 SEM 的假定。将 e2 与 e1 这两个测量误差变量进行释放并建立修正模型进行分析，其修正后的结果如图 5.1 和表 5.2 所示：修正后的模型中标准化回归系数均介于 0.5～0.95，说明修正模型的基本适配度良好；$\chi^2/df = 4.031 < 5$，RMSEA = 0.073 < 0.08，RMR = 0.011 < 0.05，NFI、TLI、CFI、GFI、AGFI 分别为

0.993、0.986、0.994、0.989、0.958，都大于0.9，结果适配良好。综上，组织支持感量表达到评估模型适配度的指标标准，具有良好的构念效度。

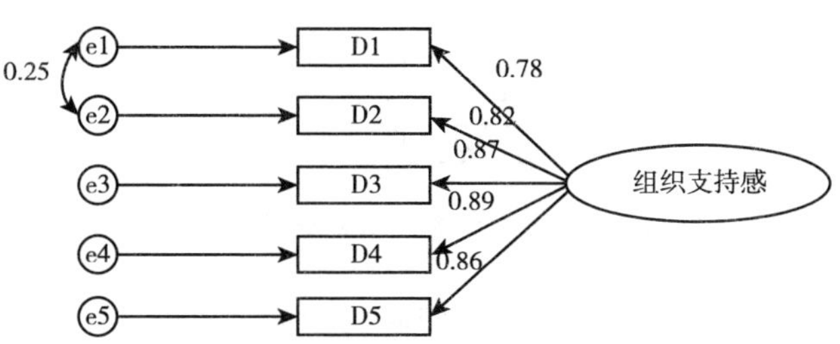

图 5.1　修正后组织支持感量表结构模型图

表 5.2　修正后组织支持感测量模型的拟合指标

	χ^2/df	NFI	TLI	CFI	GFI	AGFI	RMSEA	RMR
单维模型	4.031	0.993	0.986	0.994	0.989	0.958	0.073	0.011

（2）薪酬沟通量表构念效度检验。

本书采用的薪酬沟通为单维度结构量表，根据该理论知识构建验证性因子分析的概念模型图进行分析，发现有个别指标未达到评断模型适配度良好的标准，χ^2/df 为 8.958 > 5，RMSEA 为 0.119 大于 0.1，需要进行修正。根据 Amos 23.0 修正指标数据两次输出操作，两次修正指标表中 M. I. 值分别以 e1 <--> e2（M. I. = 17.855）、e4 <--> e5（M. I. = 10.218）为最大，且 Par Change 分别为 0.105、0.086，e1 和 e2、e4 和 e5 为测量误差，测量指标 H1 与 H2、H4 与 H5 所测量的特质同类，因此建立 e1 与 e2、e4 与 e5 之间的关联符合 SEM 的假定。依次将 e1 和 e2、e4 与 e5 这两个测量误差变量进行释放并建立修正模型进行分析，最终所得结果如图 5.2 和表 5.3 所示，其修正后的模型中标准化回归系数均介于 0.5 ~ 0.95，说明修正模型的基本适配度良好；χ^2/df = 3.017 < 5，RMSEA = 0.060 < 0.08，RMR = 0.023 < 0.05，NFI、TLI、CFI、GFI、AGFI 分别为 0.994、0.987、0.996、0.994、0.968，都大于 0.9，结果适配良好。综合来看，薪酬沟通量表达到评估模型适配度的指标标准，具有良好的构念效度。

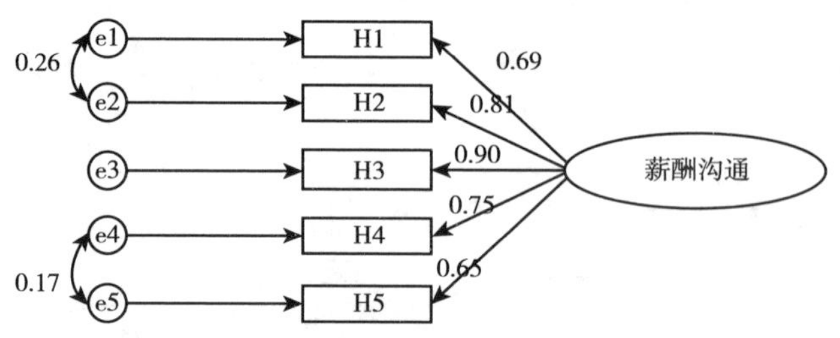

图 5.2　修正后薪酬沟通量表结构模型图

表 5.3　修正后薪酬沟通测量模型的拟合指标

	χ^2/df	NFI	TLI	CFI	GFI	AGFI	RMSEA	RMR
单维模型	3.017	0.994	0.987	0.996	0.994	0.968	0.060	0.023

（3）工作绩效量表构念效度检验。

本书采用包括任务绩效和周边绩效的工作绩效二维结构量表，根据该理论知识构建验证性因子分析的概念模型图进行分析，发现有个别指标未达到评断模型适配度良好的标准，χ^2/df 为 7.365 >5，RMSEA 为 0.106 大于 0.1，需要进行修正。根据 Amos 23.0 修正指标数据三次输出操作，所得三次修正指标表中 M.I. 值分别以 e8 <- - -> e7（M.I. = 88.234）、e12 <- - -> e13（M.I. =59.646）、e10 <- - -> e11（M.I. = 56.445）为最大，且 Par Change 分别为 0.058、0.055、0.058，e7 和 e8、e12 和 e13、e10 和 e11 为测量误差，测量指标 C7 与 C8、C12 与 C13、C10 与 C11 所测量的特质同类，因此建立 e7 与 e8、e12 与 e13、e10 与 e11 之间的关联符合 SEM 的假定。依次将 e7 与 e8、e12 与 e13、e10 与 e11 这三对测量误差变量进行释放并建立修正模型进行分析，最终所得结果如图 5.3 和表 5.4 所示，其修正后的模型中标准化回归系数均介于 0.5 ~ 0.95，说明修正模型的基本适配度良好；χ^2/df = 4.651 < 5，RMSEA = 0.080 < 0.1，RMR = 0.019 < 0.05，NFI、TLI、CFI、GFI 分别为 0.933、0.933、0.946、0.913，均大于 0.9，AGFI 为 0.875 大于 0.8，结果适配良好。综合来看，工作绩效量表达到评估模型适配度的指标标准，具有良好的构念效度。

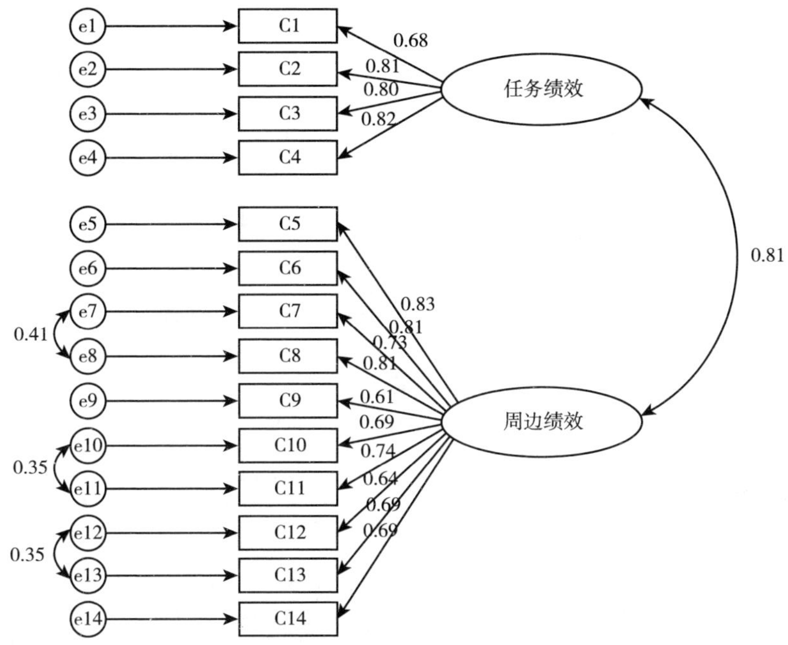

图 5.3　修正后工作绩效量表结构模型图

表 5.4　修正后工作绩效测量模型的拟合指标

	χ^2/df	NFI	TLI	CFI	GFI	AGFI	RMSEA	RMR
二维模型	4.651	0.933	0.933	0.946	0.913	0.875	0.080	0.019

（二）区别效度检验

利用 AMOS23.0 进行验证性因子分析，检验全面薪酬满意度五维度、薪酬沟通、组织支持感、任务绩效、周边绩效 9 个变量之间的区别效度，得出九因子模型与八个备择因子模型的拟合指标对比情况。检验结果如表 5.5 所示，九因子模型的各项拟合指标均符合评断模型适配度良好的指标标准，具有较好的拟合效度，χ^2/df 小于 5，RMSEA、RMR 均小于 0.05，CFI、TLI 均高于 0.8，且在各种替代和嵌套模型中，九因子模型对实际数据拟合最为理想，拟合度优于其他模型，表明量表区别效度良好。

表 5.5　　　　备择模型比较

因素	χ^2	df	χ^2/df	CFI	TLI	RMSEA	RMR
九因子模型	1944.208	824	2.359	0.936	0.929	0.049	0.036
八因子模型	2303.718	832	2.769	0.915	0.908	0.056	0.038
七因子模型	2557.557	839	3.048	0.901	0.894	0.060	0.039
六因子模型	2943.034	845	3.483	0.879	0.871	0.066	0.043
五因子模型	3248.361	850	3.822	0.862	0.853	0.071	0.046
四因子模型	3949.756	854	4.625	0.822	0.812	0.080	0.057
三因子模型	4236.748	857	4.944	0.806	0.795	0.083	0.058
二因子模型	6805.363	859	7.922	0.658	0.640	0.111	0.178
单因子模型	8995.830	860	10.460	0.532	0.508	0.129	0.086

注：八因子模型是将薪酬满意度和福利满意度合并；七因子模型是基于八因子模型，将职业发展机会满意度和绩效认可满意度合并；六因子模型是基于七因子模型，将薪酬满意度、福利满意度和工作－生活平衡满意度合并；五因子模型是基于六因子模型将全面薪酬满意度五维度拟合成一个因子；四因子模型是基于五因子模型将全面薪酬满意度与薪酬沟通合并；三因子模型是基于四因子模型将任务绩效、周边绩效合并成一个因子；二因子模型是基于三因子模型，将组织支持感、任务绩效、周边绩效合并；单因子模型是将所有变量合并成一个因子。

三、量表的共同方法偏差检验

本书在调查问卷的编排上进行了事前控制，采用隐匿题项含义、同一变量量表随机配置题项，并运用在线问卷调查设置禁止同一变量的所有题项选择相同选项的功能，以减少填答者的一致性倾向，降低共同方法偏差影响。除此之外，利用 Harman 单因素法进行检验，将全面薪酬满意度五个维度、组织支持感、薪酬沟通、任务绩效和周边绩效共九个变量的所有题项放一起进行探索性因子分析，在特征值大于 1 且没有做任何旋转的情况下，提取出 6 个因子，得到第一个主成分因子的方差解释率为 32.717%，未到 40%，在可接受范围内，说明本书测量的共同方法偏差问题不严重，处于可控制的水平。

四、描述性统计分析与相关分析

对性别（G）、年龄（A）、工作年限（Y）、学历（E）、职位层级（P）五个控制变量，以及薪酬满意度（PS）、福利满意度（BS）、工作生活平衡满意度（WL）、绩效与认可满意度（PR）、职业发展机会满意度（DO）、组织支持感（POS）、薪酬沟通（CC）、任务绩效（JP）和周边绩效（CP）共14个变量进行描述性统计分析与皮尔逊相关分析，结果如表5.6所示①。描述性统计分析概述如下：第一，全面薪酬满意度均值为3.583，说明SF超市员工总体全面薪酬满意度处于一般水平，从分维度均值来看，从高到低依次是福利满意度（3.775）、工作生活平衡满意度（3.657）、职业发展机会满意度（3.629）、绩效与认可满意度（3.546）、薪酬满意度（3.301）。第二，薪酬沟通均值为3.366，说明总体上SF超市的薪酬沟通为一般水平。第三，组织支持感均值为3.569，说明SF超市员工组织支持感处于一般水平。第四，任务绩效均值为4.137，周边绩效为4.370，工作绩效总均值为4.304，说明SF超市员工工作绩效较高。由相关分析可知，薪酬满意度、福利满意度、工作生活平衡满意度、绩效与认可满意度、职业发展机会满意度与任务绩效之间具有显著的正相关关系（$r=0.072$，$r=0.072$，$r=0.070$，$r=0.079$，$r=0.067$，$p<0.01$），与周边绩效呈显著的正相关关系（$r=0.125$，$r=0.126$，$r=0.167$，$r=0.163$，$r=0.162$ 且，$p<0.01$）；全面薪酬五维度均与组织支持感呈显著的正相关关系（$r=0.521$，$r=0.522$，$r=0.600$，$r=0.606$，$r=0.617$ 且 $p<0.01$）；组织支持感分别与任务绩效、周边绩效呈显著的正相关关系（$r=0.179$，$r=0.259$ 且 $p<0.01$）；薪酬沟通分别与组织支持感、任务绩效、周边绩效呈显著的正相关关系（$r=0.649$，$r=0.099$，$r=0.185$ 且 $p<0.01$）。

---

① 变量括号中的字母为变量符号，本部分表5.6～表5.11中的变量采用对应的变量符号表示。

表 5.6　描述性统计分析与相关分析

	均值	标准差	G	A	Y	E	P	PS	BS	WL	PR	DO	POS	CC	JP	CP
G	1.68	0.466	1													
A	3.52	0.806	-0.092 **	1												
Y	3.75	1.276	-0.034	0.427 **	1											
E	2.06	0.763	-0.010	-0.158 **	0.113 **	1										
P	1.29	0.859	-0.036	0.043	0.179 **	0.349 **	1									
PS	3.301	0.861	0.021	0.002	-0.044	-0.093 **	0.050 *	1								
BS	3.775	0.781	0.023	-0.011	-0.048 *	-0.094 **	0.051 *	0.754 **	1							
WL	3.657	0.820	0.067 **	-0.035	-0.096 **	-0.093 **	0.025	0.641 **	0.736 **	1						
PR	3.546	0.800	0.046	-0.052 *	-0.083 **	-0.033	0.028	0.589 **	0.637 **	0.721 **	1					
DO	3.629	0.798	0.109 **	-0.016	-0.075 **	-0.112 **	0.027	0.561 **	0.620 **	0.719 **	0.724 **	1				
POS	3.569	0.806	0.033	-0.014	-0.067 **	-0.078 **	0.034	0.521 **	0.522 **	0.600 **	0.606 **	0.617 **	1			
CC	3.366	0.944	0.070 **	-0.056 *	-0.081 **	-0.038	0.058 *	0.437 **	0.433 **	0.494 **	0.540 **	0.534 **	0.649 **	1		
JP	4.137	0.573	-0.092 **	0.155 **	0.135 **	-0.016	-0.040	0.072 **	0.072 **	0.070 **	0.079 **	0.067 **	0.179 **	0.099 **	1	
CP	4.370	0.474	-0.029	0.087 **	0.052 *	0.024	0.084 **	0.125 **	0.126 **	0.167 **	0.163 **	0.162 **	0.259 **	0.185 **	0.709 **	1

注：** $p<0.01$，* $p<0.05$。

五、假设检验

（一）主效应检验

1. 全面薪酬满意度对任务绩效影响的检验。

如表5.7所示，模型1是以任务绩效为因变量，对控制变量进行回归分析的结果，在此基础上，分别加入自变量薪酬满意度、福利满意度、工作生活平衡满意度、绩效与认可满意度、职业发展机会满意度，形成模型2至模型6，回归分析结果显示，薪酬满意度、福利满意度、工作生活平衡满意度、绩效与认可满意度和职业发展机会满意度对任务绩效呈显著的正向影响（β=0.056、0.063、0.066、0.072、0.066，p<0.001），H1a-1、H1a-2、H1a-3、H1a-4、H1a-5得到验证，因此H1a通过验证。

表5.7　全面薪酬满意度和组织支持感对任务绩效影响的回归分析结果

变量	任务绩效						
	模型1	模型2	模型3	模型4	模型5	模型6	模型7
G	-0.100***	-0.102***	-0.102**	-0.107***	-0.105**	-0.112**	-0.108**
A	0.080***	0.080***	0.081***	0.081***	0.082***	0.080***	0.080***
Y	0.043***	0.044***	0.044***	0.046***	0.046***	0.046***	0.049***
E	0.011	0.019	0.019	0.019	0.015	0.020	0.025
P	-0.047**	-0.052**	-0.053**	-0.052**	-0.051**	-0.052**	-0.057
PS		0.056***					
BS			0.063***				
WL				0.066***			
PR					0.072***		
DO						0.066***	
POS							0.139***
R^2	0.040	0.047	0.048	0.049	0.050	0.049	0.078
调整后R^2	0.038	0.044	0.045	0.046	0.047	0.045	0.075
F值	15.088***	14.860***	14.960***	15.404***	15.834***	15.232***	25.353***

注：*** p<0.001，** p<0.01，* p<0.05。

2. 全面薪酬满意度对周边绩效影响的检验。

如表 5.8 所示，模型 8 是以周边绩效为因变量，对控制变量进行回归分析的结果，在此基础上，分别加入自变量全面薪酬满意度五维度，形成模型 9 至模型 13。回归分析结果显示，薪酬满意度、福利满意度、工作生活平衡满意度、绩效与认可满意度和职业发展机会满意度对周边绩效均呈显著的正向影响（β = 0.069、0.077、0.101、0.100、0.101，$p<0.001$），H1b－1、H1b－2、H1b－3、H1b－4、H1b－5 得到验证，因此 H1b 通过验证。

综上，H1a 和 H1b 都通过了统计检验，H1 也得到验证。

表 5.8　全面薪酬满意度和组织支持感对周边绩效影响的回归分析结果

变量	周边绩效						
	模型 8	模型 9	模型 10	模型 11	模型 12	模型 13	模型 14
G	-0.018	-0.021	-0.021	-0.030	-0.026	-0.037	-0.027
A	0.049**	0.049**	0.050**	0.050**	0.051**	0.049**	0.049**
Y	0.000	0.003	0.002	0.006	0.005	0.005	0.007
E	0.006	0.016	0.016	0.018	0.011	0.020	0.022
P	0.042**	0.035*	0.034*	0.034*	0.036**	0.033*	0.030*
PS		0.069***					
BS			0.077***				
WL				0.101***			
PR					0.100***		
DO						0.101***	
POS							0.155***
R^2	0.014	0.030	0.030	0.044	0.043	0.042	0.083
调整后 R^2	0.012	0.026	0.027	0.041	0.039	0.039	0.080
F 值	5.215***	9.152***	9.267***	13.791***	13.266***	13.188***	26.882***

注：*** $p<0.001$，** $p<0.01$，* $p<0.05$。

（二）中介作用检验

采用层次回归分析法，检验组织支持感在全面薪酬满意度与工作绩效关系中的中介作用。

1. 全面薪酬满意度对组织支持感影响的检验。

在表 5.9 中，模型 15 是因变量为组织支持感，对控制变量（性别、年龄、学历、职位层级、工作年限）进行回归分析的结果，在此基础上，分别加入自变量薪酬满意度、福利满意度、工作生活平衡满意度、绩效与认可满意度和职业发展机会满意度，形成模型 16 至模型 20，回归分析结果显示，薪酬满意度、福利满意度、工作生活平衡满意度、绩效与认可满意度和职业发展机会满意度均对组织支持感呈显著正向影响（$\beta = 0.481$、0.531、0.585、0.605、0.622，$p < 0.001$），H2-1、H2-2、H2-3、H2-4、H2-5 得到验证，因此 H2 通过验证。

表 5.9　　全面薪酬满意度对组织支持感影响的回归分析结果

变量	组织支持感					
	模型 15	模型 16	模型 17	模型 18	模型 19	模型 20
G	0.056	0.037	0.036	-0.010	0.012	-0.059
A	0.000	-0.001	0.006	0.007	0.015	-0.001
Y	-0.044**	-0.028	-0.029	-0.009	-0.015	-0.015
E	-0.103***	-0.037	-0.034	-0.032	-0.072**	-0.016
P	0.077**	0.027	0.026	0.030	0.042*	0.024
PS		0.481***				
BS			0.531***			
WL				0.585***		
PR					0.605***	
DO						0.622***
R^2	0.016	0.275	0.276	0.361	0.372	0.382
调整后 R^2	0.013	0.273	0.273	0.359	0.370	0.380
F 值	5.874***	113.291***	113.796***	169.078***	177.085***	184.924***

注：*** $p < 0.001$，** $p < 0.01$，* $p < 0.05$。

2. 组织支持感对工作绩效影响的检验。

在表 5.7 中，以任务绩效为因变量，在模型 1 的基础上加入组织支持感变量形成模型 7，根据回归分析结果可知组织支持感对任务绩效有显著正向影响（$\beta = 0.139$，$p < 0.001$），H3a 得到验证；在表 5.8 中，以周边绩效为因变量，在模型 8 的基础上加入组织支持感变量形成模型 14，根据结果可知

组织支持感对周边绩效有显著正向影响（$\beta = 0.155$，$p < 0.001$），H3b 得到验证。综上，H3 通过验证。

3. 组织支持感在全面薪酬满意度与工作绩效之间的中介作用的检验。

第一，检验组织支持感在全面薪酬满意度与任务绩效之间的中介作用。在表 5.10 中，分别以模型 2 至模型 6 为基础，加入中介变量组织支持感，形成模型 21 至模型 25，回归分析结果显示薪酬满意度、福利满意度、工作生活平衡满意度、绩效与认可满意度、职业发展机会满意度与任务绩效的关系不再显著（$\beta = -0.015$、-0.015、-0.024、-0.019、-0.033，$p > 0.05$），说明组织支持感在全面薪酬满意度五维度与任务绩效之间起到完全中介作用，H4a－1、H4a－2、H4a－3、H4a－4、H4a－5 得到验证，因此 H4a 通过检验；第二，检验组织支持感在全面薪酬满意度与周边绩效之间的中介作用。在表 5.10 中，以模型 9 至模型 13 为基础，加入组织支持感变量，形成模型 26 至模型 30，回归分析结果显示薪酬满意度、福利满意度、工作生活平衡满意度、绩效与认可满意度、职业发展机会满意度与周边绩效的关系不再显著（$\beta = -0.007$、-0.007、0.016、0.010、0.008，$p > 0.05$），说明组织支持感在全面薪酬满意度五维度与周边绩效之间起到完全中介作用，H4b－1、H4b－2、H4b－3、H4b－4、H4b－5 得到验证，因此 H4b 通过检验。综上，H4 通过验证。

为增强检验中介作用的统计效力，采用 Bootstrap 法再次分别对检验组织支持感在全面薪酬满意度五维度分别与工作绩效之间的中介作用。第一，检验组织支持感在薪酬满意度、福利满意度、工作生活平衡满意度、绩效与认可满意度、职业发展机会满意度与任务绩效之间的中介作用。检验结果显示，95%置信区间分别为［0.0510，0.0921］、［0.0554，0.1014］、［0.0627，0.1189］、［0.0641，0.1201］、［0.0716，0.1287］均不包括 0，中介作用值分别为 0.0709、0.0779、0.0900、0.0914、0.0990，由此再次确认组织支持感在全面薪酬满意度五维度分别与任务绩效的关系中起到中介作用；第二，检验组织支持感在薪酬满意度、福利满意度、工作生活平衡满意度、绩效与认可满意度、职业发展机会满意度与周边绩效之间的中介作用。检验结果显示，95%置信区间分别为［0.0598，0.0945］、［0.0660，0.1046］、［0.0638，0.1066］、［0.0673，0.1142］、［0.0720，0.1166］均不包括 0，中介作用值分别为 0.0764、0.0842、0.0850、0.0901、

表 5.10　组织支持感在全面薪酬满意度五维度与任务绩效、周边绩效关系之间的中介作用回归分析结果

变量	任务绩效					周边绩效				
	模型 21	模型 22	模型 23	模型 24	模型 25	模型 26	模型 27	模型 28	模型 29	模型 30
G	-0.108***	-0.108***	-0.106***	-0.107**	-0.103**	-0.027	-0.027	-0.028	-0.027	-0.028
A	0.080***	0.080***	0.080***	0.080***	0.080***	0.049**	0.049**	0.049**	0.049**	0.049**
Y	0.049***	0.049***	0.048***	0.048***	0.048***	0.007	0.007	0.008	0.007	0.007
E	0.024	0.024	0.024	0.026	0.023	0.022	0.022	0.023	0.022	0.023
P	-0.057**	-0.057**	-0.057**	-0.057***	-0.056**	0.030*	0.030*	0.029*	0.030*	0.030*
PS	-0.015					-0.007				
BS		-0.015					-0.007			
WL			-0.024					0.016		
PR				-0.019					0.010	
DO					-0.033					0.008
POS	0.147***	0.147***	0.154***	0.151***	0.159***	0.159***	0.159***	0.145***	0.149***	0.150***
R^2	0.079	0.079	0.079	0.079	0.080	0.083	0.083	0.083	0.083	0.083
调整后 R^2	0.075	0.075	0.075	0.075	0.076	0.079	0.079	0.079	0.079	0.079
F 值	21.824***	21.804***	21.948***	21.859***	22.108***	23.070***	23.060***	23.179***	23.084***	23.059***

注：*** $p<0.001$，** $p<0.01$，* $p<0.05$。

0.0935，由此再次确认组织支持感在全面薪酬满意度五维度与周边绩效的关系中起到中介作用。

（三）调节作用检验

运用层次回归分析方法检验薪酬沟通的调节作用，在构建自变量和调节变量的交互项前，先对自变量全面薪酬满意度的五维度以及调节变量薪酬沟通做中心化处理，以避免共线性。回归分析结果如表 5.11 所示：第一，在模型 16 的基础上加入调节变量薪酬沟通、薪酬满意度与薪酬沟通的交互项，形成模型 31。回归分析结果显示，薪酬满意度与薪酬沟通交互项系数不显著（$\beta=0.025$，$p>0.05$），表明薪酬沟通在薪酬满意度与组织支持感之间的关系中未起到调节作用，H5－1 未通过验证；第二，在模型 17 的基础上加入调节变量薪酬沟通、福利满意度与薪酬沟通的交互项，形成模型 32。回归分析结果显示，福利满意度与薪酬沟通交互项系数显著（$\beta=0.045$，$p<0.01$），表明薪酬沟通正向调节了福利满意度与组织支持感之间的关系，H5－2 得到验证，调节作用见图 5.4；第三，在模型 18 的基础上加入调节变量薪酬沟通、工作生活平衡满意度与薪酬沟通的交互项，形成模型 33。回归分析结果显示，工作生活平衡满意度与薪酬沟通交互项系数显著（$\beta=0.044$，$p<0.01$），表明薪酬沟通正向调节了工作生活平衡满意度与组织支持感之间的关系，H5－3 得到验证，调节作用见图 5.5；第四，在模型 19 的基础上加入调节变量薪酬沟通、绩效与认可满意度与薪酬沟通的交互项，形成模型 34。回归分析结果显示，绩效与认可满意度与薪酬沟通交互项系数显著（$\beta=0.050$，$p<0.01$），表明薪酬沟通正向调节了绩效与认可满意度与组织支持感之间的关系，H5－4 得到验证，调节作用见图 5.6；第五，在模型 20 的基础上加入调节变量薪酬沟通、职业发展机会满意度与薪酬沟通的交互项，形成模型 35。回归分析结果显示，职业发展机会满意度与薪酬沟通交互项系数显著（$\beta=0.059$，$p<0.001$），表明薪酬沟通正向调节了职业发展机会满意度与组织支持感之间的关系，H5－5 得到验证，调节作用见图 5.7。综上，H5－2、H5－3、H5－4、H5－5 通过检验，H5－1 未通过检验，因此 H5 得到大部分验证。

表 5.11　　薪酬沟通的调节作用回归分析结果

变量	组织支持感				
	模型 31	模型 32	模型 33	模型 34	模型 35
G	-0.013	-0.013	-0.037	-0.021	-0.062*
A	0.015	0.019	0.019	0.022	0.016
Y	-0.010	-0.009	-0.001	-0.005	-0.005
E	-0.027	-0.025	-0.025	-0.050**	-0.016
P	-0.001	-0.003	0.003	0.013	0.001
PS	0.276***				
BS		0.311***			
WL			0.368***		
PR				0.366***	
DO					0.389***
CC	0.447***	0.449***	0.404***	0.395***	0.390***
PS × CC	0.025				
BS × CC		0.045**			
WL × CC			0.044**		
PR × CC				0.050**	
DO × CC					0.059***
R^2	0.493	0.496	0.528	0.520	0.529
调整后 R^2	0.491	0.494	0.526	0.517	0.527
F 值	217.548***	220.410***	250.762***	241.984***	251.743***

注：***$p<0.001$，**$p<0.01$，*$p<0.05$。

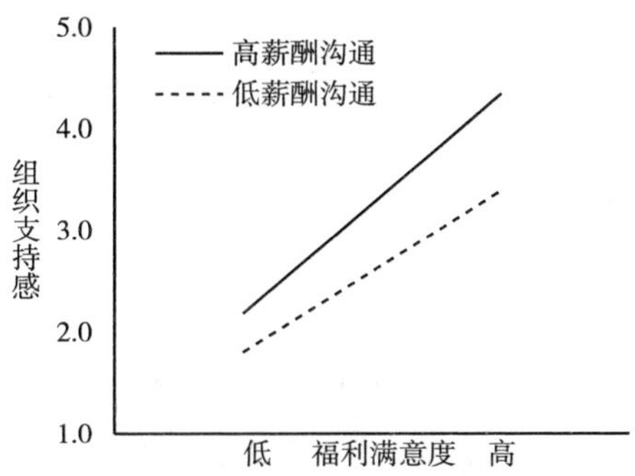

图 5.4　薪酬沟通在福利满意度与组织支持感之间的调节作用图

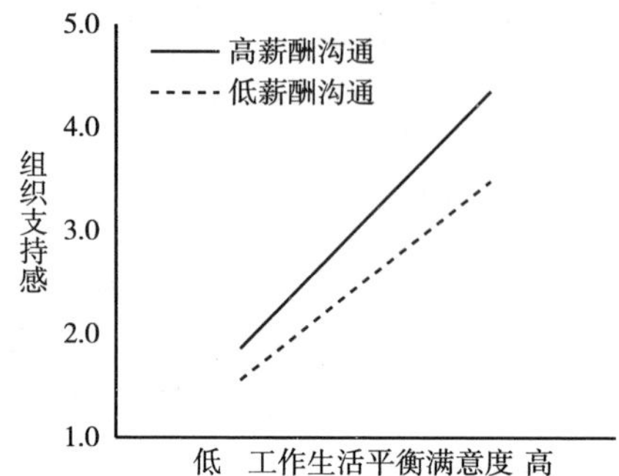

图 5.5　薪酬沟通在工作生活平衡满意度与组织支持感之间的调节作用图

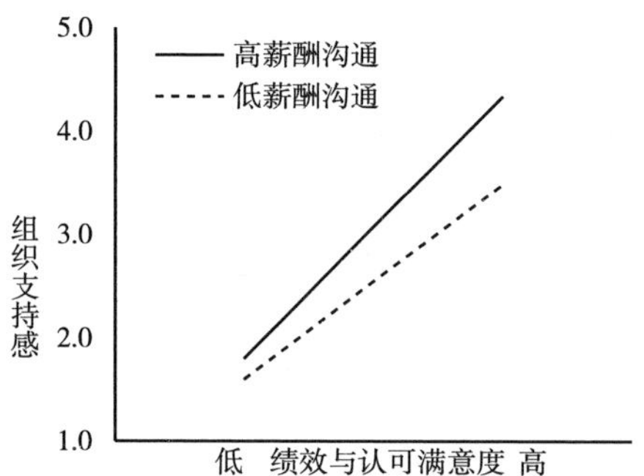

图 5.6　薪酬沟通在绩效与认可满意度与组织支持感之间的调节作用

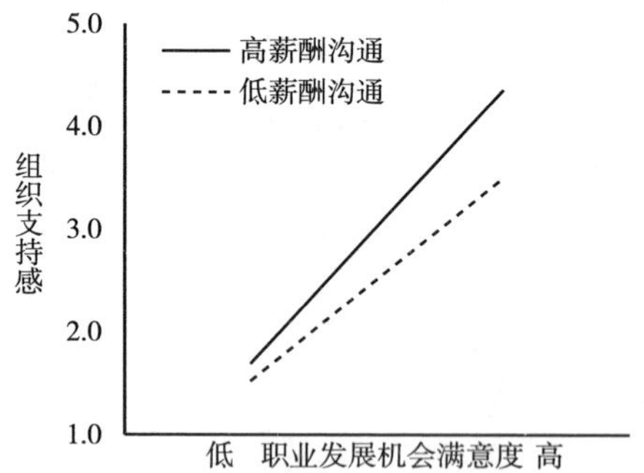

图 5.7　薪酬沟通在职业发展机会满意度与组织支持感之间的调节作用

（四）有调节的中介作用检验

基于以上假设的验证得出，组织支持感在全面薪酬满意度的五维度与工作绩效之间起到中介作用（H4、H4a、H4b），且薪酬沟通对福利满意度、工作生活平衡满意度、绩效与认可满意度、职业发展机会满意度与组织支持感之间的关系有正向调节作用（H5－2、H5－3、H5－4、H5－5）。依据刘东等（2018）的有调节的中介作用假设逻辑，可初步判断，薪酬沟通正向调节了福利满意度、工作生活平衡满意度、绩效与认可满意度、职业发展机会满意度通过组织支持感影响工作绩效的中介作用；由于薪酬沟通在薪酬满意度与组织支持感之间的关系中未起到调节作用，不满足有调节的中介作用模型检验条件，因此 H6a－1、H6b－1 未通过假设。此外，进一步使用 Process 插件的 Bootstrap 方法，检验薪酬沟通的有调节的中介作用（陈瑞等，2013）。具体如下：

1. 检验薪酬沟通调节组织支持感在全面薪酬满意度与任务绩效之间的中介作用。

检验结果如表 5.12 所示：第一，检验薪酬沟通调节组织支持感在福利满意度与任务绩效之间的中介作用。检验结果显示，在低、中、高薪酬沟通时，福利满意度对任务绩效的间接效应均显著，置信区间分别为［0.0264，0.0536］、［0.0316，0.0615］、［0.0349，0.0697］均不包括 0，间接效应值分别为 0.0393、0.0459、0.0511，这说明随着薪酬沟通公开有效程度的增加，组织支持感在福利满意度与任务绩效之间的中介作用也就更强，因此 H6a－2 得到验证。第二，检验薪酬沟通调节组织支持感在工作生活满意度与任务绩效之间的中介作用。检验结果显示，在低、中、高薪酬沟通时，工作生活平衡满意度对任务绩效的间接效应均显著，置信区间分别为［0.0341，0.0681］、［0.0392，0.0761］、［0.0422，0.0846］均不包括 0，间接效应值分别为 0.0501、0.0568、0.0622，这说明随着薪酬沟通公开有效程度的增加，组织支持感在工作生活平衡满意度与任务绩效之间的中介作用也就更强，因此 H6a－3 得到验证。第三，检验薪酬沟通调节组织支持感在绩效与认可满意度与任务绩效之间的中介作用。检验结果显示，在低、中、

表 5.12　有调节的中介作用 Bootstrap 检验结果

自变量	任务绩效					周边绩效				
	薪酬沟通	间接效应值	SE	95%的置信区间		薪酬沟通	间接效应值	SE	95%的置信区间	
福利满意度	低薪酬沟通	0.0393	0.0070	0.0264	0.0536	低薪酬沟通	0.0425	0.0066	0.0306	0.0567
	中薪酬沟通	0.0459	0.0075	0.0316	0.0615	中薪酬沟通	0.0496	0.0066	0.0375	0.0641
	高薪酬沟通	0.0511	0.0087	0.0349	0.0697	高薪酬沟通	0.0553	0.0077	0.0413	0.0717
工作生活平衡满意度	低薪酬沟通	0.0501	0.0088	0.0341	0.0681	低薪酬沟通	0.0473	0.0075	0.0341	0.0633
	中薪酬沟通	0.0568	0.0095	0.0392	0.0761	中薪酬沟通	0.0536	0.0079	0.0394	0.0701
	高薪酬沟通	0.0622	0.0109	0.0422	0.0846	高薪酬沟通	0.0587	0.0089	0.0427	0.0775
绩效与认可满意度	低薪酬沟通	0.0480	0.0087	0.0321	0.0662	低薪酬沟通	0.0474	0.0076	0.0336	0.0639
	中薪酬沟通	0.0555	0.0092	0.0383	0.0747	中薪酬沟通	0.0548	0.0078	0.0406	0.0707
	高薪酬沟通	0.0616	0.0105	0.0421	0.0827	高薪酬沟通	0.0607	0.0089	0.0443	0.0786
职业发展机会满意度	低薪酬沟通	0.0528	0.0085	0.0370	0.0713	低薪酬沟通	0.0499	0.0075	0.0360	0.0654
	中薪酬沟通	0.0622	0.0095	0.0445	0.0821	中薪酬沟通	0.0588	0.0080	0.0436	0.0751
	高薪酬沟通	0.0697	0.0111	0.0490	0.0929	高薪酬沟通	0.0659	0.0093	0.0483	0.0852

高薪酬沟通时，绩效与认可满意度对任务绩效的间接效应均显著，置信区间分别为［0.0321，0.0662］、［0.0383，0.0747］、［0.0421，0.0827］均不包括0，间接效应值分别为0.0480、0.0555、0.0616，这说明随着薪酬沟通公开有效程度的增加，组织支持感在绩效与认可满意度与任务绩效之间的中介作用也就更强，因此H6a－4得到验证。第四，检验薪酬沟通调节组织支持感在职业发展机会满意度与任务绩效之间的中介作用。检验结果显示，在低、中、高薪酬沟通时，职业发展机会满意度对任务绩效的间接效应均显著，置信区间分别为［0.0370，0.0713］、［0.0445，0.0821］、［0.0490，0.0929］均不包括0，间接效应值分别为0.0528、0.0622、0.0697，这说明随着薪酬沟通公开有效程度的增加，组织支持感在职业发展机会满意度与任务绩效之间的中介作用也就更强，因此H6a－5得到验证。

2. 检验薪酬沟通调节组织支持感在全面薪酬满意度与周边绩效之间的中介作用。

检验结果如表5.12所示：第一，检验薪酬沟通调节组织支持感在福利满意度与周边绩效之间的中介作用。检验结果显示，在低、中、高薪酬沟通时，福利满意度对周边绩效的间接效应均显著，置信区间分别为［0.0306，0.0567］、［0.0375，0.0641］、［0.0413，0.0717］均不包括0，间接效应值分别为0.0425、0.0496、0.0553，这说明随着薪酬沟通公开有效程度的增加，组织支持感在福利满意度与周边绩效之间的中介作用也就更强，因此H6b－2得到验证。第二，检验薪酬沟通调节组织支持感在工作生活平衡满意度与周边绩效之间的中介作用。检验结果显示，在低、中、高薪酬沟通时，工作生活平衡满意度对周边绩效的间接效应均显著，置信区间分别为［0.0341，0.0633］、［0.0394，0.0701］、［0.0427，0.0775］均不包括0，间接效应值分别为0.0473、0.0536、0.0587，这说明随着薪酬沟通公开有效程度的增加，组织支持感在工作生活平衡满意度与周边绩效之间的中介作用也就更强，因此H6b－3得到验证。第三，检验薪酬沟通调节组织支持感在绩效与认可满意度与周边绩效之间的中介作用。检验结果显示，在低、中、高薪酬沟通时，绩效与认可满意度对周边绩效的间接效应均显著，置信区间分别为［0.0336，0.0639］、［0.0406，0.0707］、［0.0443，0.0786］均不包括0，间接效应值分别为0.0474、0.0548、0.0607，这说明随着薪酬沟通公开有效程度的增加，组织支持感在绩效与认可满意度与周边绩效之间的中介作用也就更强，因此 H6b－4 得到验证。第四，检验薪酬沟通调节组织支持感在职业发展机会满意度与周边绩效之间的中介作用。检验结果显示，在低、中、高薪酬沟通时，职业发展机会满意度对周边绩效的间接效应均显著，置信区间分别为［0.0360，0.0654］、［0.0436，0.0751］、［0.0483，0.0852］均不包括 0，间接效应值分别为 0.0499、0.0588、0.0659，这说明随着薪酬沟通公开有效程度的增加，组织支持感在职业发展机会满意度与周边绩效之间的中介作用也就更强，因此 H6b－5 得到验证。

综上，H6a－2、H6a－3、H6a－4、H6a－5 以及 H6b－2、H6b－3、H6b－4、H6b－5 通过检验，H6a－1、H6b－1 未通过检验，因此 H6 得到大部分验证。

| 第六章 |

个体视角下全面薪酬满意度分选效应统计检验

基于 SF 超市样本数据，对个体视角下全面薪酬满意度分选效应的研究假设进行统计检验，具体包括：运用 Spss20.0 和 Amos23.0 软件对量表进行信度与效度检验、共同方法偏差检验；运用 Spss20.0 和 Mplus7.4 软件对样本数据进行描述性统计分析和相关分析、潜在剖面分析、方差分析、回归分析和 T 检验。

一、样本概况

根据邱皓政（2013）和 Yang（2006）对样本量的要求，从 SF 超市 1799 份总体有效样本中随机抽取 17.5%（Wang 和 Hanges，2011），共 316 份样本数据，以进行假设检验。样本基本信息如下：第一，在性别分布上，男性占 39.6%，女性占 60.4%；第二，在年龄分布上，23 岁以下占 13.6%，23～29 岁占 32.9%，30～39 岁占 33.2%，40 岁以上占 20.3%；第三，在学历分布上，高中或中专及以下占 55.4%，大专占 28.2%，本科及以上占 16.4%；第四，在当前单位工作年限分布上，1 年以下占 19.0%，1～2 年占 26.9%，3～5 年占 25.9%，6～10 年占 17.4%，10 年以上占 10.8%；第五，在职位层级分布上，普通员工占 48.4%，组长（主任/值班经理）占 14.9%，主管占 12.3%，部门经理（总监/助理）占 13.6%，店长占 10.8%；第六，在每月税后工资分布上，2000 元以下占 7.9%，2001～3000

元占 42.4%，3001 ~ 4000 元占 22.5%，4001 ~ 5000 元占 14.9%，5001 ~ 7000 元占 7.6%，7001 ~ 1 万元占 3.8%，1 万元以上占 0.9%。

表 6.1　　样本的基本信息

项目	样本特征	百分比	有效百分比
性别	男	39.6%	39.6%
	女	60.4%	60.4%
	合计	100.0%	100.0%
年龄	18 ~ 22 岁	13.6%	13.6%
	23 ~ 29 岁	32.9%	32.9%
	30 ~ 39 岁	33.2%	33.2%
	40 岁及以上	20.3%	20.3%
	合计	100.0%	100.0%
学历	高中及以下	55.4%	55.4%
	大专	28.2%	28.2%
	本科及以上	16.5%	16.4%
	合计	100.0%	100.0%
工作年限	1 年以下	19.0%	19.0%
	1 ~ 2 年	26.9%	26.9%
	3 ~ 5 年	25.9%	25.9%
	6 ~ 10 年	17.4%	17.4%
	10 年以上	10.8%	10.8%
	合计	100.0%	100.0%
职位层级	普通员工	48.4%	48.4%
	组长	14.9%	14.9%
	主管	12.3%	12.3%
	部门经理	13.6%	13.6%
	店长	10.8%	10.8%
	合计	100.0%	100.0%
每月税后工资	2000 元以下	7.9%	7.9%
	2001 ~ 3000 元	42.4%	42.4%
	3001 ~ 4000 元	22.5%	22.5%
	4001 ~ 5000 元	14.9%	14.9%
	5001 ~ 7000 元	7.6%	7.6%
	7001 ~ 10000 元	3.8%	3.8%
	10000 元以上	0.9%	0.9%
	合计	100.0%	100.0%

二、量表的信度检验

对全面薪酬满意度、工作价值观和离职倾向进行信度分析，三个量表的 Cronbach's α 系数如表 6.2 所示。全面薪酬满意度总量表的 Cronbach's α 系数为 0.944 >0.9，薪酬满意度、福利满意度、工作生活平衡满意度、绩效认可满意度、职业发展机会满意度分量表的 Cronbach's α 系数分别为 0.891、0.855、0.846、0.797、0.851 >0.8 或 0.7，说明总量表信度很高、分量表信度很高或高；工作价值观总量表的 Cronbach's α 系数为 0.853 >0.8，经济报酬取向、舒适生活取向、成就认可取向、能力成长取向分量表的 Cronbach's α 系数分别为 0.827、0.766、0.782、0.763 >0.9 或 0.7，说明总量表信度高、分量表信度很高或高；离职倾向量表的 Cronbach's α 系数为 0.867 >0.8，说明量表信度高。

表 6.2　　变量量表信度分析

变量	维度	Cronbachah's α 系数	总量表
全面薪酬满意度	薪酬满意度	0.891	0.944
	福利满意度	0.855	
	工作生活平衡满意度	0.846	
	绩效与认可满意度	0.797	
	职业发展机会满意度	0.851	
工作价值观	经济报酬取向	0.827	0.853
	舒适生活取向	0.766	
	成就认可取向	0.782	
	能力成长取向	0.763	
离职倾向	—	0.867	0.867

三、量表的效度检验

（一）构念效度检验

1. 全面薪酬满意度量表的构念效度检验。

本书采用全面薪酬满意度五维度结构量表，根据该理论知识构建验证性因子分析的概念模型图进行分析，结果如图 6.1 和表 6.3 所示，标准化回归系数均介于 0.60 - 0.95 之间，说明模型基本的适配度良好；全面薪酬满意度量表的各项拟合指标：$\chi^2/df = 2.621 < 5$，RMSEA 为 $0.072 < 0.08$，RMR 为 $0.066 < 0.08$，NFI、TLI、CFI 均大于 0.90，GFI、AGFI 大于 0.8，均符合评估模型适配度的指标标准，说明全面薪酬满意度五维度模型拟合良好，构念效度较高。

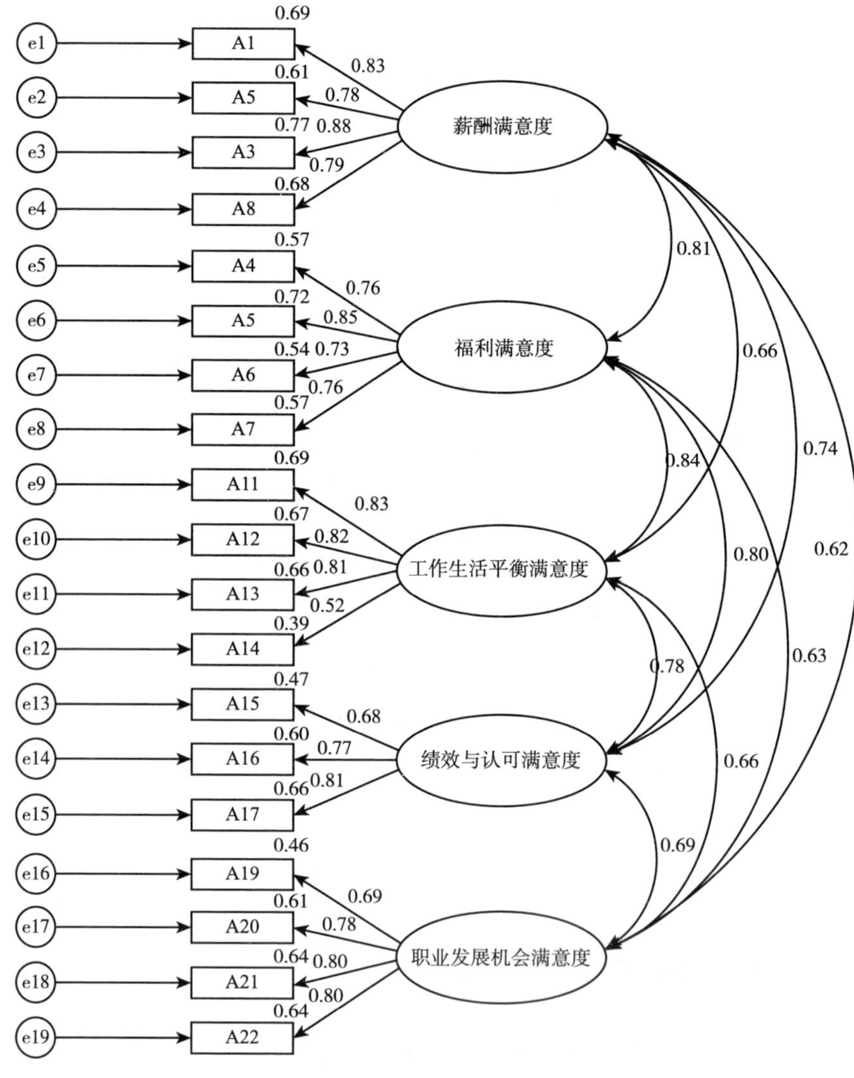

图 6.1　全面薪酬满意度量表结构模型图

表 6.3　全面薪酬满意度测量模型的拟合指标

	χ^2/df	NFI	TLI	CFI	GFI	AGFI	RMSEA	RMR
五维模型	2.621	0.905	0.926	0.939	0.890	0.852	0.072	0.066

2. 工作价值观量表的构念效度检验。

本书采用工作价值观四维度结构量表，根据该理论知识构建验证性因子分析的概念模型图进行分析，结果如图 6.2 和表 6.4 所示，标准化回归系数均介于 0.60 ~ 0.95，说明模型基本的适配度良好；工作价值观量表的各项拟合指标：χ^2/df 为 1.274 < 5，RMSEA 为 0.029 < 0.1，RMR 为 0.036 < 0.05，NFI、TLI、CFI、GFI、AGFI 均大于 0.90，均符合评估模型适配度的指标标准，说明工作价值观四维度模型拟合良好，构念效度较高。

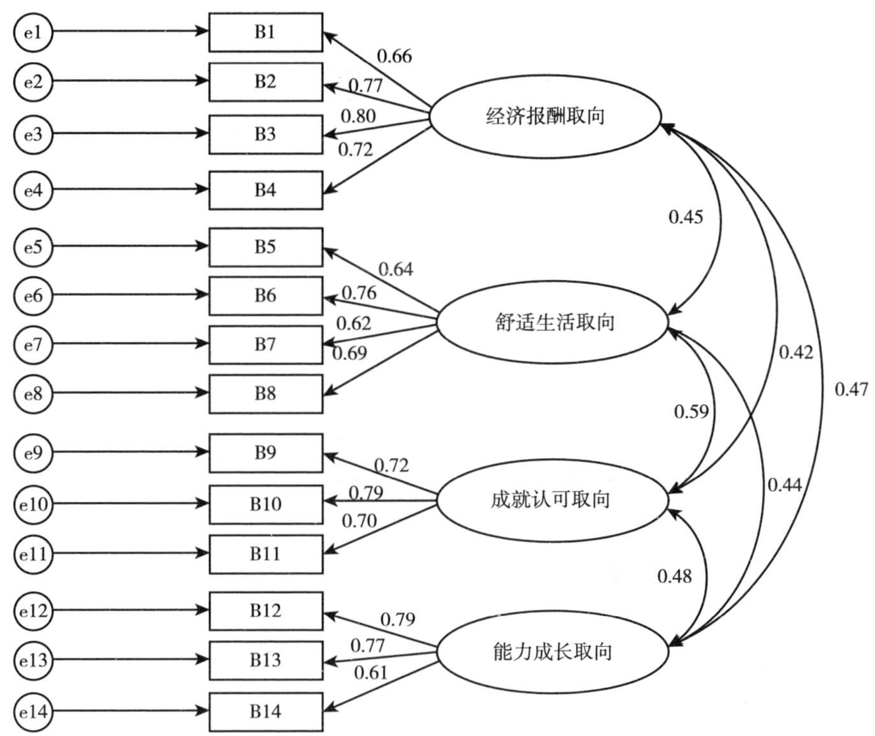

图 6.2　工作价值观量表结构模型图

表 6.4　　工作价值观测量模型的拟合指标

	χ^2/df	NFI	TLI	CFI	GFI	AGFI	RMSEA	RMR
四维模型	1.274	0.933	0.969	0.975	0.955	0.933	0.029	0.036

3. 离职倾向量表的构念效度检验。

对离职倾向量表单维度 3 个题项进行探索性因子分析以检验其构念效度。首先，进行 KMO 和 Bartlett 球形检验，其中 KMO 值是 0.739 > 0.7，说明题项变量间关系尚可，达到进行探索性因子分析基本要求；Bartlett 球形检验的显著水平达到 0.000，自由度是 3，近似卡方值是 459.066，说明该量表内有共同因子存在，进一步表明量表适合进行探索性因子分析。其次，采用主成分分析法，抽取特征值大于 1 的因子，共抽取出一个共同因子，特征值为 2.375，可以解释离职倾向的 79.173%，因子负荷量如表 6.5 所示，离职倾向量表构念效度得到验证。

表 6.5　　离职倾向因子负荷量表

题　　项	因子
	1
2. 时常在寻找其他的工作	0.898
3. 想要尽快去别的公司工作	0.888
1. 时常想要离开现在的公司	0.884
初始特征值	2.375
提取平方和载入	2.375
解释变异量（%）	79.173
累计解释变异量（%）	79.173

（二）区别效度检验

本书通过验证性因子分析，检验全面薪酬满意度五维度、工作价值观四维度和离职倾向共 10 个变量之间的区别效度。如表 6.6 所示，在各种替代和嵌套模型中，十因子模型对实际数据拟合最为理想，具有较好拟合效度（χ^2/df 小于 5，RMSEA、RMR 均低于 0.08，CFI、TLI 均高于 0.90），表明各变量之间达到区分效度的要求，可继续开展模型分析。

表 6.6　　　　　　　　　　　　　　备择模型比较

因素	χ^2	df	χ^2/df	CFI	TLI	RMSEA	RMR
十因子模型	914.602	620	1.475	0.950	0.943	0.039	0.046
九因子模型	1055.873	629	1.679	0.927	0.919	0.046	0.049
八因子模型	1215.976	637	1.909	0.901	0.891	0.054	0.052
七因子模型	1379.654	644	2.142	0.875	0.863	0.060	0.053
六因子模型	1560.639	650	2.401	0.845	0.832	0.067	0.057
五因子模型	1715.935	655	2.620	0.819	0.806	0.072	0.060
四因子模型	1933.286	659	2.934	0.783	0.768	0.078	0.068
三因子模型	2052.196	662	3.100	0.763	0.748	0.082	0.069
二因子模型	2888.880	664	4.351	0.621	0.598	0.103	0.118
单因子模型	3182.625	665	4.786	0.571	0.547	0.109	0.121

注：九因子模型：将薪酬满意度与福利满意度合并；八因子模型：在九因子模型的基础上，将职业发展机会满意度和绩效与认可满意度合并；七因子模型：在八因子模型的基础上，将薪酬满意度与工作生活平衡满意度合并；六因子模型：在七因子模型的基础上，将全面薪酬满意度四维度合并；五因子模型：在六因子模型的基础上，将能力成长取向和成就认可取向合并；四因子模型：在五因子模型的基础上，将经济报酬取向和舒适生活取向合并；三因子模型：将工作价值观四维度合并；二因子模型：在三因子模型基础上，将全面薪酬满意度和工作价值观合并；单因子模型：将全面薪酬满意度、工作价值观和离职倾向合并。

四、量表的共同方法偏差检验

采用 Harman 单因素检验法进行共同方法偏差检验，除了人口统计变量以外，将其他所有的题项进行因子分析，其结果表明在采用主成分分析方法且未做任何旋转的情况下，得到八个特征值大于 1 的因子，其中特征值最大的第一因子的方差解释率为 30.056%，未达到临界值 40%，因而从统计上看，共同方法偏差不会对本书研究造成严重影响。

五、描述性统计分析与相关分析

各变量的均值、标准差和相关系数，如表 6.7 所示。总体来看，薪酬满意度、福利满意度、工作生活平衡满意度、绩效与认可满意度和职业发展机

表 6.7　各变量的均值、标准差及相关系数

变量	均值	标准差	1	2	3	4	5	6	7	8	9	10
1 薪酬满意度	2.923	0.941	1.000									
2 福利满意度	3.114	0.994	0.753***	1.000								
3 工作生活平衡满意度	3.256	0.956	0.694***	0.739***	1.000							
4 绩效与认可满意度	3.207	0.863	0.637***	0.673***	0.700***	1.000						
5 职业发展机会满意度	3.357	0.862	0.562***	0.564***	0.600***	0.609***	1.000					
6 经济报酬取向	4.383	0.651	0.021	0.058	0.089	0.143**	0.127*	1.000				
7 能力成长取向	4.177	0.630	0.025	0.119*	0.133**	0.189***	0.269***	0.350***	1.000			
8 舒适生活取向	4.333	0.671	−0.077	0.017	0.057	0.029	0.087	0.309***	0.451***	1.000		
9 成就认可取向	4.081	0.716	0.110*	0.112*	0.130**	0.136**	0.142**	0.375***	0.337***	0.367***	1.000	
10 离职倾向	3.483	0.774	−0.454***	−0.377***	−0.453***	−0.511***	−0.384***	−0.065	−0.053	0.040	−0.043	1.000

注：*、**、*** 分别表示 $P<0.05$、$P<0.01$、$P<0.001$。

会满意度的均值在3分左右，表明总体上全面薪酬满意度五维度处于基本满意度水平；离职倾向均值为3.483，表明离职倾向处于中等水平；全面薪酬满意度五维度与离职倾向的相关系数为负且显著，说明五维度与离职倾向之间均呈显著负相关关系。

六、假设检验

（一）全面薪酬满意度的潜在剖面检验

在研究中，很多变量往往不能直接测量，需要借助外显的测量指标来进行估计，这种变量被称为潜变量。潜在剖面分析是潜变量模型的一种类型，是根据连续型外显变量探索个体潜在特征分类的一种方法。全面薪酬满意度在不同员工子群体中的差异即潜在类别就属于潜变量，需要通过潜在剖面分析对全面薪酬满意这一连续型外显变量的测量指标来识别其在不同员工子群体中的类型。在研究中运用潜在剖面分析，一方面可以在数据中获取未观察到的异质性，帮助识别组织中潜在的子群体，从而帮助研究者发现可能引发不同的理论预测；另一方面，由于正确的类别数是探测群体异质性的关键，与传统分类方法相比，潜在剖面分析在潜在类别数的选择上有明确的确定类别数的准则，准确的分类有利于进一步探讨各类别子群体中变量之间的相互关系（张婷洁等，2010；Wang 和 Hanges，2011；Borsboom 等，2003；尹奎等，2020），所以本书用潜在剖面分析对全面薪酬满意度进行分类。

在进行潜在剖面分析时，通常采用 Mplus 软件，其原因是与其他统计分析软件相比，Mplus 软件具有以下两点明显优势：其一，估计算法较多，可以根据模型的不同配以与之适应的估计方法；其二，可将各种潜变量分析方法综合到一个统一的潜变量分析框架中，构建出较准确的统计方法（裴磊磊等，2013）。因此，本书的潜在剖面分析选择在 Mplus7.4 软件中完成。

1. 潜在剖面分析步骤。

运用潜在剖面分析包括四个步骤：第一步，假设样本数据来源于同质人群，在不预设潜在剖面的数目和特定的参数限定条件的情况下，以全面薪酬满意度的题项为观测变量，将研究样本依次分成一个剖面、二个剖面、三个剖面、四个剖面等进行潜在剖面分析。第二步，根据上一步分类所得到的拟合指标，选择一个最佳的剖面类别作为潜在剖面分析模型。第三步，根据所选的潜在剖面分析模型中全面薪酬满意度题项的均值，计算出每个剖面的全面薪酬满意度五维度的均值。第四步，按照每个剖面的全面薪酬满意度五维度的均值分布特点，对每一剖面进行命名，完成潜在剖面分析模型的构建。此外，通过对潜在剖面在社会人口特征和结果变量上差异化分析来进一步刻画潜在剖面的不同。

2. 确定潜在剖面的个数。

通常采用多个拟合指标的综合检验方法对潜在剖面分析模型进行检验，最常见的检验方法有三种：信息评价指标（information - based criteria，IC）、似然比检验方法（likelihood ratio test，LRT）和信息熵（entropy）。其中，IC 包括 AIC（akaike information criterion）、BIC（bayesian information criterion）和 aBIC（sample size - adjusted BIC）三个指标，这三个指标值越小表明模型拟合越好（Muthen 和 Muthen，2010）；似然比检验指标（LMR）和基于 Bootstrap 的似然比检验（BLRT）可用于 K 个剖面和（K - 1）个剖面模型的比较，当 p 值显著（$p<0.05$）时，表明 K 个剖面模型优于（K - 1）个剖面模型，需要检验的模型剖面数从一个剖面开始，到 LMR 或 BLRT 的 P 值不显著为止，研究表明 LMR 是对潜在剖面分类最为敏感的指标（Nylund 等，2007）；entropy 可用来预测显变量对潜在剖面个数预测的优劣，值越接近 1 说明分类越精确，当 entropy > 0.80 时，表明分类准确率超过 90%（Vermunt 和 Magidson，2005；Carragher，2009；尹奎等，2020）。

本书的潜在剖面分析模型的适配指标，如表 6.8 所示。模型从一个剖面到四个剖面，AIC、BIC、aBIC 的值逐渐减小，说明模型拟合程度越来越好；entropy 的值均大于 0.80，说明模型准确率较高；当模型处于三个剖面时，LMR 的 p 值显著（$p=0.0002<0.05$），说明三个剖面模型明显优于二个剖面模型，当模型处于四个剖面时，LMR 的 p 值不显著（$p=0.1733>0.05$），说明四个剖面模型并未比三个剖面模型拟合显著改善，同时表明潜在剖面最多为四个剖面模型。综合上述指标发现，三个剖面模型较其他模型拟合效果更好，本书选择三个剖面分析模型作为研究模型。

表 6.8　　　　潜在剖面分析模型适配指标

模型	AIC	BIC	aBIC	entropy	p for LMR	p for BLRT
一个剖面	20025.884	20183.626	20050.412			
二个剖面	17698.649	17939.016	17736.025	0.943	<0.001	<0.001
三个剖面	16943.300	17266.294	16993.524	0.943	0.0002	<0.001
四个剖面	16763.978	17169.598	16827.050	0.905	0.1733	<0.001

3. 潜在剖面的命名。

通过计算三个潜在剖面的全面薪酬满意度题项评分均值，得到三个潜在剖面的全面薪酬满意度五维度均值，如表 6.9 所示。根据表 6.9 绘制三个潜在剖面的全面薪酬满意度五维度均值图，如图 6.3 所示。由图 6.3 和表 6.9 可知，属于剖面一的员工（n = 90；28.5%），全面薪酬满意度五维度的均值都低于 3 分，说明满意度较低，因此把剖面一命名为较不满意组；属于剖面二的员工（n = 137；43.3%），全面薪酬满意度五维度的均值都略高于 3 分，说明满意度均为中等水平，因此把剖面二命名为基本满意组；属于组别三的员工（n = 89；28.2%），全面薪酬满意度五维度的均值都在 4 分左右，说明满意度较高，因此把剖面三命名为较满意组。由此，获得全面薪酬满意度三个有区别的潜在剖面，表明全面薪酬满意度存在三个不同的员工子群体，H7 成立。

表 6.9　　　　三个潜在剖面的全面薪酬满意度五维度均值

	较不满意组（n = 90；28.5%）	基本满意组（n = 137；43.3%）	较满意组（n = 89；28.2%）
薪酬满意度	1.809	3.032	3.882
福利满意度	1.978	3.148	4.210
工作生活平衡满意度	2.275	3.215	4.312
绩效与认可满意度	2.375	3.153	4.130
职业发展机会满意度	2.633	3.305	4.169

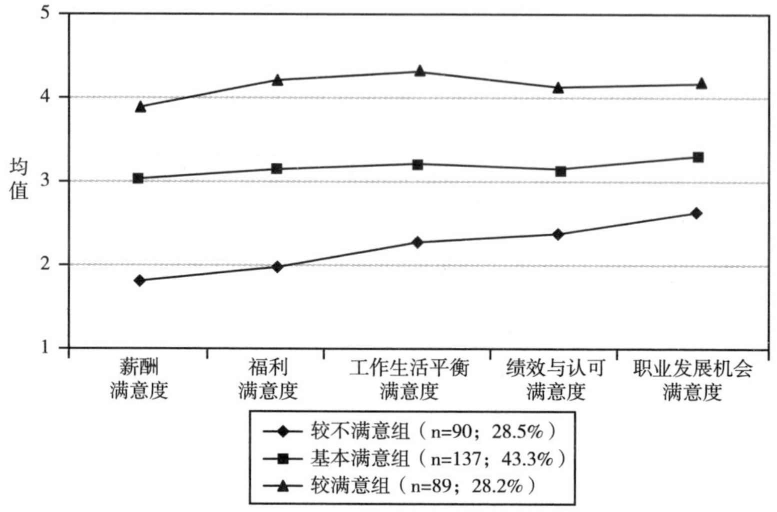

图 6.3　三个潜在剖面的全面薪酬满意度五维度均值图

（二）不同员工子群体全面薪酬满意度的差异化检验

运用方差分析检验全面薪酬满意度的三个员工子群体在性别、年龄、工作年限、职位等级、学历和每月税后工资等社会人口特征及离职倾向上是否存在差异。方差分析结果如下，性别［$\chi^2(2)=16.045$；$p<0.001$］、学历［$\chi^2(4)=25.662$；$p<0.001$］、职位等级［$F(2,313)=6.177$；$p=0.002$］、每月税后工资［$F(2, 313)=12.275$；$p<0.001$］、离职倾向［$F(2, 313)=61.432$；$p<0.001$］通过显著性检验，说明三个员工子群体之间在上述变量上存在显著差异，但在年龄、工作年限上无显著差异。

具体而言，如表 6.10 所示，在较不满意组，与另两组相比，女性、中专或高中及以下学历员工、普通员工占比明显最高（72.22%、74.44%、70.00%）；在基本满意组，女性占比处于两组中间水平（63.50%），相对于较不满意组，高中或中专及以下学历员工占比明显下降（54.74%），大专和本科及以上学历员工占比明显增加，普通员工占比明显下降，组长、主管、部门经理和店长占比明显提升；在较满意组，与其他两组相比，女性、高中或中专及以下学历员工、普通员工占比最低（56.2%、39.33%、32.59%），大专、本科及以上员工占比最高（37.08%、23.59%），主管、部门经理和店长占比明显最高。在每月税后工资和离职倾向方面，较不满意组的平均税后工资明显最低（2340 元/月），离职倾向明显最高（均值 = 4.081）；基本满意组的平均税后工资处于中间水平（2980 元/月），离职倾向处于中间水平（均值 = 3.236）；较满意组的平均税后工资明显最高（3240 元/月），离职倾向明显最低（均值 = 3.097）。综上可知，说明全面薪酬满意度三个员工子群体在社会人口特征、平均税后工资和离职倾向上存在显著差异，进一步支持 H7。

表 6.10　　性别、学历、职位等级在全面薪酬满意度三个员工子群体中的分布

		较不满意组	基本满意组	较满意组
性别	男	27.78%	36.50%	43.82%
	女	72.22%	63.50%	56.18%
学历	高中或中专及以下	74.44%	54.74%	39.33%
	大专	17.78%	27.74%	37.08%
	本科及以上	7.78%	17.52%	23.59%
职位等级	普通员工	70.00%	44.52%	32.59%
	组长	8.89%	18.25%	15.73%
	主管	6.67%	11.68%	19.10%
	部门经理	8.89%	13.14%	19.10%
	店长	5.55%	12.41%	13.48%

（三）不同员工子群体的全面薪酬满意度对离职倾向有不同影响的检验

第一，以全面薪酬满意度五维度为自变量、离职倾向为因变量，对全部样本进行回归分析。结果显示全面薪酬满意度五维度共解释变量的 29.5% [$F(5,310) = 27.36$；$p < 0.001$]。薪酬满意度（$\beta = -0.200$；$p = 0.001$）、福利满意度（$\beta = -0.140$；$p = 0.034$）、工作生活平衡满意度（$\beta = -0.136$；

$p = 0.033$)、绩效与认可满意度（$\beta = -0.297$；$p < 0.001$）对离职倾向有显著负向影响，而职业发展机会满意度（$\beta = -0.041$；ns）对离职倾向无显著影响。

第二，检验三个员工子群体的全面薪酬满意度对离职倾向的影响是否有不同。分别对三个子群体进行以离职倾向为因变量，全面薪酬满意度五维度为自变量的回归分析，每个子群体中全面薪酬满意度五维度与离职倾向的回归函数关系，如表 6.11 所示。在较不满意组中，福利满意度（$\beta = -0.335$；$p = 0.019$）、工作生活平衡满意度（$\beta = -0.336$；$p = 0.003$）和绩效与认可满意度（$\beta = -0.339$；$p = 0.009$）对离职倾向呈显著负向影响，薪酬满意度和职业发展满意度对离职倾向影响不显著；在基本满意组中，薪酬满意度（$\beta = -0.258$；$p = 0.007$）、绩效与认可满意度（$\beta = -0.410$；$p < 0.001$）和职业发展满意度（$\beta = -0.178$；$p = 0.028$）对离职倾向呈显著负向影响，福利满意度和工作生活平衡满意度对离职倾向影响不显著；在较满意组中，职业发展机会满意度（$\beta = -0.410$；$p = 0.015$）对离职倾向负向影响显著，薪酬满意度、福利满意度、工作生活平衡满意度和绩效与认可满意度对离职倾向没有显著影响。由此可见，三个员工子群体的全面薪酬满意五维度对离职倾向的影响是不同的，H8 得到验证，这进一步揭示出将员工作为同质总体的全面薪酬满意度对离职倾向影响的结论，掩盖了全面薪酬满意度对离职倾向影响在三个员工子群体间的不同。

（四）在工作价值观上全面薪酬满意度对离职倾向不同影响的差异化检验

由表 6.11 的统计检验结果可知，三个员工子群体的全面薪酬满意五维度对离职倾向的影响是不同的，例如较不满意组和基本满意组的绩效与认可满意度对离职倾向都有显著负向影响，而较满意组的绩效与认可满意度对离职倾向没有显著负向影响，因此在验证绩效与认可满意度对离职倾向的不同影响能否被工作价值观的成就认可取向所解释时，需将绩效与认可满意度对离职倾向有显著负向影响的子群体组（较不满意组 + 基本满意组）和无显著负向影响的子群体组（较满意组）进行 T 检验，以验证绩效

表 6.11　　　　离职倾向回归模型的参数估计

	较不满意组			基本满意组			较满意组					
	Estimate	S. E.	Est. /S. E.	P – Value	Estimate	S. E.	Est. /S. E.	P – Value	Estimate	S. E.	Est. /S. E.	P – Value
（常量）	5. 4086	0. 583	8. 717	0. 000	5. 943	0. 605	9. 831	0. 000	3. 271	0. 748	4. 371	0. 000
薪酬满意度	0. 025	0. 152	0. 173	0. 863	-0. 258 **	0. 095	-2. 214	0. 007	-0. 168	0. 135	-1. 244	0. 217
福利满意度	-0. 335 *	0. 148	-2. 391	0. 019	0. 003	0. 102	0. 002	0. 980	0. 052	0. 117	0. 444	0. 658
工作生活平衡满意度	-0. 336 **	0. 111	-3. 036	0. 003	-0. 017	0. 091	-0. 185	0. 853	-0. 211	0. 167	-1. 267	0. 209
绩效与认可满意度	-0. 339 **	0. 126	-2. 687	0. 009	-0. 410 ***	0. 089	-4. 588	0. 000	-0. 132	0. 142	-0. 924	0. 358
职业发展机会满意度	-0. 070	0. 095	-0. 744	0. 459	-0. 178 *	0. 080	-2. 221	0. 028	-0. 410 *	0. 164	-2. 497	0. 015

注：SE，standard error，*、**、*** 分别表示 P < 0. 05、P < 0. 01、P < 0. 001。

与认可满意度对离职倾向的不同影响在成就认可取向上的差异化。因此，本书在进行工作价值观上全面薪酬满意度对离职倾向不同影响的差异化检验时，选择将全面薪酬满意度各维度对离职倾向有显著负向影响的子群体组与无显著负向影响的子群体组进行 T 检验，以验证全面薪酬满意度各维度对离职倾向的不同影响在对应的工作价值观上的差异。具体而言，对基本满意组与其他两组进行 T 检验，以验证薪酬满意度对离职倾向的不同影响能否被经济报酬取向所解释；对较不满意组与其他两组进行 T 检验，以验证福利满意度和工作生活平衡满意度对离职倾向的不同影响能否分别被经济报酬取向和舒适生活取向所解释；对较不满意组和基本满意组与较满意度组进行 T 检验，以验证绩效与认可满意度对离职倾向的不同影响能否被成就认可取向所解释；对基本满意组和较满意组与较不满意度组进行 T 检验，以验证职业发展机会满意度对离职倾向的不同影响能否被能力成长取向所解释。

T 检验结果如表 6.12 所示，基本满意组的经济报酬取向得分（均值 = 4.520）显著高于较不满意组和较满意组员工（均值 = 4.278）[$t(314) = 3.328$；$p = 0.001$]，即薪酬满意度对离职倾向有显著负向影响的员工，经济报酬取向得分显著更高，H9 – 1 通过验证；较不满意组的经济报酬取向得分未显著高于另两组 [$t(314) = 0.198$；$p = 0.843$]，即福利满意度对离职倾向有显著负向影响的员工，经济报酬取向得分未显著更高，H9 – 2 未通过验证；较不满意组的舒适生活取向得分未显著高于另两组 [$t(314) = 0.257$；$p = 0.797$]，即工作生活平衡满意度对离职倾向有显著负向影响的员工，舒适生活取向得分未显著更高，H9 – 3 未通过验证；较不满意组和基本满意组员工的成就认可取向得分（均值 = 4.408）显著高于较满意组员工（均值 = 4.142）[$t(314) = 3.213$；$p < 0.001$]，即绩效与认可满意度对离职倾向有显著负向影响的员工，成就认可取向得分高显著更高，H9 – 4 通过验证；基本满意组和较满意组的能力成长取向得分未显著高于较不满意度组 [$t(314) = 0.344$；$p = 0.731$]，即职业发展机会满意度对离职倾向有显著负向影响的员工，能力成长取向得分未显著更高，H9 – 5 未通过验证。综上，H9 部分通过验证。

表 6.12　　T 检验分析结果表

		组别	人数	均值	均值方程的 T 检验			
					t	df	P - value	均值差
经济报酬取向	薪酬满意度	基本满意组	137	4.520	3.328	314	0.001	0.242
		较不满意组 + 较满意组	179	4.278				
	福利满意度	较不满意组	90	4.394	0.198	314	0.843	0.016
		基本满意组 + 较满意组	226	4.378				
舒适生活取向	工作生活平衡满意度	较不满意组	90	4.192	0.257	314	0.797	0.020
		基本满意组 + 较满意组	226	4.172				
成就认可取向	绩效与认可满意度	较不满意组 + 基本满意组	227	4.408	3.213	314	0.001	0.266
		较满意组	89	4.142				
能力成长取向	职业发展机会满意度	基本满意组 + 较满意组	226	4.090	0.344	314	0.731	0.031
		较不满意组	90	4.059				

| 第七章 |

全球标杆零售企业全面薪酬实施现状

根据2017年和2019年《财富》世界500强上榜的零售企业，选择其中的五家美国零售企业和三家欧洲零售企业，它们是沃尔玛、亚马逊、好市多、塔吉特、家得宝、乐购、家乐福和MD（中国），阐述这八家标杆零售企业当前实施的全面薪酬措施。沃尔玛、亚马逊、好市多、塔吉特、家得宝、乐购和家乐福的全面薪酬实施是面向其本土员工，其数据资料除特别标注之外均来自这七家企业的官方网站①，初次检索时间是2017年1月，并于2020年5月再次进行检索，对相关数据资料进行了更新和补充。MD（中国）的全面薪酬实施是面向中国员工的，其数据资料来自2016年12月对MD（中国）的访谈，为符合企业保密需要，对MD（中国）名称和相关数据等做某些掩饰。

---

① 沃尔玛官网：https：//corporate. walmart. com/our - story；https：//corporate. walmart. com/our - story/working - at - walmart；好市多官网：http：//www. costco. com. au/index. shtml；https：//www. costco. com；亚马逊官网：https：//www. amazon. jobs/en/benefits；https：//www. amazon. jobs/en/principles；家得宝官网：https：//careers. homedepot. com；https：//apps. bswift. com/orangelife；https：//careers. homedepot. com/culture；塔吉特官网：https：//corporate. target. com/careers/benefits；https：//corporate. target. com/careers/culture；乐购官网：https：//www. tesco - careers. com/explore - our - world/benefits；https：//www. tesco - careers. com/explore - our - world/life - at - tesco；https：//www. tesco - careers. com/explore - our - world/everyone - is - welcome；https：//www. tesco - careers. com/explore - our - world/opportunities - to - get - on；http：//www. tesco - earlycareers. com；https：//www. tescoplc. com/covid - 19/；家乐福官网：https：//recrute. carrefour. fr/article/nos - atouts - ressources - humaines；https：//recrute. carrefour. fr/article/diversite - egalite - des - chances；Carrefour 2015 annual activity and responsible commitment report.

一、美国标杆零售企业全面薪酬实施现状

（一）沃尔玛的全面薪酬实施现状

沃尔玛（Walmart）于20世纪60年代初在美国阿肯色州成立，目前沃尔玛已经发展成为全球最大的连锁零售商，在27个国家开设了1万多家分店，并在10个国家设立网上零售，其主要零售业态有社区超市、山姆会员店和购物中心三种形式，2013年以来一直居于《财富》世界500强企业首位。在2019财年沃尔玛的营业收入达5240亿美元，在全球拥有约220万名员工，其中美国本土员工约为150万。根据沃尔玛美国官方网站资料，沃尔玛为美国本土员工提供的全面薪酬包括以下五种形式。

1. 薪酬。

沃尔玛员工的薪酬包括基本工资、季度奖和员工购股计划三项。与美国其他零售企业相比，沃尔玛普通员工的基本工资不具优势，但其绩效薪酬相对而言具有竞争力。季度奖是一种利润分享计划，是基于门店的业绩按季度发放的奖金，全日制和非全日制员工都有资格获得，在2019财年沃尔玛的小时制员工的奖金收入近8亿美元。员工购股计划是员工可以购买沃尔玛公司股票，公司还为员工购股提供一定金额的匹配资金。此外，沃尔玛门店经理的平均年薪为17.5万美元，与消防队员、会计、甚至医生的薪酬收入差不多，富有市场竞争力。

2. 福利。

沃尔玛的员工福利主要包括健康保健与保险（health care and insurance）、退休储蓄（save for retirement）、员工折扣（save with exclusive discounts）、其他福利项目。

沃尔玛一直都为员工提供全面的健康保健福利，自认为在美国零售企业中首屈一指。健康保健福利计划覆盖所有全职和兼职员工及其伴侣，具体而言，健康福利包括医疗报销账户计划（HRA plan）、健康储蓄账户计划（HAS plan）、牙科计划（dental plan）、视力计划（vision plan）、卓越中心项

目（center of excellence program）。其中，医疗报销计划为员工提供 300 美元到 1000 美元医疗报销费用，健康储蓄账户计划提供最高 700 美元的匹配缴费额，以帮助和支付符合条件的网上或非网上医疗费用；卓越中心项目为患有疾病员工的提供免费手术，这些免费手术包括脊柱和心脏手术、膝盖和髋关节置换手术、乳腺癌、肺癌和结直肠癌手术。

退休储蓄主要为 401（k）计划。员工从工作的第一天开始向 401（k）计划的个人账户缴费，沃尔玛为工作满一年的员工提供最高为 6% 的 401（k）计划的匹配缴费；此外，沃尔玛还为员工提供人寿保险。

员工折扣包括两种优惠：一是享有沃尔玛店里的新鲜水果、蔬菜和一般商品常规价格 10% 的折扣，二是享有员工折扣中心提供的旅游、手机服务、娱乐和其他沃尔玛店无法提供的商品和服务的独家折扣。

其他福利项目主要有：提供生活服务、免费的保密咨询和健康信息服务、重大疾病保险、伤残和意外死亡保险、长期和短期伤残保险、出差意外险；此外，员工还可获得免费的健康指导和护理保健。

3. 工作生活平衡。

沃尔玛认为家庭有多种形式，并为员工家庭提供帮助。所有在沃尔玛工作满 12 个月的年薪制员工和全日制小时员工均可享有产假、育儿假和领养福利。其中，带薪产假为 10 周，并按平均周薪的 100% 支付产假工资；带薪育儿假最长为 6 周，通过分娩、收养或寄养方式成为父母的员工均可享有，育儿假津贴为生育母亲提供总共 16 周的带薪假期，育儿假工资按平均周薪的 100% 支付；年薪制员工还可以使用两周的家庭护理支付计划，以使他们有时间照顾符合医疗要求的配偶或被抚养人；领养福利是指向其员工提供 5000 美元的领养新家庭成员相关费用，该项福利包括但不限于：申请费、代理和安置费、法律费用和法院费用、家庭适宜性研究、移民、免疫和翻译费用、交通费、食宿费、父母、儿童和家庭收养咨询，每位员工享有的领养福利最高金额为 1 万美元/年，在职期间享有的最高金额为 2 万美元。

4. 绩效与认可。

沃尔玛企业文化倡导高绩效，所设定的员工绩效目标富有挑战性；对基层员工的工作提供支持并授权；指导员工、信任并尊重员工，并对员工给以及时、真诚的反馈；重视与员工进行有成效的沟通，管理者要听取基层员工的意见和建议，并激励员工自我价值的实现。

5. 职业发展机会。

沃尔玛为员工提供各种教育培训项目和晋升机会，帮助员工在专业和个人方面成长。

沃尔玛设有沃尔玛学院，为员工提供高级培训、职业发展培训项目，主要有：为员工提供课堂和销售现场的高级零售技能以及领导力、沟通和变革管理等软技能培训，仅在2018年沃尔玛学院培训了45万名员工，包括一线主管、部门经理和助理经理；员工在沃尔玛学院注册后，就可以在谷歌游戏商店和苹果应用商店下载免费的“星火城市（Spark City）”的电子游戏，通过在游戏中扮演部门经理，学习销售技能和流程；此外，沃尔玛通过与Guild Education合作，设立Live Better U计划，让员工有机会获得无负债的高质量的商业或供应链管理学位，员工每天只需支付1美元，由沃尔玛支付剩余成本和其他所需费用。员工在沃尔玛学院接受带薪培训可以获得大学学分，截至2019年员工已经获得了超过3.17亿美元的大学学分。沃尔玛还提供GED、完成高中学业、语言培训和职业发展等教育福利。

沃尔玛超过75%的年薪制门店管理团队人员来自其拿小时工资的员工。在2019财年，沃尔玛晋升了21.5万多名员工，让他们担任薪酬更高、责任更大的工作，并且从非全日制转为全日制员工达到近17.5万人次。

（二）亚马逊的全面薪酬实施现状

亚马逊（Amazon）于1995年成立于美国西雅图，是世界上最早从事电子商务的企业之一，目前已成为经营商品品类最多的全球零售电商。在2019年《财富》世界500强排名第5位，2018财年亚马逊营业收入达2328.87亿美元，全球员工人数为79.8万[①]。根据亚马逊美国官方网站资料，亚马逊为美国本土员工提供的全面薪酬包括以下五种形式。

---

① 财富中文网2019年世界500强排名（亚马逊）：http://www.fortunechina.com/america500/56/2019.

1. 薪酬。

亚马逊公司实施员工股票购买计划。在亚马逊，员工有机会成为公司的主人，亚马逊公司希望员工可以像主人一样思考，而授予股票的方式为员工提供了行使管理权的机会，凡是符合资格要求的员工都会获得亚马逊限制性股票。

2. 福利。

亚马逊为员工提供的福利主要包括健康福利、财务福利、休假福利和折扣福利。在健康福利方面，为了满足员工个性化的保险需求，提供了医疗计划备选方案，同时还提供牙科计划、眼科计划福利；在财务福利方面，为员工提供基本人寿保险、401（k）养老金计划、短期和长期伤残计划、意外身故及伤残保险计划；在休假福利方面，员工享有每年 6 天的带薪事假和 6 天公司假期；员工还享有亚马逊商品的年度折扣。

3. 工作生活平衡。

亚马逊十分关注员工的工作和生活平衡，主要体现在产假和育儿假、收养福利、员工援助计划。其中，亚马逊为生育或收养子女的员工提供全薪产假和育儿假（育儿假方案要求员工在孩子出生或收养安置之日以前连续供职至少一年），并实行行业独有的“leave share”方案及灵活的重返工作岗位计划；亚马逊的员工还享有收养补助，包括律师费、法庭费及差旅费；员工援助计划为员工工作和个人生活的各个方面提供保密性支持、资源及转介的全天候服务，包括为员工的家属提供保健转介服务，在患有危及生命的疾病或死亡的情况下，员工还可获得财务咨询和规划服务。

4. 绩效与认可。

亚马逊在绩效与认可方面主要体现在管理者们致力于倾听员工的心声，与员工进行坦诚地沟通，尊重员工的贡献，并能够接受员工谏言。

5. 职业发展机会。

亚马逊为员工提供职业选择计划，即为时薪员工提供的一项创新计划。该计划可预先支付 95% 的学费、教材费及相关费用，使员工可以专心致志地学习，而不用担心花费；此外，还致力于为员工建立职业发展通道，给予员工轮岗机会。职业选择计划可让员工发展未来需要的职业技能，如医疗技术人员、律师助理、机器人工程师及太阳能电池板安装等领域的专业人员。

（三）好市多的全面薪酬实施现状

好市多（Costco）是于1983年在美国西雅图正式成立的，目前已经发展成为美国最大的连锁仓储会员制零售商。好市多在2018财年营业收入达1415.76亿美元，员工人数为19.4万，在2019年《财富》世界500强中排名第35位[①]。根据好市多美国官方网站资料，好市多为美国本土员工提供的全面薪酬以下五种形式。

1. 薪酬。

好市多的员工离职率相对于其他零售企业一直非常低，其原因之一是好市多优于行业水平的薪酬福利待遇。2014年美国最大的招聘网站Glassdoor发起了一项针对美国企业的员工薪酬福利满意度的调查表明，好市多员工的薪酬满意度位居第二[②]。

2. 福利。

好市多为员工提供的福利丰厚，主要包括人寿保险、医疗保险、牙科福利和视力福利。第一，在人寿保险方面，为全职员工提供价值为其年薪四倍的人寿保险，为兼职员工提供金额为20000美元的人寿保险；第二，在医疗保险方面，针对全日制员工，提供医疗保险、长期丧失劳动能力和重大疾病保险等；针对兼职员工，提供短期丧失劳动能力保险，司龄为三年及以上的兼职员工有资格提出医疗伤残索赔，其金额最高可占税后年薪的90%，该保险用于帮助员工应对生活中的特殊状况，如癌症、心脏病、主要器官移植等；第三，在牙科福利方面，为司龄满两年的员工支付一部分公共医疗诊所或私人诊所的牙科费用，同时还为员工的伴侣或配偶提供牙科折扣福利；第四，在视力福利方面，每年为司龄满一年的员工提供最高价值125美元的视力代金券。

3. 工作生活平衡。

好市多提供员工援助计划，主要是为员工及其家人提供免费、保密的专

① 财富中文网2019年世界500强排名（好市多）：http：//www.fortunechina.com/global500/88/2019.

② HR案例网－好市多（Costco）的薪酬管理带来的启示．http：//www.hrsee.com/？id＝920.

业咨询和顾问服务，其目的是为解决员工与情绪、关系、药物滥用、法律和财务有关的问题，同时给员工提供一个真正能解决问题的行为计划。好市多还会提供各类信息来帮助员工平衡工作和家庭，包括财务服务、家庭看护服务、协助处理老年人相关服务、法律/消费者权益的信息等。此外，还规定未经管理层事先许可，不得要求非豁免员工在工作时间以外（全天候）进行任何工作，如果不在规定的时间内工作，则必须在例外日志中记录所有工作时间，并通知经理。

4. 绩效与认可。

好市多提供友好和支持的工作环境，管理层十分尊重员工的意见，实施参与式的领导风格，致力于认可和奖励辛勤工作和忠诚的员工。

5. 职业发展机会。

内部晋升是好市多为员工提供主要的职业成长和发展机会，其管理团队大多数都来自内部晋升，例如现任的公司仓库经理和副总裁，曾经是仓库管理员、收银员和办事员。

（四）家得宝的全面薪酬实施现状

家得宝（Homedepot）于 1979 年在亚特兰大成立，从事家居用品、建材和花园草坪类产品的销售与服务，目前在全球家具零售领域居于首位，并在美国、墨西哥和加拿大拥有连锁店 2200 多家。2018 财年家得宝的营业收入达到 1082.03 亿美元，员工人数为 41.3 万人，在 2019 年《财富》世界 500 强排名居于第 62 位①。根据家得宝官方网站资料，家得宝为美国本土员工提供的全面薪酬包括以下五种形式。

1. 薪酬。

家得宝员工的薪酬主要包括基本工资、绩效奖金和员工购股计划。其中绩效奖金是根据员工定期的绩效考核发放；家得宝的员工购股计划允许员工按薪酬的 20%（每年最多 21250 美元）购买公司股票。

① 财富中文网 2019 年世界 500 强排名（家得宝）：http：//www.fortunechina.com/global500/90/2019.

2. 福利。

家得宝为员工提供的福利项目主要包括财务福利、健康福利、折扣福利以及带薪休假福利。

在财务福利方面，家得宝为所有员工提供401（k）计划、通勤福利、财务咨询以及保险福利，为所有公司合伙人及其家人提供员工援助计划。其中，通勤福利计划是指员工每月的一部分通勤费用可以税前扣除，从而达到减税的目的，每月税前扣减上限为265美元；保险福利包括人寿保险、残疾保障、意外死亡保险、危重疾病保护计划、医疗费用计划、房屋及租赁保险、汽车保险和宠物保险；员工援助计划使受益者享有免费财务和法律电话咨询（如需法律服务可享受25%的优惠），以及每年6次免费的、保密的面对面咨询会来帮助解决员工个人、家庭或工作上的问题。

在健康福利方面，家得宝为员工提供医疗保健计划和其他健康福利。医疗保健计划包括医疗及处方福利、全天候护理（24/care）、牙科福利、视力福利、医疗费用计划、医疗支出账户、家庭护理支出账户、健康储蓄账户以及医疗支援小组。此外，其他关于员工健康的福利还有健康生活计划折扣、隐形健康风险筛查、流感计划、睡眠资源、终身戒烟计划和健身计划。

在折扣福利方面，家得宝为员工提供在全美超过3万家商家的独家优惠，包括手机运营商、电子产品、旅游、汽车、健身俱乐部等。此外，员工还可直接从工资中扣除所需要产品的费用。

3. 工作生活平衡。

家得宝公司在工作生活平衡方面，为员工家庭提供多种形式的帮助，主要体现在安全保障福利、子女教育福利与其他福利。其中，安全保障福利是指在疫情期间采取措施保证员工的安全，包括为员工提供口罩和手套、限制店内的顾客流量、保持社会和身体距离和实施额外的清洁措施。此外，对于门店和配送中心的小时工，家得宝设立了周奖金，在2020年6月21日前，每周工作超过35小时的员工将额外获得100美元/周，每周工作16～35小时的员工将额外获得50美元/周。家得宝的子女教育福利为员工子女设置大学储蓄计划，并在员工子女进入大学的过程中提供指导。而且，还设置了员工子女奖学金，每年颁发给达到条件的1000名员工子女，最高金额为2500美元。此外，为员工提供工作和生活上支持的福利还包括允许员工对家人及宠物家居看护，提供家庭护理支出账户、自闭症与成长障碍支持、领养协助、医疗支援小组、身份盗窃保护、法律服务计划和道路援助等。

4. 绩效与认可。

家得宝公司尊重员工，让所有员工都感受到他们的贡献是重要的，并认可员工的贡献。

5. 职业发展机会。

家得宝努力营造一个良好环境，让所有员工都有平等的机会获得成长和发展，开发员工个人领导技能，致力于使员工实现其个人和职业目标。家得宝通过提供各种各样的培训课程、领导力项目、指导项目、晋升机会和公司各级助理的学费报销，以帮助最优秀的员工发掘潜能。

（五）塔吉特的全面薪酬实施现状

塔吉特（Target）公司是于 1962 年在美国明尼苏达州成立的，目前在美国拥有近 1900 家分店。2018 财年塔吉特公司营业收入为 753.56 亿美元，员工人数约为 36 万，在 2019 年《财富》世界 500 强排名居于第 122 位①。根据塔吉特美国官方网站资料，塔吉特为美国本土员工提供的全面薪酬包括以下五种形式。

1. 薪酬。

塔吉特的基本工资和可变薪酬在美国零售行业具有竞争力。可变薪酬主要是以年终奖主的短期激励计划，以将个人绩效与公司经营业绩相关联；此外，还根据公司绩效和个人绩效贡献度奖励团队成员。

2. 福利。

塔吉特公司为员工提供的福利主要包括健康福利、财务福利、休假福利和折扣福利。

健康福利主要包括医疗计划、视力福利、牙科福利、健康保健弹性支出

---

① 财富中文网 2019 年世界 500 强排名（塔吉特）：http：//www.fortunechina.com/global500/100/2019.

账户、会诊服务（Grand Rounds®）、BridgeHealth 计划（BridgeHealth™）、Livongo 疾病管理计划（Livongo® Disease Management Program）、处方药节省方案、健康保健联合团队、流感疫苗、幸福奖励计划、产妇支援计划、Daylightapp、Real Appeal 和终身戒烟计划等。其中，医疗计划包括健康储蓄账户计划和健康报销账户计划，这两种计划在如何支付医疗费用和处方药、账户运作方式等方面略有差别，员工可以根据实际情况选择能够获得最大价值的账户；眼科福利是指提供视力检查或承担眼镜费用的计划；牙科计划是指为所有员工提供预防性护理服务，并根据其他服务类型支付一定比例的合理费用；健康保健弹性支出账户用于支付医疗、视力和牙科费用，员工可以决定存入账户的数目，最高为 500 美元；会诊服务是为员工提供免费复查，可现场向医生寻求专业医疗建议；BridgeHealth 计划为一些外科手术提供高质量的医疗服务，并降低自付的费用；Livongo 疾病管理计划为确诊糖尿病员工提供免费用品、医疗器械和个性化的支持；处方药节省方案旨在通过个性化的建议帮助员工节省处方费用，比如治疗替代品、剂型、片剂拆分等；健康保健联合团队是由护士和健康与福利专家组成，为员工解答任何医疗保健问题，包括福利覆盖、索赔和账单方面的问题；流感疫苗福利是给员工提供流感疫苗免费接种，而无须考虑是否在保险范围内；幸福奖励计划是指参加健康储蓄账户计划和健康报销账户计划的成员及其配偶可以通过一些健康活动在账户里赚取美元以支付医疗费用；产妇支援计划是塔吉特医疗计划的一部分，可以为员工配备经验丰富的产科护士；Daylightapp 是一款个性化应用程序，为参加医疗保险计划的员工及其配偶免费服务，它旨在通过倾听与交谈了解员工的挑战和目标，并指导员工学习和实践行之有效的策略，以减少其生活中的担忧和焦虑；Real Appeal 是一个在线体重管理计划，通过有趣的个性化定制方案，来帮助员工减肥和建立积极的、可持续的生活方式；终身戒烟计划是指健康教育者一对一地指导如何准备戒烟，设定戒烟日期，战胜烟瘾，也可以接受免费的尼古丁替代疗法，公司所有员工都可以免费参加。

财务福利主要包括 401（k）计划、延税薪酬计划（Executive Deferred Compensation Plan）、塔吉特退休金计划、家属保健弹性支出账户、人寿保险、伤残保险、危重病、意外及住院赔偿保险、身份盗窃保护险、集团法律、搬迁福利、塔吉特信用合作社、Wageworks 通勤福利（Wageworks®

Commuter Benefit)。其中，401（k）计划是指塔吉特为符合条件的员工每月提供其薪酬最高5%的匹配缴费，符合条件的员工是指年满18岁在塔吉特工作满1000小时，目前已超过113500名员工参与了该计划；延税薪酬计划允许符合条件的员工对超过401（k）计划限额的缴费递延纳税；塔吉特退休金计划覆盖2009年之前雇用的达到最低服务和工时要求的员工；家属保健弹性支出账户允许员工将工作期间日托或照顾老人的费用税前扣除；人寿保险向员工提供在家庭成员死亡的情况下获得至少其一年年薪的赔偿；伤残保险包括短期伤残和长期伤残保险，是在员工因生病或受伤的情况下提供一定比例的工资补偿；身份盗窃保护险是以市场上最低的保费为受到身份盗窃威胁的员工提供较快速度的修复支持；集团法律计划向员工提供价格实惠的律师服务，包括家庭法、遗嘱和遗产、债务相关事务、身份盗窃补救、房地产、交通和犯罪以及人身伤害；搬迁福利是为工作地点发生变动的员工提供的补贴；目前使用塔吉特信用合作社的员工及其家人已超过46000名，他们每年可节省近300美元；Wageworks通勤计划允许员工将工作相关的通勤费用税前扣除。

塔吉特的全面休假福利计划支持员工从事工作之外的兴趣和活动，包括休假、个人假日、国家假日、幸福时光和丧假。其中，幸福时光是指符合条件的员工可以获得额外的带薪休假来完成幸福活动。此外，塔吉特分娩员工或配偶分娩的员工、代孕或收养子女的员工以及照料有严重疾病的直系亲属的员工，享有带薪事假。

折扣福利向塔吉特员工及其家属提供在塔吉特超市、塔吉特购物网站享有10%的员工折扣和5%的红卡优惠，其中新鲜和冷冻水果和蔬菜可以节省20%；另外，员工还可以使用一个特有的折扣网站，这个网站提供电脑、手机计划、鲜花、餐馆、服装、健身中心、儿童保育、度假等折扣，目前已有超过68000的员工注册使用。除此之外，塔吉特还提供健身中心折扣、减肥中心折扣、旅游折扣、汽车及家居保险折扣等。

3. 工作生活平衡。

塔吉特公司不仅在休假福利方面体现对于员工幸福感的重视，还在团队成员生活资源、领养/代孕报销、帮助看护/幼儿看护折扣、幸福网络研讨会方面支持员工工作与生活的平衡。团队成员生活资源每年为员工及其家属提供5次免费的全天候咨询服务，如理财、儿童看顾和应对压力方面的咨询；领养/代孕援助计划为符合条件的员工报销领养/代孕费用，包括申请、存档、安置或代理费用、翻译和移民费用、法庭费用、律师费、代孕费和交通费用；帮助看护/幼儿看护折扣给予符合资格的员工以实惠的价格支付托儿所或儿童/成人/老人护理费用；塔吉特的员工及其家人可以在公司官方网站上免费参加幸福网络研讨会，体现了塔吉特对员工幸福感的承诺。

4. 绩效与认可。

塔吉特认为让员工从事自己热爱的工作，并以一种有意义的方式认可员工工作是有必要的，因此塔吉特会以正式和非正式的方式来认可员工的辛苦工作，并赞赏其出色的工作结果。塔吉特尊重和重视所有团队成员的个性，鼓励每个团队成员创新、贡献想法和发现解决方案。

5. 职业发展机会。

塔吉特在员工职业发展机会方面提供培训指导、教育资助、领导力提升计划、职业规划指导。其中，在培训指导方面，塔吉特关注员工培训指导以帮助员工更加了解自己，拓展员工的职业发展网络，为员工的职业生涯发展规划提供支持；在教育资助方面，提供学费报销、普通教育发展报销和学生贷款再融资项目，其中学费报销计划是帮助有资格的员工支付正规技术学校、学院和大学与工作相关的课程费用，普通教育发展报销计划是为员工支付得到普通教育发展的相关费用，学生贷款再融资项目是为员工提供优惠贷款利率，缩短贷款期限；在领导力提升计划方面，塔吉特为员工提供了众多的领导力提升计划，从入门级的领导力课程到高级领导力发展计划；在职业规划指导方面，塔吉特认为员工是最有价值的资产之一，公司鼓励员工进行职业规划和发展，因此提供职业规划指导和相应的资源以便帮助员工拓展职业路径、提升技能，从而为塔吉特的未来做计划。

二、欧洲标杆零售企业全面薪酬实施现状

（一）乐购的全面薪酬实施现状

乐购（Tesco）成立于1919年的英国伦敦，目前居于英国零售行业首

位，在全球9个国家从事零售业务。乐购在2018财年的营业收入为842.7亿美元，拥有员工32万人，在2019年《财富》世界500强位居第103名①。根据乐购英国官方网站资料，乐购为英国本土员工提供的全面薪酬包括以下五种形式。

1. 薪酬。

乐购为包括应届毕业生、实习生、学徒在内的所有员工提供有竞争力的基本工资。此外，乐购还为员工提供短期激励和长期激励计划，其中短期激励计划采取年度奖金形式，最高为基本工资的3.5%；长期激励计划是针对司龄满3个月的员工，主要采取全员持股计划（all - employee share schemes）和股票期权计划。全员持股计划包括“买即赚”计划（buy as you earn）和“赚即存”计划（save as you earn），“买即赚”计划是指允许员工以工资（可以税前扣除）直接购买乐购股票，“赚即存”计划是指先将一部分税后工资存起来，员工可以在3年或5年后用这部分钱按一定折扣购买乐购股票。

2. 福利。

乐购提供多种员工福利，包括折扣福利、退休储蓄计划、健康福利和休假福利等。折扣福利根据员工的司龄长短有所不同，工作满1个月的员工可享受电影、度假、电费、保险和健身等折扣，工作满3个月的员工可享受10%的乐购购物折扣，工作满6个月可得到折扣卡，享受乐购超市、乐购手机10%的折扣、f & f服装20%的折扣、咖啡店25%的折扣以及乐购银行提供的20%的汽车、家庭和宠物保险折扣，所有乐购员工拥有打折电影票和主题公园半价门票。退休储蓄计划是指乐购为参加该计划的员工提供最高为7.5%的匹配缴费，员工可以自己决定向该计划存多少钱。乐购关注员工的健康福利，为员工提供免费水果、免费健康检查、健康优惠和折扣等，目前乐购正在与英国心脏基金会、英国癌症研究和英国糖尿病协会创建英国领先的工作场所健康计划。休假福利是指乐购为员工提供20天的带薪休假，并随工龄的增加而延长，另外还为符合条件的员工提供带薪产假。

---

① 财富中文网2019年世界500强排名（乐购）：http：//www.fortunechina.com/global500/56/2019.

3. 工作生活平衡。

乐购十分关注员工工作与生活的平衡，体现在优越的办公环境和办公条件、弹性工作政策、关注员工心理健康的活动、多种多样的生活服务以及特殊时期的保障。具体而言，乐购的办公环境舒适，提供凉爽的户外空间、乒乓球桌和桌上足球、免费的茶点饮料、新鲜多样的饭菜；办公条件也十分优越，拥有数量充足的会议室、非正式的团队会议空间，为员工配备笔记本电脑、提供免费的停车服务和班车；实施弹性灵活的工作安排，支持员工远程办公；为员工提供心理健康福利资源，包括正念训练和恢复训练、免费水果活动以及在2019年新冠肺炎疫情期间为英国员工提供免费心理健康服务；员工还享有形式多样的生活服务，如速递服务、邮局服务、美容和健康服务、洗车和加油服务、修鞋和干洗服务等。在新冠肺炎疫情期间，乐购制定了一系列保障员工权益的政策，比如70岁以上、身体虚弱或怀孕的员工享有在未来12周内的带薪休假，全额支付正在自我隔离的员工在此期间的薪酬，疑似患有新冠肺炎的员工从缺勤的第一天开始享有带薪休假。

4. 绩效与认可。

乐购公司认可员工对公司做出的贡献，并根据员工的绩效发放奖励。同时，乐购尊重每一位员工，平等对待每一个特殊群体，包括LGBTI群体、女性群体、武装部队服役或退伍人员、退休群体、残疾人群体、少数民族群体、正在休产假、收养假、育儿假或过渡期的员工等，帮助他们应对工作上的挑战，支持和鼓励他们为公司做出贡献。

5. 职业发展机会。

乐购公司给员工定制的培训计划，主要有在职培训、专家培训、课堂学习、小组交流会和在线学习等。设置的培训课程有核心技能、影响力、领导力、价值观和职业生涯讨论等课程。在培训期间，公司员工会获得直线经理、搭档、导师、项目发起人、项目经理、培训主管和团队同事等的职业支持，其中直线经理帮助员工制订个人发展计划、支持和指导员工、参与考核会议、推进培训发展项目；搭档是新员工在入职的第一周所获得的搭档同事，帮助新入职员工了解乐购文化、建立人员网络等；员工导师主要为员工提供个人发展指导、分享组织关于“成功”的信息、寻找机会增加员工的知名度等；项目发起人为员工分享个人经验、分享业务知识、创立项目来促进部门合作从而增加工作广度；项目经理要确保员工培训项目进行顺利，并做有关培训辅导等；培训课程由培训主管开发，他们负责帮助员工学习新技能，并对员工职业发展给予指导；团队咨询员为新员工提供支持，同时通过一对一会议将个人培训计划与发展计划相结合。另外，乐购还为员工提供专门的晋升发展计划。

（二）家乐福的全面薪酬现状

家乐福（Carrefour）创立于1959年的法国，目前是欧洲最大的零售商，在全球30个国家及地区有近1.2万家大型超市、超市或折扣店。家乐福2018财年的营业收入达到919.552亿美元，总员工人数超过36万，在2019年《财富》世界500强中居于第81位①。根据家乐福法国官方网站资料，家乐福为法国本土员工提供的全面薪酬包括以下五种形式。

1. 薪酬。

家乐福为员工提供富有竞争力的薪酬，根据员工的司龄，提供13个月或超过13个月的工资。

2. 福利。

家乐福提供的员工福利主要有：补充养老金、医疗保险、疾病预防和员工优惠券等福利项目。家乐福非常关心员工的健康和安全，开展了预防工作场所事故的培训和卫生意识宣传运动，还为其门店配备符合人体工程学的搬运设备，以预防肌肉骨骼损伤。此外，家乐福员工在商店购物可获得10%的折扣。

3. 工作生活平衡。

家乐福为帮助其员工更好地协调工作和家庭生活，提供日间护理服务、家庭活动，如经常组织员工及家人聚会，员工的家庭成员参与家乐福的体育和娱乐活动，并通过实施工作多样化、工作轮班模块和远程工作为员工提供弹性工作安排。

---

① 财富中文网2019年世界500强排名（家乐福）：http：//www.fortunechina.com/global500/25/2019.

4. 绩效与认可。

家乐福期望给予每位员工通过工作来实现自我价值的机会。为了实现这一目标，家乐福通过鼓励社会对话、倾听其工作人员的意见和提供高质量的工作环境来创造最有利的条件，并鼓励员工与客户建立高质量的关系。公司认可每一位员工对公司做出的贡献，不因年龄、出身、残疾、性别和家庭情况而歧视员工，每一位应聘者或员工都能得到平等的录用和晋升的机会。

5. 职业发展机会。

家乐福为员工提供工作技能、专注于客户文化和新产品的专业知识等培训课程，每名受训人员每年接受20小时的培训，在2018年培训员工5.5万人。同时，家乐福强调员工的职业发展，为员工提供内部晋升机会，在2018年56%的新任经理来自于公司内部。家乐福还采取学徒制，通过有经验的员工对有潜质的员工进行技能和专业知识的传授。此外，家乐福还提供53万欧元作为（女性）员工的团结基金，用于促进女性员工的团结发展，并为员工提供成为加盟商的机会。

（三）MD（中国）的全面薪酬现状

MD在2019年财富世界500强排名居于200多位，零售业态包括超大型超市折扣连锁店、大型百货商场、专卖店和现购自运制商场等。在中国，MD在几十个城市开设了近百家商场，拥有上万名员工。根据对MD（中国）公司的访谈资料，MD（中国）为中国员工提供的全面薪酬包括以下五种形式。

1. 薪酬。

MD（中国）员工的薪酬包括基本工资、加薪、季度奖、年终奖、销售或送货提成、忠诚服务奖、1年以上长期奖励工资、技术岗位津贴和冷冻津贴等特殊岗位津贴和加班费。在员工总薪酬中60%～70%为基本工资，每年按员工绩效评价结果对基本工资进行调薪，绩效评价结果分为A、B、C、D、E五档，加薪幅度A为8%、B为5%、C为3%，D和E不加薪。季度奖仅对销售部门员工，而年终奖覆盖全体员工。忠诚服务奖是指对工作满10年、15年、20年的员工发放金额不等的一次性奖金，时间越长奖金越高。加班费按正常工资的三倍支付，但MD（中国）不提倡加班。

2. 福利。

MD（中国）的员工福利项目主要有：五险一金、商业医疗保险、商业人寿保险、法定节假日、带薪病假、带薪年假、生日假、根据员工需求提供班车或交通补贴、餐补、外勤补贴、节日红包礼品（购物卡）和内部购物折扣等。

3. 工作生活平衡。

MD（中国）为员工提供合适的机会和方式来调整个人工作来适应生活，如根据员工意愿进行排班的弹性工作时间安排，提供员工休息室和健身设施，组织春游等活动，提供免费健康体检，提供托儿费、子女商业保险和医疗保险（上限2万元）、独生子女费。

4. 绩效与认可。

MD（中国）鼓励员工团体或个人在业务上取得成就，并采取一定的激励措施，同时公司接受员工创新的想法并尊重他们的意见，并认可全体员工的贡献。MD（中国）的绩效评价指标包括销售额、顾客满意度、书面警告单数等硬性指标和发展潜力等软性指标，绩效评价结果是年度加薪的依据。此外，鼓励上级对员工进行口头或书面表扬，还设立个人特别绩效奖，如收银、叉车竞赛奖、销售大单奖等。

5. 职业发展机会。

MD（中国）为员工提供了一系列培训计划，包括入职培训、管培生计划、职业规划、人员发展计划、管理者培训计划。入职培训旨在指导员工以客户为核心的思维方式，同时也作为同事知识交流的平台；管培生计划是为在校大学生准备的实习项目计划，旨在帮助学生得到技能的提升，包括脱岗培训和海外培训；职业规划是MD（中国）主管和专家对关键职位的员工进行结构化的业绩评估和考核，通过确定标准化领导力指标来评估员工个人绩效和技能，用以帮助员工制定个人职业发展规划，而且从员工入职时就有明确的就业指导；人员发展计划主要是指MD（中国）通过不断寻找新的方法、概念和工具来设计培训课程帮助开发人才，如通过轮岗帮助员工识别个人优势和学习新领域知识，从而进一步提供发展建议；管理者培训计划是指通过MD（中国）大学由内部专业人士为员工制定管理者培训和发展计划，MD（中国）主要采用内部晋升，通过自荐或上级领导定期推荐。

| 第八章 |

研究结论、管理建议与研究展望

一、研究结论

（一）全面薪酬满意度激励效应的研究结论

1. 以 SF 超市为样本的全面薪酬满意度激励效应研究结论。

本书基于社会交换理论和信号理论，提出了全面薪酬满意度激励效应的研究假设与有调节的中介作用研究模型，以 SF 超市的样本数据进行实证研究，假设检验结果如表 8.1 所示。全面薪酬满意度对工作绩效的主效应以及组织支持感的中介作用即 H1、H2、H3、H4 通过了统计检验，而薪酬沟通调节作用及其有调节的中介作用即 H5、H6 大部分通过统计检验，其中 H5 – 1、H6a – 1、H6b – 1 未通过统计检验。由此，图 3.7 全面薪酬满意度激励机制的次优路径模型中的激励效应路径得到证实，具体研究结论如下：

表 8.1　　　　全面薪酬满意度激励效应的研究假设检验结果

假设内容	验证结果
H1：全面薪酬满意对工作绩效有显著正向影响	成立
H1a：全面薪酬满意度对任务绩效有显著正向影响	成立
H1a – 1：薪酬满意度对任务绩效有显著正向影响	成立
H1a – 2：福利满意度对任务绩效有显著正向影响	成立

续表

假设内容	验证结果
H1a-3：工作生活平衡满意度对任务绩效有显著正向影响	成立
H1a-4：绩效与认可满意度对任务绩效有显著正向影响	成立
H1a-5：职业发展机会满意度对任务绩效有显著正向影响	成立
H1b：全面薪酬满意度对周边绩效有显著正向影响	成立
H1b-1：薪酬满意度对周边绩效有显著正向影响	成立
H1b-2：福利满意度对周边绩效有显著正向影响	成立
H1b-3：工作生活平衡满意度对周边绩效有显著正向影响	成立
H1b-4：绩效与认可满意度对周边绩效有显著正向影响	成立
H1b-5：职业发展机会满意度对周边绩效有显著正向影响	成立
H2：全面薪酬满意度对组织支持感有显著正向影响	成立
H2-1：薪酬满意度对组织支持感有显著正向影响	成立
H2-2：福利满意度对组织支持感有显著正向影响	成立
H2-3：工作生活平衡满意度对组织支持感有显著正向影响	成立
H2-4：绩效与认可满意度对组织支持感有显著正向影响	成立
H2-5：职业发展机会满意度对组织支持感有显著正向影响	成立
H3：组织支持感对工作绩效有显著正向影响	成立
H3a：组织支持感对任务绩效有显著正向影响	成立
H3b：组织支持感对周边绩效有显著正向影响	成立
H4：组织支持感在全面薪酬满意度对工作绩效的影响中起中介作用	成立
H4a：组织支持感在全面薪酬满意度对任务绩效的影响中起中介作用	成立
H4a-1：组织支持感在薪酬满意度对任务绩效的影响中起到中介作用	成立
H4a-2：组织支持感在福利满意度对任务绩效的影响中起到中介作用	成立
H4a-3：组织支持感在工作生活平衡满意度对任务绩效的影响中起到中介作用	成立
H4a-4：组织支持感在绩效与认可满意度对任务绩效的影响中起到中介作用	成立
H4a-5：组织支持感在职业发展机会满意度对任务绩效的影响中起到中介作用	成立
H4b：组织支持感在全面薪酬满意度对周边绩效的影响中起中介作用	成立
H4b-1：组织支持感在薪酬满意度对周边绩效的影响中起到中介作用	成立
H4b-2：组织支持感在福利满意度对周边绩效的影响中起到中介作用	成立
H4b-3：组织支持感在工作生活平衡满意度对周边绩效的影响中起到中介作用	成立
H4b-4：组织支持感在绩效与认可满意度对周边绩效的影响中起到中介作用	成立
H4b-5：组织支持感在职业发展机会满意度对周边绩效的影响中起到中介作用	成立

续表

假设内容	验证结果
H5：薪酬沟通在全面薪酬满意度对组织支持感的影响中起正向调节作用	部分成立
H5－1：薪酬沟通在薪酬满意度对组织支持感的影响中起到正向调节作用	不成立
H5－2：薪酬沟通在福利满意度对组织支持感的影响中起到正向调节作用	成立
H5－3：薪酬沟通在工作生活平衡满意度对组织支持感的影响中起到正向调节作用	成立
H5－4：薪酬沟通在绩效与认可满意度对组织支持感的影响中起到正向调节作用	成立
H5－5：薪酬沟通在职业发展机会满意度对组织支持感的影响中起到正向调节作用	成立
H6：薪酬沟通正向调节了全面薪酬满意度通过组织支持感影响工作绩效的中介作用	部分成立
H6a：薪酬沟通正向调节了全面薪酬满意度通过组织支持感影响任务绩效的中介作用	部分成立
H6a－1：薪酬沟通正向调节了薪酬满意度通过组织支持感影响任务绩效的中介作用	不成立
H6a－2：薪酬沟通正向调节了福利满意度通过组织支持感影响任务绩效的中介作用	成立
H6a－3：薪酬沟通正向调节了工作生活平衡满意度通过组织支持感影响任务绩效的中介作用	成立
H6a－4：薪酬沟通正向调节了绩效与认可满意度通过组织支持感影响任务绩效的中介作用	成立
H6a－5：薪酬沟通正向调节了职业发展机会满意度通过组织支持感影响任务绩效的中介作用	成立
H6b：薪酬沟通正向调节了全面薪酬满意度通过组织支持感影响周边绩效的中介作用	部分成立
H6b－1：薪酬沟通正向调节了薪酬满意度通过组织支持感影响周边绩效的中介作用	不成立
H6b－2：薪酬沟通正向调节了福利满意度通过组织支持感影响周边绩效的中介作用	成立
H6b－3：薪酬沟通正向调节了工作生活平衡满意度通过组织支持感影响周边绩效的中介作用	成立
H6b－4：薪酬沟通正向调节了绩效与认可满意度通过组织支持感影响周边绩效的中介作用	成立
H6b－5：薪酬沟通正向调节了职业发展机会满意度通过组织支持感影响周边绩效的中介作用	成立

第一，首次获得我国零售企业全面薪酬满意度的五维度测量结构，这是本书的创新点。以 SF 超市为样本的全面薪酬满意度五维度包括薪酬满意度、福利满意度、工作生活平衡满意度、绩效与认可满意度和职业发展机会满意度，且仅删除了 3 个全面薪酬满意度题项，说明 SF 超市较系统地实施了全面薪酬体系。然而，SF 超市全面薪酬满意度均值为 3.583，处于一般水平；从分维度均值来看，从高到低依次是福利满意度（3.775）、工作生活平衡满意度（3.657）、职业发展机会满意度（3.629）、绩效与认可满意度（3.546）、薪酬满意度（3.301），说明当企业难以提高薪酬与福利经济性薪酬时，可通过进一步改进全面薪酬体系，提升非经济性薪酬满意度以提高总体全面薪酬满意度水平。

第二，全面薪酬满意度五维度对任务绩效、周边绩效均呈显著正向影响。这一结论与 Curral 等（2005）、Williams 等（2006）、张俊琴（2008）、Payne 等（2010）、方绘龙和葛玉辉（2016）和 Ganiyu 等（2017）的研究结论一致。该研究结论表明全面薪酬满意度五维度对员工的任务绩效和周边绩效都具有激励效应，支持社会交换理论的社会交换积极享乐价值模型，也就是说，员工对企业提供的全面薪酬满意感越高，员工就会以更高的工作绩效对企业发起的积极的社会交换关系做出积极互动回应。具体而言，员工不仅会更加努力达到或超额完成岗位职责要求的绩效标准以提高任务绩效，而且还会更积极主动地承担岗位职责之外的活动，如团队合作、维护组织声誉等，从而提升周边绩效。

第三，组织支持感在全面薪酬满意度五维度对任务绩效、周边绩效的影响中起中介作用，是本书对薪酬激励效应研究的重要理论贡献。统计检验结果显示，全面薪酬满意度五维度显著正向影响组织支持感，组织支持感对任务绩效和周边绩效呈显著正向影响，且组织支持感在全面薪酬满意度五维度与任务绩效、周边绩效之间具有中介作用。这一结论表明，员工因组织提供的全面薪酬待遇而产生满意感，从而影响其感受到来自组织的支持程度，当员工的全面薪酬满意度越高时，其感受到的组织支持感就越高；当员工的组织支持感越高时，他们投入工作中的努力程度越高，其任务绩效和周边绩效就会越高。从社会交换理论来说，全面薪酬满意度会提升员工对组织的努力—结果期望，并增进了对组织的积极情感关系，从而会促使员工更加努力地工作，以更高的任务绩效和周边绩效来达到组织的目标，因此在全面薪酬满意度与工作绩效之间组织支持感起到了中介作用。该研究结论揭示了全面薪酬满意度通过组织支持感的中介作用对工作绩效的激励效应机制，由此全面薪酬满意度激励机制次优路径模型的激励效应的中介作用路径得到证实。

第四，薪酬沟通在福利满意度、工作生活平衡满意度、绩效与认可满意度、职业发展机会满意度对组织支持感的影响中起正向调节作用，同时薪酬沟通正向调节了福利满意度、工作生活平衡满意度、绩效与认可满意度、职业发展机会满意度通过组织支持感影响任务绩效、周边绩效的中介作用，进一步支持了本书对薪酬激励效应研究的重要理论贡献。该研究结论证实了Werner 和 Ones（2000）有关薪酬沟通的调节作用的研究，同时也从调节变量角度在一定程度上支持了公开有效的薪酬沟通的积极影响（Futrell 和 Jenkins，1978；Cappelli 和 Sherer，1988；Day，2011；Mulvey 等，2002；Shields 等，2009；Smith，2015）。虽然薪酬沟通在薪酬满意度与组织支持感之间的调节作用以及对工作绩效的有调节的中介作用没有通过统计检验，但上述研究结论仍然可以表明，当组织实施透明、公开和有效的薪酬沟通政策时，会被员工理解为组织全面薪酬体系的积极信号，由此提升员工对全面薪酬的满意程度，从而使员工更强烈地感受到全面薪酬所传递的组织支持感，继而通过增强的组织支持感的中介作用对任务绩效和周边绩效产生了更积极的影响，也就是说，实施高度公开有效的薪酬沟通，会强化组织支持感的中介作用，由此增强了全面薪酬满意度对工作绩效的激励效应，由此全面薪酬满意度激励机制次优路径模型的激励效应的调节作用路径得到证实。

2. 全面薪酬满意度激励效应的稳健性检验研究结论。

本书以我国东中部地区零售企业为样本，对全面薪酬满意度激励效应的研究假设进行了稳健性检验，结果如表 8.2 所示，全面薪酬满意度对工作绩效影响的主效应和组织支持感的中介作用通过了稳健性检验，而薪酬沟通的调节作用及其有调节的中介作用没有通过稳健性检验。

虽然薪酬沟通的调节作用及其有调节的中介作用没有获得稳健性检验的支持，但全面薪酬满意度对工作绩效的激励效应以及组织支持感的中介作用都得到稳健性检验的支持，因此全面薪酬满意度的直接激励机制路径得到证实，即图 3.7 全面薪酬满意度激励机制的次优路径模型的激励效应中介作用路径得到稳健性检验支持，并具有一定的普适性。稳健性检验结论如下：

表 8.2　全面薪酬满意度激励效应的研究假设稳健性检验结果

假设内容	验证结果
H1：全面薪酬满意度对工作绩效有显著正向影响	成立
H1a：全面薪酬满意度对任务绩效有显著正向影响	成立
H1a－1：薪酬福利满意度对任务绩效有显著正向影响	成立
H1a－2：工作生活平衡满意度对任务绩效有显著正向影响	成立
H1a－3：绩效与认可满意度对任务绩效有显著正向影响	成立
H1a－4：职业发展机会满意度对任务绩效有显著正向影响	成立
H1b：全面薪酬满意度对周边绩效有显著正向影响	成立
H1b－1：薪酬福利满意度对周边绩效有显著正向影响	成立
H1b－2：工作生活平衡满意度对周边绩效有显著正向影响	成立
H1b－3：绩效与认可满意度对周边绩效有显著正向影响	成立
H1b－4：职业发展机会满意度对周边绩效有显著正向影响	成立
H2：全面薪酬满意度对组织支持感有显著正向影响	成立
H2－1：薪酬福利满意度对组织支持感有显著正向影响	成立
H2－2：工作生活平衡满意度对组织支持感有显著正向影响	成立
H2－3：绩效与认可满意度对组织支持感有显著正向影响	成立
H2－4：职业发展机会满意度对组织支持感有显著正向影响	成立
H3：组织支持感对工作绩效有显著正向影响	成立
H3a：组织支持感对任务绩效有显著正向影响	成立
H3b：组织支持感对周边绩效有显著正向影响	成立
H4：组织支持感在全面薪酬满意度对工作绩效的影响中起中介作用	成立
H4a：组织支持感在全面薪酬满意度对任务绩效的影响中起中介作用	成立
H4a－1：组织支持感在薪酬福利满意度对任务绩效的影响中起中介作用	成立
H4a－2：组织支持感在工作生活平衡满意度对任务绩效的影响中起中介作用	成立
H4a－3：组织支持感在绩效与认可满意度对任务绩效的影响中起中介作用	成立
H4a－4：组织支持感在职业发展机会满意度对任务绩效的影响中起中介作用	成立
H4b：组织支持感在全面薪酬满意度对周边绩效的影响中起中介作用	成立
H4b－1：组织支持感在薪酬福利满意度对周边绩效的影响中起中介作用	成立
H4b－2：组织支持感在工作生活平衡满意度对周边绩效的影响中起中介作用	成立

续表

假设内容	验证结果
H4b-3：组织支持感在绩效与认可满意度对周边绩效的影响中起中介作用	成立
H4b-4：组织支持感在职业发展机会满意度对周边绩效的影响中起中介作用	成立
H5：薪酬沟通在全面薪酬满意度对组织支持感的影响中起正向调节作用	不成立
H5-1：薪酬沟通在薪酬福利满意度对组织支持感的影响中起正向调节作用	不成立
H5-2：薪酬沟通在工作生活平衡满意度对组织支持感的影响中起正向调节作用	不成立
H5-3：薪酬沟通在绩效与认可满意度对组织支持感的影响中起正向调节作用	不成立
H5-4：薪酬沟通在职业发展机会满意度对组织支持感的影响中起正向调节作用	不成立
H6：薪酬沟通正向调节了全面薪酬满意度通过组织支持感影响工作绩效的中介作用	不成立
H6a：薪酬沟通正向调节了全面薪酬满意度通过组织支持感影响任务绩效的中介作用	不成立
H6a-1：薪酬沟通正向调节了薪酬福利满意度通过组织支持感影响任务绩效的中介作用	不成立
H6a-2：薪酬沟通正向调节了工作生活平衡满意度通过组织支持感影响任务绩效的中介作用	不成立
H6a-3：薪酬沟通正向调节了绩效与认可满意度通过组织支持感影响任务绩效的中介作用	不成立
H6a-4：薪酬沟通正向调节了职业发展机会满意度通过组织支持感影响任务绩效的中介作用	不成立
H6b：薪酬沟通正向调节了全面薪酬满意度通过组织支持感影响周边绩效的中介作用	不成立
H6b-1：薪酬沟通正向调节了薪酬福利满意度通过组织支持感影响周边绩效的中介作用	不成立
H6b-2：薪酬沟通正向调节了工作生活平衡满意度通过组织支持感影响周边绩效的中介作用	不成立
H6b-3：薪酬沟通正向调节了绩效与认可满意度通过组织支持感影响周边绩效的中介作用	不成立
H6b-4：薪酬沟通正向调节了职业发展机会满意度通过组织支持感影响周边绩效的中介作用	不成立

第一，得到了我国零售企业全面薪酬满意度四维度的测量结构，支持了前述五维度测量结构。以中东部地区零售企业为样本的稳健性检验将薪酬满意度、福利满意度合并为一个维度即薪酬福利满意度，虽然与前述以 SF 超市为样本的五个维度结构有所不同，但由于薪酬、福利都属于经济性薪酬，合并为一个维度符合理论推断，因此本书认为全面薪酬满意度四维度结构对五维度结构有很好的稳健性支持，我国零售企业全面薪酬满意度测量维度结构可以是五维度或四维度的。

比较 SF 超市样本和东中部零售企业全面薪酬满意度维度题项，前者删除了 3 个题项，而后者删除了 6 个题项，后者全面薪酬满意度均值为 3. 224，处于一般水平，但远低于 SF 超市（3. 583）的满意度水平。以上对比进一步说明，SF 超市全面薪酬体系实施较其他零售企业更系统，而其他大多数零售企业全面薪酬体系实施不健全、满意度水平不高。

第二，全面薪酬满意度的四维度对任务绩效和周边绩效均呈显著正向影响，说明前述以 SF 超市为样本的主效应研究结论得到了很好的稳健检验性支持。

第三，组织支持感在全面薪酬满意度对任务绩效、周边绩效的影响中起到中介作用。稳健性检验结果表明，全面薪酬满意度的四维度对组织支持感都有显著正向影响，组织支持感对任务绩效和周边绩效有显著正向影响，组织支持感在全面薪酬满意度的四维度对任务绩效、周边绩效的影响中起到中介作用。因此，前述以 SF 超市为样本的组织支持感中介作用的研究结论获得了很好的稳健性检验支持。

第四，薪酬沟通在全面薪酬满意度对组织支持感的影响的调节作用没有通过统计检验，进而无法证明薪酬沟通通过组织支持感影响工作绩效的有调节的中介作用，前述研究结论没有获得稳健性检验的支持。其原因有两种可能：一是稳健性检验的样本企业薪酬沟通的公开有效程度不够，从而使薪酬沟通无法起到调节作用；二是样本数据来源于包括北京、上海等东部和中部地区的不同零售企业，薪酬沟通制度会因企业不同而不同，这可能会对稳健性统计检验分析造成一定程度的不利影响，从而导致薪酬沟通的调节作用和有调节的中介作用没有得到稳健性检验支持。

（二）个体视角下全面薪酬满意度分选效应的研究结论

1. 以 SF 超市为样本的个体视角下全面薪酬满意度分选效应研究结论。

本书基于社会交换理论、个人—组织匹配理论和信号理论，提出了全面薪酬满意度分选效应的研究假设，以 SF 超市为样本进行实证研究，假设检验结果如表 8.3 所示。全面薪酬满意度存在三个有区别的潜在剖面，H7 得到验证，即全面薪酬满意度存在三个不同的员工子群体，且在社会人口特征和离职倾向上存在显著差异；全面薪酬满意度对离职倾向的影响在不同员工子群体间存在不同，H8 得到验证；薪酬满意度和绩效与认可满意度对离职倾向的不同影响在个体上的显著差异可以由工作价值观中的经济报酬取向和成就认可取向解释，H9 得到部分验证；由此，图 3.7 全面薪酬满意度激励机制的次优路径模型中分选效应路径得到验证，具体研究结论如下：

表 8.3　　全面薪酬满意度分选效应的研究假设检验结果

假设内容	验证结果
H7：全面薪酬满意度存在多个有区别的潜在剖面	成立
H8：全面薪酬满意度对离职倾向的影响在不同员工子群体间存在不同	成立
H9：在工作价值观上全面薪酬满意度对离职倾向的不同影响具有显著个体差异	部分成立
H9－1：薪酬满意度对离职倾向有显著负向影响的员工，经济报酬取向得分显著更高	成立
H9－2：福利满意度对离职倾向有显著负向影响的员工，经济报酬取向得分显著更高	不成立
H9－3：工作生活平衡满意度对离职倾向有显著负向影响的员工，舒适生活取向得分显著更高	不成立
H9－4：绩效与认可满意度对离职倾向有显著负向影响的员工，成就认可取向得分显著更高	成立
H9－5：职业发展机会满意度对离职倾向有显著负向影响的员工，能力成长取向得分显著更高	不成立

第一，全面薪酬满意度存在三个有区别的潜在剖面。

这一结论表明全面薪酬满意度存在三个不同的员工子群体，即较不满意度组、基本满意组和较满意组。而且，这三个员工子群体在性别、学历、职位等级和每月税后工资等社会人口特征和离职倾向上存在显著差异，具体如下：较不满意组的主要特征是以女性（女性是男性3倍）、高中或中专及以下学历的一线普通员工为主体，而且在三组中每月税后工资明显最低、离职倾向明显最高；基本满意组的主要特征是女性员工占比明显下降、大专和本科及以上学历占比明显上升、组长/主管/部门经理/店长占比明显增加、每月税后工资较高、离职倾向较低；较满意组的主要特征是在三组中男性、大专和本科及以上学历、主管/部门经理/店长占比、每月税后工资都明显最高、离职倾向明显最低。上述三个员工子群体的画像特征，进一步支持了全面薪酬满意度存在三个区别明显的员工子群体，表明由于员工的需求或偏好不同，根据需求—供给匹配，从组织获得不同的全面薪酬形式会给不同的员工带来不同的满足程度。

第二，全面薪酬满意度对离职倾向的影响在不同员工子群体间存在不同，即全面薪酬满意度的分选效应存在员工子群体的差异，是本书对薪酬分选效应研究领域的重要理论贡献。

从员工子群体来看，在较不满意组，福利满意度、工作生活平衡满意度和绩效与认可满意度对离职倾向呈显著负向影响；在基本满意组，薪酬满意度、绩效与认可满意度和职业发展机会满意度对离职倾向呈显著负向影响；在较满意组，只有职业发展机会满意度对离职倾向呈显著负向影响；这表明总体样本具有异质性，全面薪酬满意度的分选效应存在员工子群体的差异，支持了 De Gieter 和 Hofmans（2015）的观点。该结论支持了本书对全面薪酬满意度对所有员工的离职倾向都有相同影响假设的质疑，因为只从同质化员工总体来看，薪酬满意度、福利满意度、工作生活平衡满意度和绩效与认可满意度对离职倾向有显著负向影响，由此掩盖了上述不同员工子群体间的差异。对该结论可能的解释是：不同子群体员工对全面薪酬的偏好不同，根据 ASA 模型，当某一子群体员工看重某种全面薪酬形式，该全面薪酬形式对之吸引力就越大，与之匹配程度所引致对该维度的满意程度越可能对该子群体员工的离职倾向产生显著影响，因此全面薪酬满意度对离职倾向的影响在员工三个子群体之间是不同的，具体的解释如下：

对于较不满意组，以女性（女性是男性3倍）、高中或中专及以下学历的一线普通员工为主体，该群体更看重福利、工作生活平衡及企业对其工作绩效的认可。虽然较不满意度组的每月税后工资最低，但由于该群体学历不高，对零售企业基层岗位薪酬水平只能被动接受，也缺乏寻找高薪酬工作的能力和机会，因而薪酬满意度和职业发展机会满意度未对其离职倾向有显著影响；然而，他们在工作中会寻求绩效认可，因此绩效与认可满意度会对其离职倾向产生显著负向影响；同时，较不满意组以女性员工为主，而女性通常承担较多照顾家庭责任，就会更看重福利和工作生活平衡，因而福利满意度和工作生活平衡满意度对其离职倾向产生显著负向影响；此外，相较于其他两组，该组全面薪酬满意度最低，所以其离职倾向处于较高水平且明显高于其他两个组，说明该组员工工作稳定性较差。《2016~2017 年中国零售业人力资源蓝皮书》报道，零售企业基层员工占总流失率超过 65%，中层占 21%，高层仅占 8%~9%，完全支持了这一结论①。

对于基本满意组，相较于较不满意度组，男性员工占比、大专和本科及以上学历占比明显提高、组长/主管/部门经理/店长占比的明显增加，说明该群体职位层级较高、个人能力较强，他们对薪酬、绩效与认可、职业发展机会有较强的诉求，因而当他们感到薪酬、绩效与认可和职业发展机会满意度越低时，就会产生越高的离职倾向；可能该群体更追求到手的薪酬、工作成就和个人发展，反而不太看重福利、工作生活平衡，因此福利满意度、工作生活满意度未对其离职倾向有显著影响。此外，相较于其他两组，该组全面薪酬满意度处于一般水平，所以其离职倾向处于中间水平。

对于较满意组，相对于其他两组，以男性、大专和本科及以上学历、主管/部门经理/店长为主要特征，每月税后工资明显最高，且离职倾向最低，说明该群体以企业中高管理层为主体，薪酬、福利、工作生活、绩效与认可不再是他们主要的需求，或者说在这些方面企业能满足其需求，职业发展机会是其唯一的诉求，所以当他们感到职业发展满意度越低时，就会产生越高的离职倾向，而薪酬、福利、工作生活、绩效与认可满意度未对其离职倾向有显著影响。此外，相较于其他两组，该组全面薪酬满意明显最高，所以离职倾向明显最低，工作稳定性最高。

---

① IBMG 中国零售业人力资源研究中心. 2016~2017 年中国零售业人力资源蓝皮书［R］. 2018.

第三，薪酬满意度和绩效与认可满意度对离职倾向的影响在个体上的差异可以由工作价值观中的经济报酬取向和成就认可取向解释，说明 H9 全面薪酬满意度分选效应在工作价值观上的个体差异得到部分验证，该结论推进了薪酬分选效应研究。

根据 ASA 模型和一致性匹配的观点，在工作价值观上，高经济报酬取向的员工，更关注自身与组织之间的经济利益交换关系，其薪酬满意度对离职倾向有显著负向影响；高成就认可取向的员工，更关注工作带来的组织认可和自身成就感，其绩效与认可满意度对离职倾向有显著负向影响。然而，福利满意度对离职倾向的不同影响在经济报酬取向上得分、工作生活平衡满意度对离职倾向的不同影响在舒适生活取向上得分、职业发展机会满意度对离职倾向的不同影响在能力成长取向上得分，均无显著差异，H9－2、H9－3、H9－5 均未能通过检验。因此，工作价值观可以部分解释全面薪酬满意度对离职倾向在个体上的差异，这一结论支持了 De Gieter 和 Hofmans（2015）的研究结论。虽然 H9 得到部分验证，但在一定程度上表明，不同的工作价值观取向体现了员工对全面薪酬的不同偏好，实现工作价值观与全面薪酬形式的匹配，是全面薪酬满意度分选效应的重要方面。

2. 个体视角下全面薪酬满意度分选效应的稳健性检验研究结论。

本书以我国东中部地区零售企业为样本，对个体视角下全面薪酬满意度分选效应的研究假设进行了稳健性检验，结果如表 8.4 所示。稳健性检验结果表明，全面薪酬满意度存在三个有区别的潜在剖面，全面薪酬满意度对离职倾向的影响在不同员工子群体间存在不同，即 H7 和 H8 得到了稳健性检验支持，而全面薪酬满意度对离职倾向的不同影响在工作价值观上没有发现显著个体差异，因此 H9 未得到稳健性检验支持。

虽然全面薪酬满意度对离职倾向的影响在工作价值观上的显著差异未得到稳健性检验支持，但稳健性检验支持主要研究结论，即全面薪酬满意度存在三个不同子群体，且在员工社会人口特征和离职倾向上存在显著差异，全面薪酬满意度对离职倾向的影响在不同员工子群体间存在不同的结论，因此全面薪酬满意度分选效应在个体上的差异得到证实，图 3.7 全面薪酬满意度激励机制的次优路径模型中分选效应路径得到稳健性检验支持，并具有一定的普适性。稳健性检验结论如下：

表 8.4　　全面薪酬满意度分选效应的研究假设稳健性检验结果

假设内容	验证结果
H7：全面薪酬满意度存在多个有区别的潜在剖面	成立
H8：不同员工子群体的全面薪酬满意度对离职倾向的影响是不同的	成立
H9：在工作价值观上全面薪酬满意度对离职倾向的不同影响具有显著个体差异	不成立
H9－1：薪酬福利满意度对离职倾向有显著负向影响的员工，经济报酬取向得分显著更高	不成立
H9－2：工作生活平衡满意度对离职倾向有显著负向影响的员工，舒适生活取向得分显著更高	不成立
H9－3：绩效与认可满意度对离职倾向有显著负向影响的员工，成就认可取向得分显著更高	不成立
H9－4：职业发展机会满意度对离职倾向有显著负向影响的员工，能力成长取向得分显著更高	不成立

第一，全面薪酬满意度存在三个有区别的潜在剖面得到稳健性检验支持。这一结论表明全面薪酬满意度存在三个不同的员工子群体，即较不满意组、基本满意组和较满意组。而且，这三个员工子群体在性别、学历、职位等级、每月税后工资等社会人口特征和离职倾向上存在显著差异，具体如下：较不满意组的主要特征是以女性（女性是男性 2 倍）、高中或中专及以下学历的一线普通员工为主体，而且在三组中每月税后工资明显最低、离职倾向明显最高；基本满意组的主要特征是在三组中女性员工占比、本科及以上学历占比、组长/主管/部门经理占比、每月税后工资、离职倾向都处于中间水平；较满意组的主要特征是在三组中男性占比、本科及以上学历占比、主管/部门经理/店长占比、每月税后工资都明显最高且离职倾向明显最低。因此，稳健性检验的全面薪酬满意度的三个员工子群体及其特征，完全支持了前述以 SF 超市为样本的研究结论，说明全面薪酬满意度的三剖面模型具有稳定性。

第二，全面薪酬满意度对离职倾向的影响在不同员工子群体间存在不同，即全面薪酬满意度的分选效应存在员工子群体的不同得到稳健性检验支持。从员工子群体来看，在较不满意组，工作生活平衡满意度和绩效与认可满意度对离职倾向呈显著负向影响；在基本满意组，薪酬福利满意度、绩效与认可满意度和职业发展机会满意度对离职倾向呈显著负向影响；在较满意组，薪酬福利满意度和职业发展机会满意度对离职倾向呈显著负向影响。这说明全面薪酬满意度对离职倾向的影响在员工三个子群体之间是不同的。虽然以 SF 超市为样本的研究结论与稳健性检验结论，在三个员工子群体的全面薪酬满意度对离职倾向影响上未完全一致，但差异很小，因此可以认为全面薪酬满意度对离职倾向的影响在不同员工子群体间存在不同，即全面薪酬满意度的分选效应存在员工子群体的不同得到较好的稳健性检验支持。

第三，全面薪酬满意度对离职倾向的不同影响在工作价值观上的个体差异未通过显著性检验。具体而言，在经济报酬取向上薪酬福利满意度对离职倾向的不同影响、在舒适生活取向上工作生活平衡满意度对离职倾向的不同影响、在成就认可取向上绩效与认可满意度对离职倾向的不同影响和在能力成长取向上职业发展机会对离职倾向的不同影响，均未能通过显著性检验，全面薪酬满意度对离职倾向的影响在工作价值观上的个体差异未得到稳健性检验支持。未获得稳健性检验支持的原因可能是东中部地区样本来源于不同的零售企业，其实施全面薪酬体系差异较大。

（三）全球标杆零售企业全面薪酬实施现状的研究结论

通过对八家全球标杆零售企业全面薪酬实践措施的阐述，可以获得以下结论：

第一，标杆零售企业已建立了相对系统的全面薪酬实施体系。八家全球标杆零售企业全面薪酬实践覆盖薪酬、福利、工作生活平衡、绩效与认可和职业发展机会五种构成形式，每种形式又包括一些具体项目，特别是在福利、工作生活平衡、职业发展机会上的具体项目种类繁多。在福利上，为员工提供较为丰厚的福利，主要有退休金计划、人寿保险、健康医疗保险、意外身故及伤残保险计划、折扣福利、休假或假日福利等；在工作生活平衡上，为员工提供产假、育儿假、较好的办公环境和办公条件、弹性工作安排、员工援助计划、家庭看护等多种的生活服务以及咨询服务等；在职业发展机会上，普遍为员工提供多种工作技能和专业知识培训，为员工在职学习支付费用，并提供内部晋升机会，如家乐福 56% 的新任经理来自公司内部，沃尔玛超过 75% 的年薪制门店管理团队来自拿小时工资的员工。在薪酬上，主要实施基本工资和各种奖金，沃尔玛、亚马逊、家得宝和乐购还实施股票购买计划。在绩效与认可上，这些标杆零售企业致力于认可员工的贡献，如塔吉特公司会以正式和非正式的方式来认可员工的工作结果，MD（中国）绩效评价指标包括销售额、顾客满意度、书面警告单数等硬性指标和发展潜力等软性指标，绩效评价结果是年度加薪的依据，还设立个人特别绩效奖，如收银、叉车竞赛奖和销售大单奖等，并鼓励上级对员工进行口头或书面表扬来认可员工工作。

第二，标杆零售企业根据自身情况在具体项目上略有调整。在 2010 年奥巴马医改法案生效之前，美国是发达国家中唯一没有建立全民医疗保障制度的国家，因此健康医疗保险是美国雇主为员工提供的最重要福利，所以相对于欧洲标杆零售而言，美国标杆零售企业都为员工提供了保障全面的健康医疗保险。由于美国公共养老金水平不高，而 401（k）计划是一种享受政府税收优惠的企业补充养老金计划，因此美国标杆零售企业还普遍为员工提供 401（k）计划匹配缴费。此外，家得宝提供子女教育福利、并设立职工子女奖学金、沃尔玛设有沃尔玛学院、塔吉特的幸福时光、免费接种流感疫苗等，都是具有各自企业特色的全面薪酬项目。

第三，在各自的企业官方网站公开其全面薪酬实施项目。沃尔玛、好市多、亚马逊、家得宝、塔吉特、乐购、家乐福七家零售企业针对本土员工实施的全面薪酬现状的数据资料均来源是其本国官方网站，这表明这些标杆零售企业都非常重视通过企业官网向劳动力市场潜在员工发出提供全面薪酬的信号，以此体现企业对员工利益与福祉的重视。

第四，企业官方网站是实施全面薪酬沟通的途径之一，并选择性地较详尽地公布某些全面薪酬形式。全面薪酬包括五种形式，在实践中推行更为复杂，因此选择合适的沟通方式和渠道尤其重要，七家标杆零售企业首选官网作为实施全面薪酬沟通的重要途径。而且，在官网详细公开的全面薪酬形式主要是福利、工作生活平衡和职业发展机会，而对薪酬、绩效与认可，官网的公开资料大都非常简略，这与这些零售企业实施薪酬保密政策有关。由于薪酬、绩效与认可涉及企业更私密的管理措施，因此在官网公开的全面薪酬内容是有选择性的。

第五，从实践上支持了全面薪酬激励机制的理论推断。虽然文献回顾发现有关全面薪酬激励机制的研究极为匮乏，也尚未有以全球标杆零售企业为样本的全面薪酬满意度激励机制的实证研究，也就是说，已有理论研究尚不足完全证实全面薪酬的激励机制，然而这八家《财富》世界500强零售企业的全面薪酬实施现状，在实践上表明了全面薪酬应有助于其提升经营业绩，支持了本书全面薪酬激励机制的理论推断，其全面薪酬实践值得中国零售企业的借鉴。

二、管理建议

描述性统计分析表明，全面薪酬满意度均值，SF超市为3.583，我国东中部地区零售企业为3.224，总体来看样本企业全面薪酬满意度处于一般水平，说明零售企业全面薪酬体系需进一步完善。根据前述全面薪酬满意度激励机制次优路径模型的研究结论，提出如下完善我国零售企业全面薪酬体系的管理建议，这些管理建议对我国低薪乃至其他行业企业也有借鉴价值。

（一）应充分重视实施全面薪酬体系的必要性

全面薪酬满意度激励机制的次优路径模型实证研究结论表明，提高全面薪酬满意度，有助于提升工作绩效、降低离职倾向，以形成一支高工作绩效、稳定的员工队伍，从而为零售企业经营与业态发展创新提供保障。

从实践来看，近些年来，中国连锁超市增长整体放缓的背景下，作为中国百强连锁超市之一的SF超市经营业绩非常突出，2017年SF超市新增门店20多家，门店销售额增长7.6%，门店利润增长13%，员工流失率低于10%。SF超市令人瞩目的经营业绩。一方面，与其通过生活超市和生鲜超市的业态组合创新、扩展社区服务功能为主旨的社区零售创新密不可分；另一方面，研究表明相较于其他零售企业，SF超市全面薪酬满意水平更高，全面薪酬体系更系统，研究所获得的全面薪酬满意度的激励机制次优路径模型也表明，SF超市实施的全面薪酬体系有助于其形成一支高工作绩效、稳定的员工队伍，从而确保了其零售创新的成功落地。此外，近些年来由于零售企业经营成本不但攀升，员工薪酬增长缓慢，如2017年零售企业年度薪酬平均增长仅为3%～5%[①]，显然在劳动力市场上零售企业处于较为不利地位；在难以提供有竞争力的加薪情况下，零售企业可以通过提供福利、工作生活平衡、绩效与认可和职业发展机会，来增强在劳动力市场的竞争力以及激励和保留员工。而且，八家《财富》世界500强零售企业的全面薪酬实施现状，在实践上表明了全面薪酬有助于其提升经营业绩。总之，我国零售企业必须充分认识到实施全面薪酬体系是非常必要的，由原来被动地实施全面薪酬体系转变为基于明确的全面薪酬理念去主动改进全面薪酬体系。

（二）可积极推行低成本全面薪酬项目

第一，在薪酬方面，制定合理的绩效薪酬强度，并设置多种小额补贴。

绩效薪酬强度是指绩效薪酬占员工总货币薪酬收入的比例。绩效薪酬即为奖励工资，是根据员工绩效水平而支付的薪酬，在薪酬支付成本上具有一定的灵活性，而且通常认为，绩效薪酬强度至少达到15%以上才具有激励性。从样本数据来看，全是固定工资的员工占比约为20%（SF超市样本为19.3%、东中部样本为21.6%），因此可在这部分员工的薪酬中设置至少15%的绩效薪酬强度，即奖励工资在全部货币薪酬中占比1～2成。

通常认为，对低于5%的小额加薪，员工感受不到激励。从研究样本来看，如SF超市64.5%员工税后月薪在2001～3000元，22.7%在3001～4000元，如果按5%直接加薪，每月增加100～200元，员工可能感觉不到加薪的激励，但如果增加某种补贴如通讯补贴或艰苦环境工作补贴100～200元，员工则会感觉更强激励性。本研究表明，薪酬满意度或薪酬福利满意度维度包括各类补贴，说明员工将各类补贴看作薪酬的一部分，因此可以根据员工岗位提供多种小额补贴，以低成本的方式来增强薪酬的激励性。

第二，在福利方面，为员工提供更有针对性的福利项目。

在提供法定养老、医疗等福利和节日红包等行业通行福利之外，企业还

① IBMG中国零售业人力资源研究中心．2016～2017年中国零售业人力资源蓝皮书［R］．2018.

应提供有针对性的福利项目。例如，零售企业员工需要近距离面对顾客提供服务，塔吉特为员工提供免费接种流感疫苗的福利，保护员工健康，这种做法既可以确保员工正常的生产率，又能体现对员工的关怀。而从研究样本企业以及调研来看，目前尚未提供类似的福利，因此零售企业可以借鉴类似的措施。

第三，在工作生活平衡方面，提供灵活的工作时间安排。

零售企业工作时间长，劳动强度大，而且女性员工占比达到 2/3 左右，员工对工作生活平衡需求较强。全球标杆零售企业在工作生活平衡方面，均为员工提供产假、育儿假、较好的办公环境和办公条件、弹性工作安排、员工援助计划、家庭看护等多种的生活服务以及咨询服务等项目。从样本企业来看，也为员工提供了相应的工作生活平衡项目，如旅游、体检、健身活动和心理健康帮助等，给予员工照顾家庭帮助，如请假照顾老人孩子、提供子女教育费、托儿补助、子女医疗费用补助等，但以 SF 超市和东中部为样本获得的工作生活平衡维度都删除了题项“10. 对目前公司的工作时间安排”，这表明目前零售企业在工作时间上还不能满足员工的需要。此外，以东中部为样本的全面薪酬满意度测量维度结构研究删除了“14. 对目前公司工作场所的舒适、整洁和安全保护”，说明零售企业在工作场所环境和保护上还不能满足员工需要。因此，零售企业在为员工提供已有的工作生活平衡项目之外，还需要在弹性工作时间安排等方面加以改进，并提供更好的工作环境和工作保护。

第四，在绩效与认可方面，制定行之有效的特殊绩效认可计划。

在绩效与认可方面，除了做好常规的绩效管理来认可员工的贡献之外，还可以合理运用特殊绩效认可计划。特殊绩效认可计划（special performance recognizing plan）是对员工特别优异的绩效、特殊贡献或理想行为的一种现金或非现金奖励计划，包括正式认可计划、非正式认可计划和日常认可计划。根据实验室实验与现场实验的研究表明，正式个人绩效认可计划会给所在团队成员的个人绩效和团队绩效都带来积极的变化，也就是说正式的个人绩效认可计划的积极作用可能不仅仅局限于获得绩效认可的个人，而且也会对其所在团队产生正向的溢出效应（Li 等，2016）。此外，特殊绩效认可计划可以实现成本有效性最大化的薪酬体系，并起到强化企业战略和文化的作用。

正式认可计划是对企业有重大贡献的奖励，非正式认可计划和日常认可计划是对企业鼓励的行为的奖励。例如，MD（中国）的销售大单奖属于正式认可计划，收银奖、叉车竞赛奖属于日常认可计划，鼓励上级对员工进行口头或书面表扬属于非正式认可计划。本研究的全面薪酬满意度测量维度结构表明，以SF超市为样本获得的绩效与认可满意度维度删除了题项“18. 对公司对工作给予的口头或书面表扬、奖状等”，以东中部为样本获得的绩效与认可满意度删除了题项“17. 对公司给予业绩突出的员工数额较大的物质奖励”，说明目前样本零售企业在特殊绩效认可计划实施上存在不足。为此，可借鉴MD（中国）的做法，通过制定行之有效的特殊绩效认可计划来改进绩效与认可。

第五，在职业发展机会方面，提供在职培训支持、建立明晰的职业发展机会。

从样本企业来看，在职业发展机会方面，目前为员工提供了在职培训、学习费用资助、晋升机会和职业发展指导等项目。除了这些已有的项目，还可借鉴沃尔玛学院为员工提供高级培训、职业发展培训项目，开发电子游戏课程，与教育机构合作为员工提供获得供应链或商业管理大学学位的带薪学习机会，并为员工提供更多的内部晋升机会，如家乐福56%的新任经理来自于公司内部，沃尔玛超过75%的年薪制门店管理团队人员来自拿小时工资的员工，这都为零售企业各级管理干部的内部晋升提供了借鉴。

（三）应在完善薪酬沟通的基础上逐步推行全面薪酬沟通措施

第一，重塑薪酬沟通理念，强化对全面薪酬的认知。

当前很多组织忽视或不愿进行薪酬沟通，其原因在于担心与员工共享薪酬信息会带来管理上的麻烦，因此大多数组织实施薪酬保密政策。很多国内外企业在其薪酬制度中明确规定禁止员工讨论薪酬问题。然而，薪酬保密与薪酬沟通并不矛盾，薪酬公开与薪酬沟通也不完全是一回事，薪酬保密和薪酬公开是薪酬沟通政策的两个极端（Day，2007）。薪酬沟通是指组织有计划地通过某些方式，就薪酬制度的建立与实施等信息与员工进行公开有效交流，以取得员工理解并达成共识的薪酬管理政策。

Lyons 和 Ben－Ora（2002）指出，即使是最完美的薪酬方案，如果没有很好地传达给员工，也可能会遇到失败。薪酬沟通的重要性体现在：一是了解薪酬体系是如何制定的以及其同事的薪酬，可增强员工对组织经营的理解，避免各种猜想和小道消息以及错误估计同事的薪酬；二是，鼓励员工根据薪酬等级结构信息来提升技能以增加薪酬，并使组织薪酬更加公平（Day，2007），使管理者和员工顺利接受薪酬方案。而且，以 SF 超市为样本的研究结论支持了公开有效的薪酬沟通政策会提高员工全面薪酬满意度，并增强了全面薪酬满意度通过组织支持感对工作绩效的激励效应。此外，薪酬沟通也是法律的要求，员工对薪酬的享有知情权。在美国，2014 年奥巴马总统签署一项行政命令，禁止联邦承包商对员工谈论他们的薪酬或其他薪酬信息进行报复（Calavsina 等，2015）。我国《劳动合同法》第八条规定：用人单位应如实告知劳动者劳动报酬以及劳动者要求了解的其他情况。因此，企业不能以实施秘密薪酬为由而不进行薪酬沟通，应充分认识薪酬沟通是企业重要的薪酬管理政策。

全面薪酬包括五种构成形式，每种形式又涵盖多种具体项目。如果没有很好地将这些形式和项目传达给员工，员工就很难知晓并理解这些项目对其好处。例如，“五险”是法定员工福利，企业必须提供，但以东中部零售企业为样本的薪酬福利满意度维度，删除了“4. 对目前公司提供的五险一金（养老、医疗保险等）”，这可能说明员工并不了解“五险一金”，而且以东中部零售企业为样本的薪酬沟通的调节没有通过检验，这也说明了样本企业在薪酬沟通上目前还存在较多不足。因此，面对更为复杂的全面薪酬，零售企业首先需要转变薪酬沟通理念，要破除将薪酬保密与薪酬沟通对立起来的观念，即使实施薪酬保密的薪酬沟通政策，也可以将全面薪酬纳入薪酬沟通中，建立基于全面薪酬的薪酬沟通理念。

第二，将提高员工对全面薪酬的理解作为全面薪酬沟通的目标。

与员工进行全面薪酬的沟通重要且艰巨，其目标是通过成功地向员工传达零售企业的全面薪酬，最终达到员工充分理解全面薪酬的目的。员工的个体工作价值观不同，会对全面薪酬构成形式有不同的偏好，从而又会影响其全面薪酬的满意水平，因此零售企业应该关注全面薪酬不同构成形式及其各个项目的特点和好处，并以通俗易懂的方式表达出来，使每个员工都能充分理解每一种全面薪酬形式给其带来的好处，从而认识到提供这些全面薪酬的企业是一个值得留下并为其努力工作的企业。

第三，选择多种全面薪酬沟通渠道。

首先，可将企业官方网站作为重要渠道沟通的之一。浏览我国零售企业官方网站，乃至全球标杆零售企业在我国的官网，都没有找到有关全面薪酬的信息，因此可借鉴全球标杆零售企业在其本国官方网站公开全面薪酬信息的做法，我国零售企业也应在官方网站对其全面薪酬项目进行宣介，公开全面薪酬形式及其具体项目。其次，对于薪酬、福利和工作生活平衡，还可编制相应的手册，建立专门的福利网站、微信公众号以及电话和电子邮件等问答系统，及时解答员工的疑问，还可以召开正式的薪酬福利会议对相关政策进行解释。最后，对于绩效与认可和职业发展机会，可以通过完善绩效管理制度、职业发展规划进行沟通。通过上述多种沟通渠道，像品牌推广一样将全面薪酬以相同的语言和风格，定期重复，使员工对全面薪酬变得熟悉和可识别。

第四，根据沟通渠道选择适当的全面薪酬沟通的内容。

2012 年对美国 1080 名人力资源从业人员的一项调查发现，46% 的被调查组织公开薪酬设计方案，44% 的被调查组织公开员工薪酬等级的变动范围，34% 的被调查组织公开薪酬理念，只有 2% 的被调查组织公开所有员工的实际工资，另外大部分管理者支持员工希望获得更多薪酬信息的需求（Giancola，2014）。因此，对于福利、工作生活平衡和职业发展机会方面的大部分具体项目可在官网上公开，而对于薪酬、绩效与认可在企业内部进行适当公开，如告知员工职位的薪酬等级变动范围及绩效考核指标等。此外，还可以通过向员工发放问卷调查，了解员工希望获得哪些全面薪酬信息。

（四）针对不同员工子群体实施定制化有差别的全面薪酬体系

虽然全面薪酬的重要特征是基于员工的需求或偏好的定制化组合体系（Bussin 和 Van Rooy，2014），但由于理论研究的缺失，在实践中真正实施定制化相当困难。然而，全面薪酬满意度分选效应存在员工子群体的不同的研究结论为实践提供了理论指导，具体建议措施如下：

第一，对于较不满意组的员工，应特别关注其福利、工作生活平衡和绩效与认可满意度。在三个子群体中，该群体以女性（女性是男性 3 倍）、高中或中专及以下学历的一线普通员工为主体，月税后工资明显最低、离职倾向较高且明显最高；虽然该群体每月税后工资最低，但其更看重福利、工作生活平衡及企业对其工作绩效的认可。因此，应提供有针对性的福利项目、弹性工作时间安排以及多种形式的非正式认可计划，从而提高其福利、工作生活平衡和绩效与认可满意度，以尽可能地降低其离职倾向、提升其工作稳定性。

第二，对于基本满意组的员工，应特别关注其薪酬、绩效与认可和职业发展机会满意度。相较于较不满意组，该群体表现为女性员工占比明显下降、大专和本科及以上学历占比明显上升、组长/主管/部门经理/店长占比明显增加、每月税后工资较高、离职倾向较低为主要特征，说明该群体职位层级较高、个人能力较强，他们对薪酬、绩效与认可和职业发展机会有较强的诉求。因此，应提供有竞争力的薪酬、多种绩效认可计划、领导力培训以及更多的内部晋升机会，从而提高其薪酬、绩效与认可和职业发展机会满意度，以尽可能降低其离职倾向。

第三，对于较满意组的员工，应特别关注其职业发展机会满意度。在三个子群体中，该群体以男性、大专和本科及以上学历、主管/部门经理/店长为主要特征，每月税后工资明显最高、离职倾向明显最低，说明该群体以企业中高管理层为主体，薪酬、福利、工作生活、绩效与认可不再是他们主要的需求，或者说在这些方面企业能够满足其需求，职业发展机会是其唯一的诉求。因此，应提供高级领导力培训以及更多的内部晋升机会，从而提高其职业发展机会满意度。

第四，关注员工工作价值观，定制个性化全面薪酬体系。以 SF 超市为样本的研究表明，薪酬满意度和绩效与认可满意度对离职倾向的不同影响在个体上的差异可以由工作价值观中的经济报酬取向和成就认可取向解释。不同的工作价值观取向体现了员工对全面薪酬的不同偏好，在全面薪酬体系的设计与实施中，实现工作价值观与全面薪酬形式的匹配，有助于提高员工全面薪酬满意度。为此，借助互联网在线技术，实施个性化全面薪酬沟通措施，了解员工个体真正需求，定制个性化全面薪酬体系，将员工从企业获得全面薪酬与个人工作价值观真正联系起来，从而提高员工的全面薪酬满意度。

三、研究不足与展望

（一）研究的不足

本书严格遵循研究规范，通过对该领域的研究文献的全面检索与梳理以及对零售企业的访谈，引入社会交换理论、信号理论和个人—组织匹配理论，在理论逻辑推演的基础上提出了研究假设，并构建了全面薪酬满意度激励机制的次优路径模型，对问卷调查获取的样本数据进行了实证统计检验，并对全球标杆零售企业全面薪酬现状进行归纳概括，由此得出了研究结论，在对研究结论进行诠释与讨论的基础上提出了管理建议。然而，由于时间、经费及作者个人能力的限制，很遗憾地存在着一些研究不足，具体如下：

第一，在样本数据获取上的不足。其一，问卷所有变量测量题项均由员工自评回答，员工自评回答所有题项会造成共同方法偏差，虽然在问卷设计和调查中采用了降低和避免共同方法偏差的技术，但这一研究数据的不足仍然存在。其二，采用截面数据进行分析，截面数据只是代表研究样本在某一时间的状态和信息，不利于反映变量之间真实的因果关系。

第二，仅进行个体层面研究，未进行跨层次研究。所有研究变量都以个人层面构念测量来收集数据，然而个人是存在于组织中的，而且全面薪酬体系是一种组织制度，因此仅从个体层面的研究，忽视了组织层面的影响，难以精确全面地理解企业全面薪酬的真正作用。

第三，在研究方法上的不足。已有对薪酬的激励效应与分选效应的独立与共生关系研究，主要采用实验法通过几轮实验数据的实证研究来揭示（Cadsby 等，2007；Eriksson 和 Villeval，2008；Belogolovsky 和 Bamberger，2014），也有采用企业二手数据，通过对比薪酬计划变化前后员工生产率变化以及离职员工生产率的实证研究来揭示这一关系（Lazear，2000；Park 和 Sturman，2016）。然而，本书未能采用基于实验法和二手数据法的实证研究，未能真正完成基于全面薪酬满意度激励机制的理想路径模型的研究，仅通过问卷调查法的实证研究完成了基于全面薪酬满意度激励机制次优路径模型的验证。

第四，有关薪酬沟通的研究尚存缺憾。虽然在第二章阐述了选择薪酬沟通作为研究变量是符合研究内容需要的，薪酬沟通在很大程度上涵盖全面薪酬五种构成形式的内容，而且信号理论也支持了薪酬沟通的调节作用假设，但薪酬沟通并未覆盖全部的全面薪酬项目；另外，稳健性检验对薪酬沟通在全面薪酬满意度与组织支持感之间调节作用以及对工作绩效的有调节的中介作用的支持尚有不足。

（二）未来研究展望

第一，在样本数据获取上，在今后研究中工作绩效的评价可由其上级做出以降低共同方法偏差，并采用纵向追踪调查数据来验证变量之间的因果关系。

第二，未来研究应进行跨层次研究。进行跨层次研究可以选择组织层面的变量，例如组织文化（Chiang 和 Birtch，2011）、组织公平感等，作为调节变量，构建跨层次调节模型，或者也可以将薪酬沟通个人层面收集的数据聚合到组织层次，对全面薪酬满意度激励机制进行跨层研究。

第三，未来研究应运用基于实验法和二手数据法的实证研究。运用实验法和二手数据法获取的样本数据，可以探讨由于与组织不匹配的员工离开企业后，组织通过提高现有员工队伍与组织匹配程度而提高的工作绩效，因此能够支持全面薪酬满意度激励机制理想路径模型中分选效应的后半段的研究，从而完成基于全面薪酬满意度激励机制的理想路径模型的研究。

第四，进一步推进薪酬沟通及全面薪酬沟通的研究。目前薪酬沟通的实证研究很有限，本书有关薪酬沟通调节作用及有调节中介作用的研究尚未得到全部验证，因此需在未来研究中进一步探讨。此外，在实践中，随着零售企业或其他企业对全面薪酬认知的加强，未来研究应开发全面薪酬沟通测量量表，推动全面薪酬沟通的实证研究，这将是非常有价值的。

附录 A　全面薪酬实施现状访谈大纲

本次访谈是有关零售企业全面薪酬满意度与员工激励机制的研究，该研究获得北京市社会科学基金项目（15JGB061）资助支持。访谈获取的信息仅用于研究，我们将对有关内容进行保密处理。本项目研究非常期待贵公司的支持！

北京工商大学商学院

1. 请介绍下贵公司人员状况、职位类型。

2. 贵公司为员工提供了哪些全面薪酬项目？请您根据您所在公司的实际情况，在相应的项目上画“√”。

薪酬：A. 基本工资　B. 加薪　C. 销售或送货提成、月季度奖、年终奖等短期奖励工资　D. 1 年以上长期奖励工资　E. 加班费

员工福利：F. 五险一金　G. 商业人寿保险、商业医疗保险　H. 带薪休假　I. 带薪病假　J. 交通补贴、餐补、外勤等各类补贴　K. 节日红包礼品、内部购物折扣

工作生活平衡：L. 弹性工作时间　M. 舒适、安全的工作环境　N. 免费旅行、健身资助　O. 心理健康帮助　P. 请假照顾老人孩子、子女教育费等家庭帮助

绩效认可计划：Q. 关注员工的绩效　R. 绩效突出者数额较大的物质奖励　S. 口头或书面表扬、颁发奖状

职业发展机会：T. 提供培训　U. 培训费用资助　V. 晋升机会　W. 未来职业发展指导

3. 在全面薪酬形式中，您认为贵公司员工最看重哪个方面？

4. 在全面薪酬形式中，您认为贵公司员工最满意、最不满意哪个方面？

5. 在全面薪酬形式中，您认为最能激励员工的是什么？

6. 在全面薪酬形式中，您认为最能留住员工的是什么？

7. 公司是怎样与员工进行全面薪酬沟通的？全面薪酬沟通会起到什么作用？

8. 您认为公司的全面薪酬能满足员工的需求吗？

9. 在全面薪酬形式中，贵公司今后需要在哪些方面进行调整？

附录B 调查问卷

尊敬的女士/先生：

您好！本问卷是有关零售企业全面薪酬满意度的研究，请根据您的实际情况填写，对问题的回答无所谓对错，所有研究结果仅用于研究。我们将对此次调查中获得的信息严格遵守匿名和保密的原则。非常感谢您的合作！

北京社科基金项目课题组

甄别问题

1. 您目前工作所在省份？

北京	1	继续
上海	2	
广东	3	
天津、河北、辽宁、江苏、浙江、福建、山东、海南	4	
黑龙江、吉林、山西、安徽、江西、河南、湖北、湖南	5	
四川、重庆、贵州、云南、西藏、陕西、甘肃、青海、宁夏、新疆、广西、内蒙古	6	终止访问

2. 您是否为如下零售企业员工？

大中型百货商场/购物中心	1	继续
大卖场/中等规模超市/仓储会员店	2	
便利店（如：7－11）	3	
专业/专卖店（如：玩具、某品牌服饰专卖店等）	4	
B2C 自营电商/O2O（如京东商城、我买网）	5	
个体杂货店/C2C 电商（如：淘宝）	6	终止访问

3. 您的劳动关系是：

正式合同工	1	继续
劳务派遣工或厂家导购/销售	2	终止访问

注：委托调查公司对东中部零售企业预调查和正式调查附加了以下三个甄别问题，对SF超市的正式调查不包括甄别问题。

问题一：基本信息（全部单选）

1. 性别：1）男　2）女

2. 年龄：1）18~22岁　2）23~29岁　3）30~39岁　4）40~49岁　5）50岁及以上

3. 在当前单位的工作年限：1）1年以下　2）1~2年　3）3~5年　4）6~10年　5）10年以上

4. 学历：1）初中及以下　2）中专或高中　3）大专　4）本科　5）研究生

5. 职位层级：

SF超市：1）普通员工　2）主任/值班经理　3）主管　4）部门经理、总监/助理　5）店长

东中部：1）普通员工　2）组长　3）主管　4）部门经理　5）店长

6. 每月税后工资总收入：1）2000元以下　2）2001~3000元　3）3001~4000元　4）4001~5000元　5）5001~7000元　6）7001~1万元　7）1万元以上

7. 平均来看，在每月工资收入中固定工资和奖励工资的比例：

1）全部是固定工资　2）1~2成是奖励工资

3）3~4成是奖励工资　4）5~6成是奖励工资

5）7~8成是奖励工资　6）9~10成是奖励工资

8. 您的岗位名称：

9. 您所在零售企业名称：

问题二：请根据您的实际感受进行满意度评价

题　　目	很满意	比较满意	基本满意	较不满意	很不满意
1. 对目前固定工资，也就是基本工资	5	4	3	2	1
2. 对目前的加薪	5	4	3	2	1
3. 对目前各种奖金，如销售或送货提成、月季度奖、年终奖等	5	4	3	2	1
4. 对目前公司提供的“五险一金”（养老、医疗保险等）	5	4	3	2	1
5. 对目前公司提供的商业人寿保险、商业医疗保险	5	4	3	2	1
6. 对目前公司提供的节日红包礼品、内部购物折扣等	5	4	3	2	1
7. 对目前公司提供的带薪休假、带薪病假、带薪事假	5	4	3	2	1
8. 对目前公司提供的各类补贴，如交通补贴、餐补、外勤补贴等	5	4	3	2	1
9. 对目前公司提供的加班费	5	4	3	2	1
10. 对目前公司的工作时间安排	5	4	3	2	1
11. 对目前公司安排的旅游、体检、健身活动、心理健康帮助等	5	4	3	2	1
12. 对目前公司给予员工照顾家庭帮助，如请假照顾老人孩子、提供子女教育费、托儿补助、子女医疗费用补助	5	4	3	2	1
13. 对目前公司组织的社区送温暖、福利院等志愿活动	5	4	3	2	1
14. 对目前公司工作场所的舒适、整洁和安全保护	5	4	3	2	1
15. 对公司对您的工作业绩要求，如销售量、销售额目标	5	4	3	2	1
16. 对上级与您进行的工作业绩谈话	5	4	3	2	1
17. 对公司给予业绩突出的员工数额较大的物质奖励	5	4	3	2	1
18. 对公司对工作给予的口头或书面表扬、奖状等肯定	5	4	3	2	1
19. 对公司提供的培训，如入职培训、其他技能培训等	5	4	3	2	1
20. 对公司提供的学习费用资助	5	4	3	2	1
21. 对公司提供的晋升机会	5	4	3	2	1
22. 对公司提供的未来职业发展指导	5	4	3	2	1

问题三：请根据您实际情况进行符合程度的评价

题　　目	完全符合	比较符合	基本符合	较不符合	很不符合
1. 我是整个部门完成工作最出色的员工之一	5	4	3	2	1
2. 我工作效率很高，总是按时保质保量地完成工作任务	5	4	3	2	1
3. 我总是按正式考核要求完成工作	5	4	3	2	1
4. 我完成的工作总是能达到上级要求和期望	5	4	3	2	1
5. 如果需要，我总是能主动给其他同事提供帮助	5	4	3	2	1
6. 我总是能关心体贴其他同事	5	4	3	2	1
7. 在工作中，我与其他同事合作良好	5	4	3	2	1
8. 当同事碰到困难时，我总是会给予支持与鼓励	5	4	3	2	1
9. 我会为自己寻找并设定更有挑战性的目标	5	4	3	2	1
10. 我经常能认真贯彻上级主管的决定	5	4	3	2	1
11. 我总是能积极主动解决工作中存在的问题	5	4	3	2	1
12. 领导不在时，我也能自觉遵守公司的规章制度	5	4	3	2	1
13. 为了有效完成工作，我会努力克服各种困难	5	4	3	2	1
14. 我经常能主动承担工作职责之外任务	5	4	3	2	1

问题四：请根据您实际情况进行符合程度评价

题　　目	完全符合	比较符合	基本符合	较不符合	很不符合
1. 公司关心我的福利	5	4	3	2	1
2. 公司尊重我的建议和意见	5	4	3	2	1
3. 在工作中当我遇到困难时，公司会帮助我	5	4	3	2	1
4. 公司尊重我个人的目标和价值	5	4	3	2	1
5. 公司关心我个人的感受	5	4	3	2	1

问题五：请根据您实际情况进行符合程度评价

题目	完全符合	比较符合	基本符合	较不符合	很不符合
1. 我能定期参加公司举行的有关工资福利方面的会议	5	4	3	2	1
2. 我知道并看过公司有关工资福利制度的文件	5	4	3	2	1
3. 领导或人力部会主动跟我讲解公司有关工资福利规定	5	4	3	2	1
4. 我对工资福利有疑问时，可从领导或人力部得到合理的解释	5	4	3	2	1
5. 公司允许员工公开讨论工资福利问题	5	4	3	2	1

问题六：请根据您实际情况进行符合程度评价

题目	完全符合	比较符合	基本符合	比较不符合	完全不符合
1. 我时常想要离开现在的公司	5	4	3	2	1
2. 我时常在寻找其他的工作	5	4	3	2	1
3. 我想要尽快去别的公司工作	5	4	3	2	1

问题七：请根据您实际感受进行重要性评价

题目	很重要	比较重要	一般重要	较不重要	很不重要
1. 工作为您带来的工资收入，对您来说	5	4	3	2	1
2. 工作提供的“五险一金”（养老、医疗保险等），对您来说	5	4	3	2	1
3. 通过工作获得加薪或奖金，对您来说	5	4	3	2	1
4. 获得加班费，对您来说	5	4	3	2	1
5. 工作时间可以灵活安排，对您来说	5	4	3	2	1
6. 公司为您提供休闲或休假时间，对您来说	5	4	3	2	1
7. 公司对员工家庭的关怀活动，对您来说	5	4	3	2	1
8. 在工作中感到轻松、精神也不紧张，对您来说	5	4	3	2	1

续表

题　　目	很重要	比较重要	一般重要	较不重要	很不重要
9. 自己的工作能受到他人的肯定，对您来说	5	4	3	2	1
10. 从工作结果中可以知道自己工作做得不错，对您来说	5	4	3	2	1
11. 从工作中不断获得成就感，对您来说	5	4	3	2	1
12. 在工作中获得的技能和能力提升，对您来说	5	4	3	2	1
13. 工作给我带来的学习机会，对您来说	5	4	3	2	1
14. 工作给我带来的晋升机会，对您来说	5	4	3	2	1

问卷到此结束，非常感谢您的参与！

附录C 预调查样本全面薪酬满意度探索性因子分析因子负荷量表

基于预调查数据对全面薪酬满意度进行第一次探索性因子分析结果，如附录表C.1所示，第一个共同因子有9个题项，在四个因子中包含题项最多，并且包括薪酬、员工福利、工作生活平衡和职业发展机会四个不同满意度维度的题项，根据删除包含数量最多的因子中负荷量最大题项的原则，删除题项12，进行第二次因子分析。

附录表C.1　　全面薪酬满意度第一次因子负荷量表

题　项	因　子				
	1	2	3	4	5
12. 对目前公司给予员工照顾家庭帮助，如请假照顾老人孩子、提供子女教育费、托儿补助、子女医疗费用补助	0.721	0.418	0.2	0.137	0.021
4. 对目前公司提供的“五险一金”（养老、医疗保险等）	0.698	0.056	0.11	0.177	0.337
5. 对目前公司提供的商业人寿保险、商业医疗保险	0.692	0.404	0.156	0.045	0.252
11. 对目前公司安排的旅游、体检、健身活动、心理健康帮助等	0.666	0.196	0.229	0.27	0.167
7. 对目前公司提供的带薪休假、带薪病假、带薪事假	0.639	0.018	0.254	0.401	0.169
8. 对目前公司提供的各类补贴，如交通补贴、餐补、外勤补贴等	0.638	0.268	0.273	0.33	0.162
20. 对公司提供的学习费用资助	0.571	0.292	0.498	0.273	-0.065
3. 对目前各种奖金，如销售或送货提成、月季度奖、年终奖等	0.536	0.358	0.277	0.08	0.448

续表

题　项	因　子				
	1	2	3	4	5
9. 对目前公司提供的加班费	0.518	0.344	0.298	0.208	0.308
13. 对目前公司组织的社区送温暖、福利院等志愿活动	0.256	0.624	0.265	0.358	0.041
2. 对目前的加薪	0.427	0.619	0.15	0.201	0.321
17. 对公司给予业绩突出的员工数额较大的物质奖励	0.15	0.591	0.35	0.257	0.25
6. 对目前公司提供的节日红包礼品、内部购物折扣等	0.399	0.509	0.203	0.207	0.39
22. 对公司提供的未来职业发展指导	0.323	0.289	0.723	0.093	0.209
14. 对目前公司工作场所的舒适、整洁和安全保护	0.103	0.003	0.649	0.361	0.403
21. 对公司提供的晋升机会	0.307	0.353	0.634	0.29	0.094
19. 对公司提供的培训，如入职培训、其他技能培训等	0.332	0.401	0.589	0.271	0.087
16. 对上级与您进行的工作业绩谈话	0.283	0.167	0.233	0.730	0.083
15. 对公司对您的工作业绩要求，如销售量、销售额目标	0.163	0.317	0.206	0.659	0.239
18. 对公司对工作给予的口头或书面表扬、奖状等肯定	0.26	0.486	0.24	0.583	0.055
1. 对目前固定工资，也就是基本工资	0.416	0.263	0.255	0.048	0.639
10. 对目前公司的工作时间安排	0.201	0.142	0.111	0.496	0.599
初始特征值	11.598	1.233	0.857	0.78	0.732
转轴后特征值	4.767	2.987	2.862	2.65	1.936
解释变异量（%）	21.655	13.577	13.01	12.044	8.802
累计解释变异量（%）	21.655	35.231	48.242	60.286	69.088

第二次探索性因子分析结果，如附录表 C.2 所示，第二个共同因子包括工作生活平衡和职业发展机会两个满意度维度的题项，其中工作生活平衡满意度维度的题项有一题，职业发展机会满意度维度的题项有四题，因此删除题项较少构面中的题项，即题目 14，进行第三次因子分析。

附录表 C.2　　全面薪酬满意度第二次因子负荷量表

题　项	因　子				
	1	2	3	4	5
4. 对目前公司提供的“五险一金”（养老、医疗保险等）	0.789	0.1	0.137	0.176	0.126
5. 对目前公司提供的商业人寿保险、商业医疗保险	0.711	0.192	0.451	0.08	0.067
7. 对目前公司提供的带薪休假、带薪病假、带薪事假	0.629	0.285	0.015	0.382	0.192
11. 对目前公司安排的旅游、体检、健身活动、心理健康帮助等	0.621	0.285	0.187	0.267	0.19
8. 对目前公司提供的各类补贴，如交通补贴、餐补、外勤补贴等	0.596	0.326	0.255	0.333	0.177
3. 对目前各种奖金，如销售或送货提成、月季度奖、年终奖等	0.580	0.295	0.425	0.053	0.296
9. 对目前公司提供的加班费	0.514	0.339	0.365	0.183	0.265
22. 对公司提供的未来职业发展指导	0.305	0.743	0.292	0.084	0.165
21. 对公司提供的晋升机会	0.252	0.663	0.318	0.307	0.123
19. 对公司提供的培训，如入职培训、其他技能培训等	0.287	0.621	0.371	0.295	0.088
14. 对目前公司工作场所的舒适、整洁和安全保护	0.157	0.614	0.036	0.274	0.416
20. 对公司提供的学习费用资助	0.504	0.545	0.247	0.339	-0.074
2. 对目前的加薪	0.45	0.175	0.658	0.221	0.178
17. 对公司给予业绩突出的员工数额较大的物质奖励	0.135	0.367	0.594	0.264	0.218
13. 对目前公司组织的社区送温暖、福利院等志愿活动	0.195	0.307	0.583	0.412	0.053
6. 对目前公司提供的节日红包礼品、内部购物折扣等	0.417	0.23	0.548	0.186	0.305
16. 对上级与您进行的工作业绩谈话	0.266	0.233	0.128	0.733	0.184
18. 对公司对工作给予的口头或书面表扬、奖状等肯定	0.258	0.242	0.461	0.639	0.027

续表

题　项	因　子				
	1	2	3	4	5
15. 对公司对您的工作业绩要求，如销售量、销售额目标	0.144	0.222	0.29	0.611	0.373
10. 对目前公司的工作时间安排	0.232	0.134	0.177	0.327	0.744
1. 对目前固定工资，也就是基本工资	0.487	0.264	0.357	-0.05	0.523
初始特征值	11.038	1.178	0.827	0.759	0.732
转轴后特征值	4.265	3.133	2.919	2.531	1.686
解释变异量（%）	20.31	14.917	13.902	12.05	8.03
累计解释变异量（%）	20.31	35.226	49.128	61.178	69.208

第三次探索性因子分析结果，如附录表 C.3 所示，第五个共同因子中包含两个题项，其中薪酬满意度维度和工作生活平衡满意度维度各有一题，此因子不具代表性且无法命名，因此删除负荷量较大的题项，即题目 10，并考虑降维，将共同因子数设定为 4 个，进行第四次因子分析。

附录表 C.3　　全面薪酬满意度第三次因子负荷量表

题　项	因　子				
	1	2	3	4	5
4. 对目前公司提供的“五险一金”（养老、医疗保险等）	0.804	0.091	0.148	0.193	0.09
5. 对目前公司提供的商业人寿保险、商业医疗保险	0.719	0.256	0.384	0.053	0.107
7. 对目前公司提供的带薪休假、带薪病假、带薪事假	0.615	0.259	0.057	0.42	0.156
11. 对目前公司安排的旅游、体检、健身活动、心理健康帮助等	0.613	0.285	0.193	0.284	0.182
3. 对目前各种奖金，如销售或送货提成、月季度奖、年终奖等	0.597	0.292	0.405	0.045	0.301
8. 对目前公司提供的各类补贴，如交通补贴、餐补、外勤补贴等	0.563	0.395	0.198	0.336	0.229
9. 对目前公司提供的加班费	0.495	0.384	0.314	0.181	0.313

续表

题项	因子				
	1	2	3	4	5
22. 对公司提供的未来职业发展指导	0.275	0.755	0.261	0.089	0.213
21. 对公司提供的晋升机会	0.195	0.735	0.256	0.3	0.212
19. 对公司提供的培训，如入职培训、其他技能培训等	0.254	0.660	0.344	0.279	0.143
20. 对公司提供的学习费用资助	0.462	0.614	0.206	0.332	-0.017
17. 对公司给予业绩突出的员工数额较大的物质奖励	0.174	0.282	0.690	0.226	0.170
13. 对目前公司组织的社区送温暖、福利院等志愿活动	0.214	0.291	0.635	0.358	0.046
2. 对目前的加薪	0.458	0.241	0.600	0.168	0.234
6. 对目前公司提供的节日红包礼品、内部购物折扣等	0.430	0.249	0.523	0.156	0.330
16. 对上级与您进行的工作业绩谈话	0.240	0.228	0.186	0.737	0.166
15. 对公司对您的工作业绩要求，如销售量、销售额目标	0.124	0.226	0.313	0.603	0.383
18. 对公司对工作给予的口头或书面表扬、奖状等肯定	0.262	0.244	0.517	0.594	0.017
10. 对目前公司的工作时间安排	0.199	0.16	0.12	0.354	0.789
1. 对目前固定工资，也就是基本工资	0.490	0.27	0.301	-0.039	0.552
初始特征值	10.666	1.145	0.826	0.751	0.706
转轴后特征值	4.118	3.08	2.824	2.347	1.726
解释变异量（%）	20.589	15.399	14.12	11.735	8.628
累计解释变异量（%）	20.589	35.988	50.107	61.842	70.47

第四次探索性因子分析结果，如附录表C.4所示，第三个共同因子包括薪酬、福利、工作生活平衡和绩效认可计划四个满意度维度的题项，其中薪酬满意度维度包含2个题项，福利、工作生活平衡和绩效认可满意度维度均只包含1个题项，因此删除题项较少维度中的题项，即题目6、13、17，进行第五次因子分析。

附录表 C.4　　　全面薪酬满意度第四次因子负荷量表

题　项	因　子			
	1	2	3	4
4. 对目前公司提供的“五险一金”（养老、医疗保险等）	0.79	0.082	0.198	0.196
5. 对目前公司提供的商业人寿保险、商业医疗保险	0.665	0.261	0.435	0.111
7. 对目前公司提供的带薪休假、带薪病假、带薪事假	0.648	0.285	0.051	0.384
11. 对目前公司安排的旅游、体检、健身活动、心理健康帮助等	0.620	0.303	0.219	0.29
8. 对目前公司提供的各类补贴，如交通补贴、餐补、外勤补贴等	0.581	0.420	0.221	0.338
3. 对目前各种奖金，如销售或送货提成、月季度奖、年终奖等	0.576	0.279	0.522	0.136
9. 对目前公司提供的加班费	0.501	0.41	0.384	0.223
22. 对公司提供的未来职业发展指导	0.27	0.749	0.319	0.138
21. 对公司提供的晋升机会	0.21	0.727	0.259	0.349
19. 对公司提供的培训，如入职培训、其他技能培训等	0.24	0.674	0.313	0.331
20. 对公司提供的学习费用资助	0.44	0.627	0.138	0.332
17. 对公司给予业绩突出的员工数额较大的物质奖励	0.116	0.289	0.639	0.386
2. 对目前的加薪	0.411	0.24	0.627	0.302
6. 对目前公司提供的节日红包礼品、内部购物折扣等	0.409	0.255	0.589	0.269
1. 对目前固定工资，也就是基本工资	0.523	0.252	0.532	0.048
13. 对目前公司组织的社区送温暖、福利院等志愿活动	0.151	0.329	0.503	0.473
16. 对上级与您进行的工作业绩谈话	0.293	0.215	0.082	0.770
18. 对公司对工作给予的口头或书面表扬、奖状等肯定	0.229	0.253	0.351	0.689
15. 对公司对您的工作业绩要求，如销售量、销售额目标	0.186	0.233	0.286	0.674
初始特征值	10.301	1.143	0.777	0.721
转轴后特征值	3.979	3.148	2.929	2.885
解释变异量（%）	20.943	16.57	15.416	15.186
累计解释变异量（%）	20.943	37.513	52.929	68.115

附录 D 全面薪酬满意度激励效应稳健性检验

（一）全面薪酬满意度的测量维度结构

1. 样本来源和基本信息概况。

课题组于 2017 年 2 月委托调查公司对北京、上海、广东等东部和中部地区的实体零售企业和零售电商员工进行正式网上问卷调查，共收回问卷 511 份，经过对问卷进行筛选整理，删除调查对象不符合要求的样本、剔除极端值和缺失值等无效数据后，最终有效问卷共 467 份，有效率达 91.39%。

本次调查样本基本信息如附录表 D.1 所示：第一，从性别来看，男性员工占比为 46.5%，女性员工占比未 53.5%，这表明被调查零售企业女性员工略多于男性员工，符合实际零售企业员工性别分布。第二，从年龄来看，18 ~22 岁员工占比为 5.6%，23 ~29 岁员工占 41.3%，30 ~39 岁员工占比为 39.8%，40 ~49 岁员工占比为 12%，50 岁及以上员工占比为 1.30%，说明中青年员工是零售企业的主要力量所在。第三，从在当前单位工作年限来看，工作年限 1 年以下的员工占 5.8%，1 ~2 年员工占比为 25.1%，3 ~5 年员工占比为 35.3%，6 ~10 年员工占比为 20.1%，10 年以上的员工占比为 13.70%。第四，从学历来看，初中及以下员工占比为 5.6%，中专或高中占比为 19.1%，大专占比为 39.4%，本科占比为 33%，研究生仅占比为 3%，符合零售企业员工学历实际情况。第五，从职位层级来看，普通员工占比为 49%，组长占比为 22.3%，主管占比为 20.6%，部门经理占比为 4.7%，店长占比为 3.40%。第六，从每月税后工资来看，在 2000 元以下的员工占比为 2.1%，2001 ~ 3000 元占比为 16.9%，3001 ~ 4000 元占比为 27.4%，

4001～5000 元占比为 24%，5001～6000 元占比为 15.8%，7001～1 万元占比为 11.30%，1 万元以上占比为 2.4%。第七，从固定工资和奖励工资的比例来看，全部是固定工资的占比为 21.6%，1～2 成是奖励工资的占比为 39%，3～4 成是奖励工资的占比为 27.8%，5～6 成是奖励工资的占比为 7.7%，7～8 成是奖励工资的占比为 3.2%，9～10 成是奖励工资的占比为 0.6%。第八，从零售业态来看，大中型百货商场/购物中心占比为 33%，大卖场/中等规模超市/仓储会员店占比为 26.6%，专业/专卖店占比为 15.8%，便利店占比为 13.3%，因此实体零售企业共占比为 88.7%，而零售电商占比为 11.3%。第九，从地区来看，北京占比为 14.6%，上海占比为 13.5%，广东占比为 18.8%，天津、河北、辽宁、江苏、浙江、福建、山东、海南占比为 35.3%，黑龙江、吉林、山西、安徽、江西、河南、湖北、湖南占比为 17.8%。综上所述，北京、上海、广东三个东部一线城市共占比为 46.9%，东部地区占比为 35.3%，中部地区占比为 17.8%。

附录表 D.1　我国中东部地区零售企业员工样本基本信息

项目	样本特征	百分比	有效百分比
性别	男	46.5%	46.5%
	女	53.5%	53.5%
	合计	100.0%	100.0%
年龄	18～22 岁	5.6%	5.6%
	23～29 岁	41.3%	41.3%
	30～39 岁	39.8%	39.8%
	40～49 岁	12.0%	12.0%
	50 岁及以上	1.3%	1.3%
	合计	100.0%	100.0%
工作年限	1 年以下	5.8%	5.8%
	1～2 年	25.1%	25.1%
	3～5 年	35.3%	35.3%
	6～10 年	20.1%	20.1%
	10 年以上	13.7%	13.7%
	合计	100.0%	100.0%

续表

项目	样本特征	百分比	有效百分比
学历	初中及以下	5.6%	5.6%
	中专或高中	19.1%	19.1%
	大专	39.4%	39.4%
	本科	33.0%	33.0%
	研究生	3.0%	3.0%
	合计	100.0%	100.0%
职位层级	普通员工	49.0%	49.0%
	组长	22.3%	22.3%
	主管	20.6%	20.6%
	部门经理	4.7%	4.7%
	店长	3.4%	3.4%
	合计	100.0%	100.0%
每月税后工资	2000元以下	2.1%	2.1%
	2001~3000元	16.9%	16.9%
	3001~4000元	27.4%	27.4%
	4001~5000元	24.0%	24.0%
	5001~7000元	15.8%	15.8%
	7001~1万元	11.3%	11.3%
	1万元以上	2.4%	2.4%
	合计	100.0%	100.0%
固定工资和奖励工资的比例	全部是固定工资	21.6%	21.6%
	1~2成是奖励工资	39.0%	39.0%
	3~4成是奖励工资	27.8%	27.8%
	5~6成是奖励工资	7.7%	7.7%
	7~8成是奖励工资	3.2%	3.2%
	9~10成是奖励工资	0.6%	0.6%
	合计	100.0%	100.0%
零售业态	大中型百货商场/购物中心	33.0%	33.0%
	大卖场/中等规模超市/仓储会员店	26.6%	26.6%

续表

项目	样本特征	百分比	有效百分比
零售业态	便利店（如 7－11）	13.3%	13.3%
	专业/专卖店（如：玩具、某品牌服饰专卖店等）	15.8%	15.8%
	B2C 自营电商/O2O 电商（如京东商城、我买网）	11.3%	11.3%
	合计	100.0%	100.0%
地区	北京	14.6%	14.6%
	上海	13.5%	13.5%
	广东	18.8%	18.8%
	其他东部：津/冀/辽/苏/浙/鲁/闵/琼	35.3%	35.3%
	中部：黑/吉/晋/皖/赣/豫/鄂/湘	17.8%	17.8%
	合计	100.0%	100.0%

根据邱皓政（2013）对样本量的要求，将总有效样本分为两组，一组从样本总量中随机抽取 47% 的样本（共 218 份）利用 SPSS20.0 进行全面薪酬满意度探索性因子分析，另一组从样本总量中随机抽取 47% 的样本（共 226 份）利用 Amos23.0 进行全面薪酬满意度验证性因子分析。

2. 全面薪酬满意度量表的探索性因子分析。

（1）KMO 和 Bartlett 检验。

进行 KMO 和 Bartlett 球形检验，结果如附录表 D.2 所示，其中 KMO 值为 0.951 >0.8 这一非常理想水平，说明样本数据结构效度良好，适合进行探索性因子分析。Bartlett 球形检验的显著水平达到 0.000，自由度为 231，近似卡方值是 2469.970，说明该量表内有共同因子存在，进一步表明适合进行探索性因子分析。

根据本研究全面薪酬满意度的维度构成，采用抽取固定因子个数法，设定固定因子数为 5，采用主成份分析法对全面薪酬满意度的 22 个题项进行探索性因子分析。本书共进行五次探索性因子分析，经过降低维度和删除题项等步骤，获得了适合于本研究的全面薪酬满意度维度测量结构。

附录表 D. 2　　　　　　KMO 和 Bartlett 的检验

取样足够度的 Kaiser - Meyer - Olkin 度量		0. 951
Bartlett 的球形度检验	近似卡方	2469. 970
	df	231
	Sig.	0. 000

（2）第一次探索性因子分析。

第一次因子分析的结果如附录表 D. 3 所示，5 个共同因子的初始特征值分别为 10. 104、1. 241、1. 049、0. 957 和 0. 816，采用最大差异法对因子进行转轴后 5 个共同因子的特征值变为 3. 641、3. 64、3. 108、2. 189 和 1. 588，5 个共同因子分别可以解释题项的 16. 551%、16. 544%、14. 126%、9. 95% 和 7. 22%，5 个共同因子一共可以解释题项的 64. 391%。各维度所含题项的因子负荷数均在 0. 40 以上，其中第五个共同因子包含两个不同维度的题项，且每个维度各一题，据此降低到四维度，继续进行探索性因子分析。

附录表 D. 3　　　　　　第一次因子负荷量表

题　　项	因　　子				
	1	2	3	4	5
6. 对目前公司提供的节日红包礼品、内部购物折扣等	0. 693	0. 332	0. 067	0. 317	0. 042
2. 对目前的加薪	0. 649	0. 134	0. 29	0. 2	0. 19
3. 对目前各种奖金，如销售或送货提成、月季度奖、年终奖等	0. 614	0. 271	0. 274	0. 088	0. 245
1. 对目前固定工资，也就是基本工资	0. 595	0. 111	0. 346	0. 103	0. 372
9. 对目前公司提供的加班费	0. 553	0. 345	0. 24	0. 183	0. 21
8. 对目前公司提供的各类补贴，如交通补贴、餐补、外勤补贴等	0. 550	0. 293	0. 49	0. 08	0. 041
16. 对上级与您进行的工作业绩谈话	0. 435	0. 389	-0. 001	0. 324	0. 302
14. 对目前公司工作场所的舒适、整洁和安全保护	0. 028	0. 713	0. 118	0. 045	0. 35
21. 对公司提供的晋升机会	0. 298	0. 658	0. 196	0. 171	0. 009
22. 对公司提供的未来职业发展指导	0. 412	0. 622	0. 28	0. 199	0. 034
19. 对公司提供的培训，如入职培训、其他技能培训等	0. 424	0. 584	0. 195	0. 111	0. 009

续表

题项	因子				
	1	2	3	4	5
17. 对公司给予业绩突出的员工数额较大的物质奖励	0.347	0.583	0.307	0.139	0.159
20. 对公司提供的学习费用资助	0.303	0.519	0.5	0.155	-0.102
12. 对目前公司给予员工照顾家庭帮助，如请假照顾老人孩子、提供子女	0.414	0.176	0.678	0.247	0.078
11. 对目前公司安排的旅游、体检、健身活动、心理健康帮助等	0.319	0.286	0.675	0.248	0.158
7. 对目前公司提供的带薪休假、带薪病假、带薪事假	0.215	0.069	0.673	0.229	0.346
13. 对目前公司组织的社区送温暖、福利院等志愿活动	0.024	0.481	0.630	0.192	0.161
4. 对目前公司提供的“五险一金”（养老、医疗保险等）	0.162	0.139	0.281	0.798	0.111
5. 对目前公司提供的商业人寿保险、商业医疗保险	0.272	0.135	0.301	0.746	0.1
18. 对公司对工作给予的口头或书面表扬、奖状等肯定	0.137	0.461	0.09	0.509	0.295
10. 对目前公司的工作时间安排	0.219	0.068	0.268	0.114	0.693
15. 对公司对您的工作业绩要求，如销售量、销售额目标	0.272	0.433	0.019	0.285	0.539
初始特征值	10.104	1.241	1.049	0.957	0.816
转轴后特征值	3.641	3.64	3.108	2.189	1.588
解释变异量（%）	16.551	16.544	14.126	9.95	7.22
累计解释变异量（%）	16.551	33.096	47.221	57.171	64.391

（3）第二次探索性因子分析。

第二次因子分析的因子负荷量如附录表 D.4 所示，其中第四个共同因子包括 4 个题项，而这 4 个题项分别属于福利满意度、绩效与认可满意度两个维度，而且题项 4 在其维度中的因子负荷量最大，所以删除该题，进行第三次探索性因子分析。

附录表 D.4　　　　　　第二次因子负荷量表

题　　项	因　　子			
	1	2	3	4
14. 对目前公司工作场所的舒适、整洁和安全保护	0.692	0.099	0.07	0.218
21. 对公司提供的晋升机会	0.678	0.201	0.256	0.131
22. 对公司提供的未来职业发展指导	0.651	0.319	0.343	0.15
19. 对公司提供的培训，如入职培训、其他技能培训等	0.621	0.325	0.258	0.057
17. 对公司给予业绩突出的员工数额较大的物质奖励	0.599	0.32	0.328	0.166
1. 对目前固定工资，也就是基本工资	0.155	0.684	0.315	0.179
2. 对目前的加薪	0.193	0.648	0.318	0.172
3. 对目前各种奖金，如销售或送货提成、月季度奖、年终奖等	0.324	0.630	0.281	0.108
6. 对目前公司提供的节日红包礼品、内部购物折扣等	0.414	0.593	0.16	0.198
9. 对目前公司提供的加班费	0.393	0.548	0.264	0.186
10. 对目前公司的工作时间安排	0.061	0.481	0.133	0.391
16. 对上级与您进行的工作业绩谈话	0.435	0.461	0.016	0.363
12. 对目前公司给予员工照顾家庭帮助，如请假照顾老人孩子、提供子女	0.185	0.393	0.703	0.213
11. 对目前公司安排的旅游、体检、健身活动、心理健康帮助等	0.281	0.33	0.678	0.268
7. 对目前公司提供的带薪休假、带薪病假、带薪事假	0.047	0.337	0.614	0.347
13. 对目前公司组织的社区送温暖、福利院等志愿活动	0.438	0.046	0.611	0.271
20. 对公司提供的学习费用资助	0.526	0.183	0.568	0.072
8. 对目前公司提供的各类补贴，如交通补贴、餐补、外勤补贴等	0.33	0.491	0.530	0.026
4. 对目前公司提供的“五险一金”（养老、医疗保险等）	0.145	0.143	0.343	0.737
5. 对目前公司提供的商业人寿保险、商业医疗保险	0.153	0.241	0.37	0.669
18. 对公司对工作给予的口头或书面表扬、奖状等肯定	0.464	0.175	0.1	0.574
15. 对公司对您的工作业绩要求，如销售量、销售额目标	0.45	0.412	-0.035	0.464
初始特征值	10.104	1.241	1.049	0.957
转轴后特征值	3.948	3.671	3.329	2.402
解释变异量（%）	17.947	16.688	15.13	10.919
累计解释变异量（%）	17.947	34.635	49.756	60.684

（4）第三次探索性因子分析。

第三次因子分析的因子负荷量如附录表 D.5 所示，其中第一个共同因子中有 4 个题项属于职业发展机会满意度维度，1 个题项属于绩效与认可满意度维度，1 个题项属于工作生活平衡满意度维度，根据删除包含题项较少的维度中题项的原则，删除题项 14、17；同理删除题项 10，并采用固定因子数法进行第四次探索性因子分析。

附录表 D.5　　第三次因子负荷量表

题项	因子			
	1	2	3	4
21. 对公司提供的晋升机会	0.688	0.242	0.146	0.218
22. 对公司提供的未来职业发展指导	0.664	0.344	0.25	0.235
19. 对公司提供的培训，如入职培训、其他技能培训等	0.646	0.369	0.13	0.152
20. 对公司提供的学习费用资助	0.61	0.213	0.464	0.068
17. 对公司给予业绩突出的员工数额较大的物质奖励	0.578	0.289	0.291	0.302
14. 对目前公司工作场所的舒适、整洁和安全保护	0.568	-0.01	0.105	0.497
6. 对目前公司提供的节日红包礼品、内部购物折扣等	0.417	0.677	0.077	0.204
2. 对目前的加薪	0.198	0.649	0.317	0.183
1. 对目前固定工资，也就是基本工资	0.118	0.612	0.378	0.267
3. 对目前各种奖金，如销售或送货提成、月季度奖、年终奖等	0.304	0.595	0.272	0.225
9. 对目前公司提供的加班费	0.37	0.539	0.247	0.268
8. 对目前公司提供的各类补贴，如交通补贴、餐补、外勤补贴等	0.415	0.511	0.444	0.021
7. 对目前公司提供的带薪休假、带薪病假、带薪事假	0.062	0.26	0.736	0.253
12. 对目前公司给予员工照顾家庭帮助，如请假照顾老人孩子、提供子女	0.27	0.388	0.708	0.096
11. 对目前公司安排的旅游、体检、健身活动、心理健康帮助等	0.351	0.317	0.686	0.167
13. 对目前公司组织的社区送温暖、福利院等志愿活动	0.473	-0.003	0.631	0.247
5. 对目前公司提供的商业人寿保险、商业医疗保险	0.137	0.304	0.471	0.412

续表

题项	因子			
	1	2	3	4
15. 对公司对您的工作业绩要求，如销售量、销售额目标	0.237	0.273	0.138	0.713
18. 对公司对工作给予的口头或书面表扬、奖状等肯定	0.315	0.113	0.239	0.647
16. 对上级与您进行的工作业绩谈话	0.294	0.399	0.099	0.534
10. 对目前公司的工作时间安排	-0.044	0.38	0.297	0.443
初始特征值	9.752	1.212	0.998	0.895
转轴后特征值	3.674	3.403	3.303	2.478
解释变异量（%）	17.496	16.204	15.728	11.8
累计解释变异量（%）	17.496	33.7	49.428	61.227

（5）第四次探索性因子分析。

第四次因子分析的因子负荷量如附录表 D.6 所示，其中第二个共同因子中有 3 个题项属于工作生活平衡满意度维度，1 个题项属于福利满意度维度，根据删除包含题项较少的维度中题项的原则，删除题项 7，同理也要删除题项 5，并进行第五次探索性因子分析。

附录表 D.6　　第四次因子负荷量表

题项	因子			
	1	2	3	4
2. 对目前的加薪	0.697	0.299	0.161	0.197
6. 对目前公司提供的节日红包礼品、内部购物折扣等	0.657	0.059	0.433	0.245
1. 对目前固定工资，也就是基本工资	0.646	0.359	0.094	0.264
3. 对目前各种奖金，如销售或送货提成、月季度奖、年终奖等	0.599	0.257	0.288	0.259
9. 对目前公司提供的加班费	0.524	0.236	0.384	0.29
8. 对目前公司提供的各类补贴，如交通补贴、餐补、外勤补贴等	0.509	0.431	0.419	0.058
7. 对目前公司提供的带薪休假、带薪病假、带薪事假	0.31	0.729	0.046	0.201

续表

题　　项	因　　子			
	1	2	3	4
12. 对目前公司给予员工照顾家庭帮助，如请假照顾老人孩子、提供子女	0.426	0.702	0.231	0.136
11. 对目前公司安排的旅游、体检、健身活动、心理健康帮助等	0.306	0.681	0.355	0.19
13. 对目前公司组织的社区送温暖、福利院等志愿活动	-0.004	0.650	0.449	0.255
21. 对公司提供的晋升机会	0.157	0.151	0.743	0.271
19. 对公司提供的培训，如入职培训、其他技能培训等	0.337	0.131	0.681	0.178
22. 对公司提供的未来职业发展指导	0.295	0.257	0.670	0.297
20. 对公司提供的学习费用资助	0.191	0.471	0.607	0.14
18. 对公司对工作给予的口头或书面表扬、奖状等肯定	0.095	0.261	0.228	0.721
15. 对公司对您的工作业绩要求，如销售量、销售额目标	0.274	0.148	0.197	0.713
16. 对上级与您进行的工作业绩谈话	0.31	0.098	0.286	0.663
5. 对目前公司提供的商业人寿保险、商业医疗保险	0.294	0.468	0.099	0.471
初始特征值	8.708	1.096	0.953	0.869
转轴后特征值	3.127	17.142	16.818	2.386
解释变异量（%）	17.37	16.204	15.728	13.257
累计解释变异量（%）	17.37	34.512	51.33	64.587

（6）探索性因子分析结果。

第五次因子分析的因子负荷量如附录表 D.7 所示，最终全面薪酬满意度量表由五维度降到四维度，删除题项 4、5、7、10、14 和 17，保留 16 个题项，包含 4 个共同因子。根据因子负荷量的大小以及各共同因子所包含题项的特征将剩余的 16 个题项归为以下四个维度：因子一包括题项 1、2、3、6、8、9，将该因子称之为“薪酬福利满意度”；因子二包括题项 19、20、21、22，将该因子称之为“职业发展机会满意度”；因子三包括题项 11、12、13，将该因子称之为“工作生活平衡满意度”；因子四包括题项 15、16、

18，将该因子称之为“绩效与认可满意度”；从解释变异量来看，薪酬福利满意度为 20.236%，职业发展机会满意度为 17.774%，工作生活平衡满意度为 14.909%，绩效与认可满意度为 13.748%，四个维度的总解释力度达到 66.667% >60%，表明萃取后保留的因子相当理想。由此，以我国中东部零售企业员工为样本，获得了包含薪酬福利满意度、职业发展机会满意度、工作生活平衡满意度和绩效与认可满意度的四维度全面薪酬测量维度结构。

附录表 D.7　　第五次因子负荷量表

维度	题项	因子			
		1	2	3	4
薪酬福利满意度	2. 对目前的加薪	0.728	0.194	0.189	0.198
	1. 对目前固定工资，也就是基本工资	0.701	0.061	0.288	0.293
	3. 对目前各种奖金，如销售或送货提成、月季度奖、年终奖等	0.612	0.295	0.196	0.282
	6. 对目前公司提供的节日红包礼品、内部购物折扣等	0.610	0.54	-0.019	0.207
	8. 对目前公司提供的各类补贴，如交通补贴、餐补、外勤补贴等	0.551	0.39	0.408	0.069
	9. 对目前公司提供的加班费	0.529	0.378	0.225	0.295
职业发展机会满意度	21. 对公司提供的晋升机会	0.112	0.728	0.239	0.278
	19. 对公司提供的培训，如入职培训、其他技能培训等	0.283	0.700	0.16	0.196
	22. 对公司提供的未来职业发展指导	0.28	0.658	0.308	0.293
	20. 对公司提供的学习费用资助	0.229	0.593	0.49	0.112
工作生活平衡满意度	13. 对目前公司组织的社区送温暖、福利院等志愿活动	0.1	0.281	0.762	0.275
	11. 对目前公司安排的旅游、体检、健身活动、心理健康帮助等	0.413	0.251	0.689	0.203
	12. 对目前公司给予员工照顾家庭帮助，如请假照顾老人孩子、提供子女	0.548	0.171	0.646	0.124

续表

维度	题项	因子			
		1	2	3	4
绩效与认可满意度	18. 对公司对工作给予的口头或书面表扬、奖状等肯定	0.136	0.154	0.318	0.726
	16. 对上级与您进行的工作业绩谈话	0.295	0.248	0.123	0.707
	15. 对公司对您的工作业绩要求，如销售量、销售额目标	0.277	0.26	0.072	0.699
	初始特征值	7.926	0.989	0.929	0.822
	转轴后特征值	3.238	2.844	2.385	2.2
	解释变异量（%）	20.236	17.774	14.909	13.748
	累计解释变异量（%）	20.236	38.01	52.919	66.667

3. 全面薪酬满意度量表的信度分析。

对探索性因子分析删除题项 4、5、7、10、14 和 17 后的全面薪酬满意度量表进行信度分析，其 Cronbach's α 系数如附录表 D.8 所示，全面薪酬满意度总量表 Cronbach's α 系数为 0.932 >0.9 这一非常理想水平，表明总量表信度非常高，其中薪酬福利满意度、职业发展机会满意度、工作生活平衡满意度三个分量表 Cronbach's α 系数分别为 0.859、0.826、0.822，均大于 >0.8 这一理想水平，绩效与认可满意度分量表的 Cronbach's α 系数为 0.733 >0.7，表明全面薪酬满意度分量表的信度很高或高。

附录表 D.8　　全面薪酬满意度量表信度分析结果

	薪酬福利满意度	职业发展机会满意度	工作生活平衡满意度	绩效与认可满意度	总量表
Cronbach's α 系数	0.859	0.826	0.822	0.733	0.932

4. 全面薪酬满意度量表的验证性因子分析。

根据前述探索性因子分析获得的四维度全面薪酬满意度量表，建立验证性因子分析的概念模型图进行分析，所得结果如附录图 D.1 和附录表 D.9 所示，标准化回归系数均介于 0.50 ~0.95，说明模型基本的适配度良好；全面薪酬满意度量表的各项拟合指标：$\chi^2/df = 1.795 < 5$，RMSEA 为 $0.059 < 0.08$，RMR 为 $0.047 < 0.05$，NFI、TLI、CFI、GFI 均大于 0.9，AGFI 大于 0.8，均符合评估模型适配度的指标标准，说明全面薪酬满意度四维度模型拟合良好，构念效度较高。

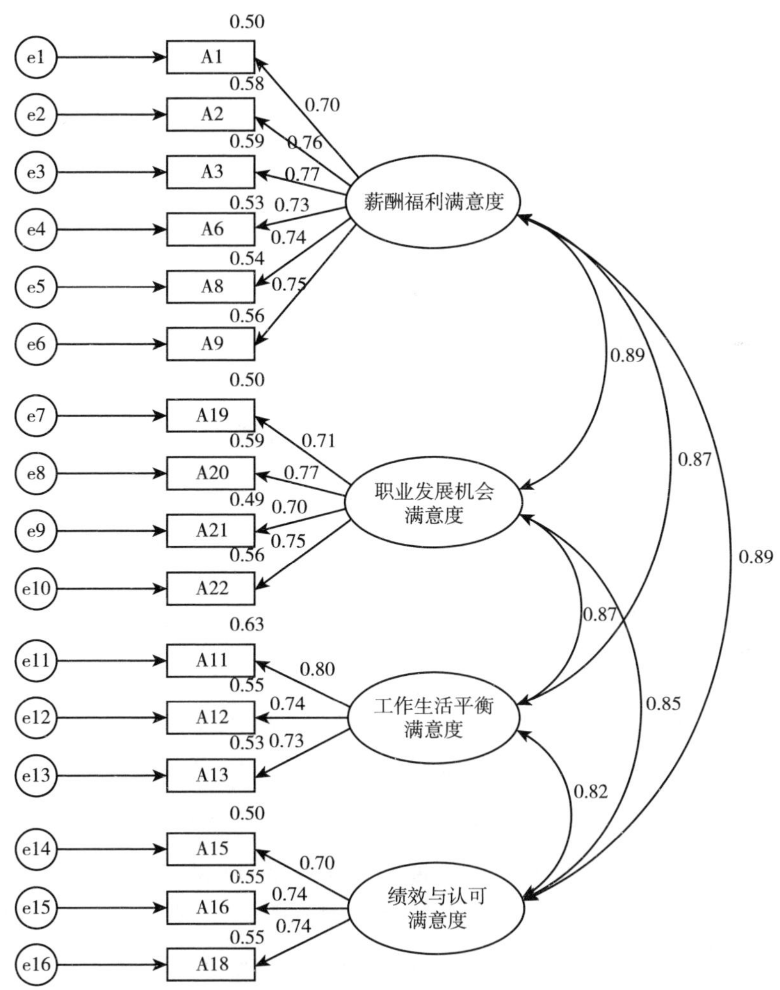

附录图 D.1　全面薪酬满意度量表结构模型图

附录表 D.9　　全面薪酬满意度测量模型的拟合指标

	χ^2/df	NFI	TLI	CFI	GFI	AGFI	RMSEA	RMR
四维模型	1.795	0.915	0.951	0.96	0.913	0.879	0.059	0.047

（二）全面薪酬满意度激励效应的统计检验

1. 研究假设。

以我国东中部零售企业员工为样本，获得全面薪酬满意度测量维度结构包括薪酬福利满意度、工作生活满意度、绩效与认可满意度和职业发展满意度四个维度，将薪酬满意度和福利满意度合并为一个维度，因此本部分假设也将前述以薪酬满意度和福利满意度为自变量的假设合并，假设理论逻辑推演和文献支持完全一致，不再赘述。具体假设如下：

（1）全面薪酬满意度对工作绩效的影响。

H1：全面薪酬满意度对工作绩效有显著正向影响；

H1a：全面薪酬满意度对任务绩效有显著正向影响；

H1a－1：薪酬福利满意度对任务绩效有显著正向影响；

H1a－2：工作生活平衡满意度对任务绩效有显著正向影响；

H1a－3：绩效与认可满意度对任务绩效有显著正向影响；

H1a－4：职业发展机会满意度对任务绩效有显著正向影响。

H1b：全面薪酬满意度对周边绩效有显著正向影响；

H1b－1：薪酬福利满意度对周边绩效有显著正向影响；

H1b－2：工作生活平衡满意度对周边绩效有显著正向影响；

H1b－3：绩效与认可满意度对周边绩效有显著正向影响；

H1b－4：职业发展机会满意度对周边绩效有显著正向影响。

（2）组织支持感的中介作用。

H2：全面薪酬满意度对组织支持感有显著正向影响；

H2－1：薪酬福利满意度对组织支持感有显著正向影响；

H2－2：工作生活平衡满意度对组织支持感有显著正向影响；

H2－3：绩效与认可满意度对组织支持感有显著正向影响；

H2－4：职业发展机会满意度对组织支持感有显著正向影响。

H3：组织支持感对工作绩效有显著正向影响；

H3a：组织支持感对任务绩效有显著正向影响；

H3b：组织支持感对周边绩效有显著正向影响。

H4：组织支持感在全面薪酬满意度对工作绩效的影响中起中介作用；

H4a：组织支持感在全面薪酬满意度对任务绩效的影响中起中介作用；

H4a－1：组织支持感在薪酬福利满意度对任务绩效的影响中起中介作用；

H4a－2：组织支持感在工作生活平衡满意度对任务绩效的影响中起中介作用；

H4a－3：组织支持感在绩效与认可满意度对任务绩效的影响中起中介作用；

H4a－4：组织支持感在职业发展机会满意度对任务绩效的影响中起中介作用。

H4b：组织支持感在全面薪酬满意度对周边绩效的影响中起中介作用；

H4b－1：组织支持感在薪酬福利满意度对周边绩效的影响中起中介作用；

H4b－2：组织支持感在工作生活平衡满意度对周边绩效的影响中起中介作用；

H4b－3：组织支持感在绩效与认可满意度对周边绩效的影响中起中介作用；

H4b－4：组织支持感在职业发展机会满意度对周边绩效的影响中起中介作用。

（3）薪酬沟通的调节作用。

H5：薪酬沟通在全面薪酬满意度对组织支持感的影响中起正向调节作用。具体而言，当薪酬沟通程度越高时，全面薪酬满意度与组织支持感之间关系越强；

H5－1：薪酬沟通在薪酬福利满意度对组织支持感的影响中起正向调节作用；

H5－2：薪酬沟通在工作生活平衡满意度对组织支持感的影响中起正向调节作用；

H5－3：薪酬沟通在绩效与认可满意度对组织支持感的影响中起正向调节作用；

H5－4：薪酬沟通在职业发展机会满意度对组织支持感的影响中起正向

调节作用。

（4）薪酬沟通的被调节的中介作用。

H6：薪酬沟通正向调节了全面薪酬满意度通过组织支持感影响工作绩效的中介作用。具体而言，薪酬沟通程度越高，组织支持感的中介作用越强；

H6a：薪酬沟通正向调节了全面薪酬满意度通过组织支持感影响任务绩效的中介作用；

H6a-1：薪酬沟通正向调节了薪酬福利通过组织支持感影响任务绩效的中介作用；

H6a-2：薪酬沟通正向调节了工作生活平衡满意度通过组织支持感影响任务绩效的中介作用；

H6a-3：薪酬沟通正向调节了绩效与认可满意度通过组织支持感影响任务绩效的中介作用；

H6a-4：薪酬沟通正向调节了职业发展机会满意度通过组织支持感影响任务绩效的中介作用。

H6b：薪酬沟通正向调节了全面薪酬满意度通过组织支持感影响周边绩效的中介作用；

H6b-1：薪酬沟通正向调节了薪酬福利满意度通过组织支持感影响周边绩效的中介作用；

H6b-2：薪酬沟通正向调节了工作生活平衡满意度通过组织支持感影响周边绩效的中介作用；

H6b-3：薪酬沟通正向调节了绩效与认可满意度通过组织支持感影响周边绩效的中介作用；

H6b-4：薪酬沟通正向调节了职业发展机会满意度通过组织支持感影响周边绩效的中介作用。

根据以上假设，构建全面薪酬满意度激励效应的研究模型。

2. 量表的信度检验。

附录D第一部分对全面薪酬满意度信度检验表明该量表信度很高。以下对组织支持感、薪酬沟通和工作绩效进行信度分析，三个量表的Cronbach's α系数如附录表D.10所示。组织支持感、薪酬沟通量表的Cronbach's α系数分别为0.845、0.806>0.8，说明该两个量表信度都高；工作绩效总量表的

Cronbach's α 系数为 0.880 >0.8，说明该量表信度高，其中任务绩效分量表的 Cronbach's α 系数为 0.717 >0.7，周边绩效分量表的 Cronbach's α 系数为 0.845 >0.8，说明分量表信度高或很高。

附录表 D.10　　变量量表信度分析

变量	维度	Cronbach's α 系数	总量表
组织支持感	—	0.845	0.845
薪酬沟通	—	0.806	0.806
工作绩效	任务绩效	0.717	0.880
	周边绩效	0.845	

3. 量表的构念效度检验。

附录 D 第一部分的结论表明全面薪酬满意度具有良好的构念效度。以下对组织支持感、薪酬沟通和工作绩效量表进行验证性因子分析，以检验其构念效度。

（1）组织支持感量表的构念效度检验。

本书采用组织支持感单维度结构量表，根据该理论知识构建验证性因子分析的概念模型图进行分析，结果如附录图 D.2 和附录表 D.11 所示，标准化回归系数均介于 0.50 ~ 0.95，说明模型基本的适配度良好；组织支持感量表的各项拟合指标：$\chi^2/df = 3.072 < 5$，RMSEA 为 0.096 <0.1，RMR 为 0.032 <0.05，NFI、TLI、CFI、GFI、AGFI 均大于 0.9，均符合评估模型适配度的指标标准，说明组织支持感单维度模型拟合良好，构念效度较高。

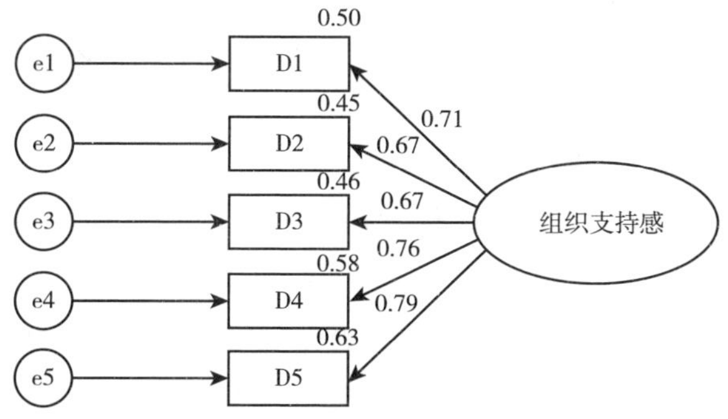

附录图 D.2　组织支持感量表结构模型图

附录表 D.11　　组织支持感测量模型的拟合指标

	χ^2/df	NFI	TLI	CFI	GFI	AGFI	RMSEA	RMR
单维模型	3.072	0.964	0.951	0.975	0.972	0.915	0.096	0.032

（2）薪酬沟通量表的构念效度检验。

本书采用薪酬沟通单维度结构量表，根据该理论知识构建验证性因子分析的概念模型图进行分析，结果如附录图 D.3 和附录表 D.12 所示，标准化回归系数均介于 0.50～0.95，说明模型基本的适配度良好；薪酬沟通量表的各项拟合指标：$\chi^2/df = 2.106 < 5$，RMSEA 为 0.070 < 0.08，RMR 为 0.042 < 0.05，NFI、TLI、CFI、GFI、AGFI 均大于 0.9，均符合评估模型适配度的指标标准，说明薪酬沟通单维度模型拟合良好，构念效度较高。

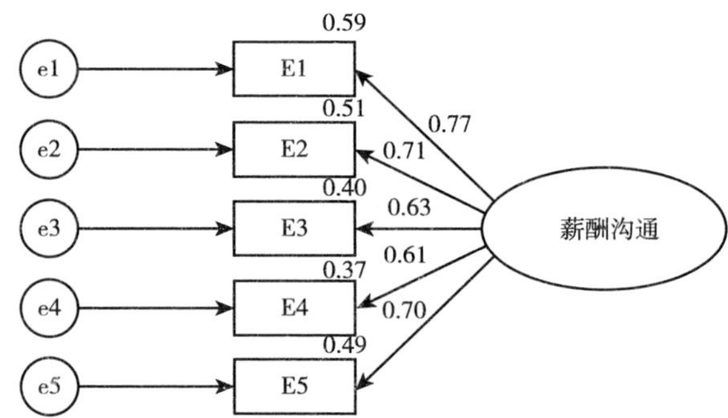

附录图 D.3　薪酬沟通量表结构模型图

附录表 D.12　　薪酬沟通测量模型的拟合指标

	χ^2/df	NFI	TLI	CFI	GFI	AGFI	RMSEA	RMR
一维模型	2.106	0.970	0.967	0.984	0.982	0.946	0.070	0.042

（3）工作绩效量表的构念效度检验。

本书采用工作绩效二维度结构量表，根据该理论知识构建验证性因子分析的概念模型图进行分析，结果如附录图 D.4 和附录表 D.13 所示，标准化回归系数均介于 0.50～0.95，说明模型基本的适配度良好；工作绩效量表的各项拟合指标：$\chi^2/df = 1.497 < 5$，RMSEA 为 0.047 < 0.05，RMR 为 0.026 < 0.05，TLI、CFI、GFI、AGFI 均大于 0.90，NFI 大于 0.8，均符

合评估模型适配度的指标标准，说明工作绩效二维度模型拟合良好，构念效度较高。

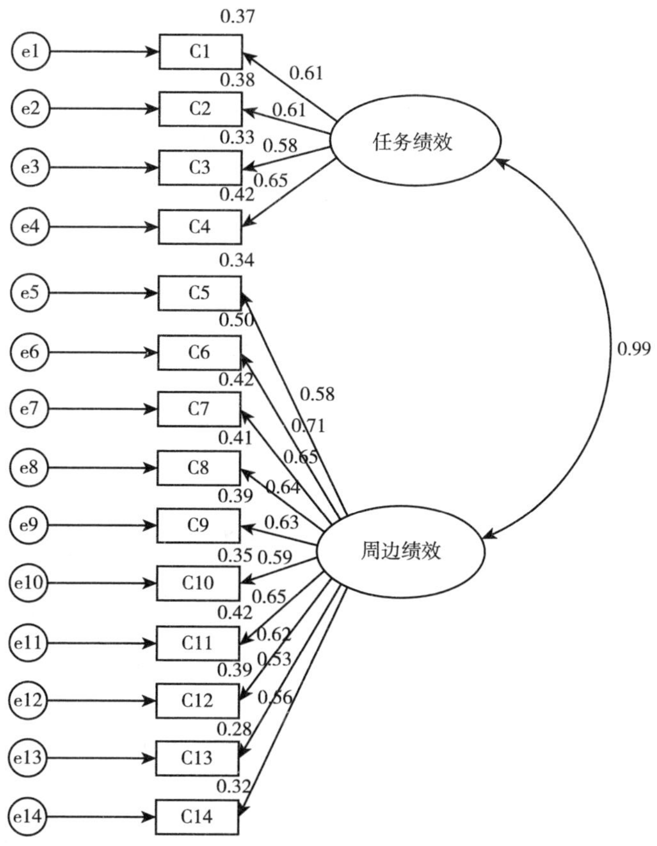

附录图 D.4 工作绩效量表结构模型图

附录表 D.13 工作绩效测量模型的拟合指标

	χ^2/df	NFI	TLI	CFI	GFI	AGFI	RMSEA	RMR
二维模型	1.497	0.898	0.956	0.963	0.932	0.906	0.047	0.026

4. 区别效度检验。

利用 AMOS23.0 进行验证性因子分析，检验全面薪酬满意度五维度、薪酬沟通、组织支持感、任务绩效、周边绩效 9 个变量之间的区别效度，得出九因子模型与八个备择因子模型的拟合指标对比情况。检验结果如表 5.5 所示，九因子模型的各项拟合指标均符合评断模型适配度良好的指标标准，具有较好的拟合效度，且在各种替代和嵌套模型中，九因子模型对实际数据拟合最为理想，拟合度优于其他模型，表明量表区别效度良好。

利用 AMPOS23.0 进行验证性因子分析检验全面薪酬满意度四维度、组织支持感、薪酬沟通、任务绩效、周边绩效 8 个变量之间的区别效度，得出八因子模型与七个备择因子模型的拟合指标对比情况，结果如附录表 D.14 所示。八因子模型的各项拟合指标均符合评断模型适配度良好的指标标准，具有较好的拟合效度，$\chi^2/df<5$，RMSEA <0.05，RMR <0.08，TLI、CFI 均高于 0.9，且在各种替代和嵌套模型中，八因子模型对实际数据拟合最为理想，拟合度优于其他模型，表明量表区别效度良好。

附录表 D.14　　备择模型比较

	χ^2	df	χ^2/df	TLI	CFI	RMSEA	RMR
八因子模型	1011.976	712	1.421	0.923	0.930	0.043	0.055
七因子模型	1045.681	719	1.454	0.917	0.923	0.045	0.056
六因子模型	1073.511	725	1.481	0.912	0.918	0.046	0.057
五因子模型	1098.430	730	1.505	0.908	0.913	0.047	0.058
四因子模型	1265.578	734	1.724	0.867	0.875	0.057	0.071
三因子模型	1267.330	737	1.720	0.868	0.875	0.057	0.071
二因子模型	1639.504	739	2.219	0.777	0.789	0.074	0.120
单因子模型	2201.677	740	2.975	0.638	0.657	0.094	0.091

注：七因子模型是基于八因子模型将职业发展机会满意度和绩效认可满意度合并；六因子模型是基于七因子模型将薪酬福利满意度和工作生活平衡满意度合并；五因子模型是基于六因子模型将全面薪酬满意度四维度合并；四因子模型是基于五因子模型将全面薪酬满意度与薪酬沟通合并；三因子模型是基于四因子模型将任务绩效、周边绩效合并；二因子模型基于三因子模型将组织支持感、任务绩效、周边绩效合并；单因子模型将全面薪酬满意度、组织支持感、薪酬沟通、任务绩效和周边绩效合并。

5. 量表的共同方法偏差检验。

采用 Harman 单因子检验法对共同方法偏差进行统计检验，将薪酬满意度、福利满意度、工作生活平衡满意度、绩效与认可满意度、职业发展机会满意度、组织支持感、薪酬沟通、任务绩效和周边绩效九个变量的所有题项进行探索性因子分析，在提出六个特征值大于 1 且未做任何旋转的情况下，得到第一个主成分因子解释方差为 32.427%，不到 40%，在可接受范围内，说明本量表的共同方法偏差问题不严重，处于可控水平。

6. 描述性统计分析与相关分析。

本书对控制变量性别（G）、年龄（A）、工作年限（Y）、学历（E）、职位层级（P），以及薪酬福利满意度（PBS）、工作生活平衡满意度（WL）、绩效与认可满意度（PR）、职业发展机会满意度（DO）、组织支持感（POS）、薪酬沟通（CC）、任务绩效（JP）、周边绩效（CP）共13个变量进行描述性统计分析与皮尔逊相关分析[①]，结果如附录表D.15所示。描述性统计分析简述如下：第一，全面薪酬满意度均值为3.224，说明总体上全面薪酬满意度处于一般水平，从分维度均值来看，从高到低依次是绩效与认可满意度（3.418）、职业发展机会满意度（3.285）、薪酬福利满意度（3.167）、工作生活平衡满意度（3.062）；第二，组织支持感均值为3.448，说明组织支持感处于一般水平；第三，薪酬沟通均值为3.327，说明薪酬沟通处于一般水平；第四，工作绩效均值为3.999，说明总体上工作绩效接近较高水平，从分维度均值来看，周边绩效（4.026）略高于任务绩效（3.898）。由相关分析结果可知，薪酬福利满意度、工作生活平衡满意度、绩效与认可满意度、职业发展机会满意度均与任务绩效显著正相关（$r=0.232$、$r=0.179$、$r=0.337$、$r=0.283$，且p均小于0.01），且与周边绩效显著正相关（$r=0.257$、$r=0.198$、$r=0.326$、$r=0.291$，$p<0.01$）；全面薪酬四维度均与组织支持感显著正相关（$r=0.586$、$r=0.502$、$r=0.512$、$r=0.628$，$p<0.01$）；组织支持感与任务绩效显著正相关（$r=0.444$，$p<0.01$），与周边绩效显著正相关（$r=0.454$，$p<0.01$）；薪酬沟通分别与组织支持感、任务绩效、周边绩效显著正相关（$r=0.677$、$r=0.310$、$r=0.322$，$p<0.01$）。

7. 有调节中介模型假设检验。

（1）主效应检验。

如附录表D.16所示，检验全面薪酬满意度对工作绩效影响的主效应。模型1是以任务绩效为因变量，对控制变量（性别、年龄、工作年限、学历、职位层级）进行回归分析的结果；在此基础上，分别加入自变量薪酬福利满意度、工作生活平衡满意度、绩效与认可满意度、职业发展机会满意

① 各变量括号中的字母为变量符号，本部分附录表D.15～附录表D.19的变量采用对应的变量符号表示。

附录表 D.15　描述性统计分析与相关分析

	均值	标准差	G	A	Y	E	P	PBS	WL	PR	DO	POS	CC	JP	CP
G	1.54	0.499	1												
A	2.62	0.816	-0.096*	1											
Y	3.11	1.105	-0.094*	0.572**	1										
E	3.09	0.926	-0.055	-0.07	0.066	1									
P	1.91	1.090	-0.107*	0.139**	0.236**	0.178**	1								
PBS	3.167	0.872	-0.116*	-0.183**	-0.007	0.094*	0.149**	1							
WL	3.062	1.004	-0.075	-0.120**	0.024	0.07	0.155**	0.743**	1						
PR	3.418	0.807	-0.004	-0.115*	0.001	0.053	0.155**	0.682**	0.592**	1					
DO	3.285	0.870	-0.08	-0.137**	-0.002	0.083	0.171**	0.741**	0.682**	0.643**	1				
POS	3.448	0.806	-0.027	-0.102*	0.073	0.176**	0.129**	0.586**	0.502**	0.512**	0.628**	1			
CC	3.327	0.911	-0.139**	-0.106*	0.05	0.102*	0.131**	0.594**	0.518**	0.482**	0.608**	0.677**	1		
JP	3.898	0.613	-0.022	0.057	0.033	0.122**	0.156**	0.232**	0.179**	0.337**	0.283**	0.444**	0.310**	1	
CP	4.026	0.508	0.054	0.062	0.04	0.036	0.105*	0.257**	0.198**	0.326**	0.291**	0.454**	0.322**	0.695**	1

注：** $p<0.01$，* $p<0.05$。

附录表 D.16 全面薪酬满意度和组织支持感对工作绩效影响的回归分析结果

变量	任务绩效						周边绩效					
	模型 1	模型 2	模型 3	模型 4	模型 5	模型 6	模型 7	模型 8	模型 9	模型 10	模型 11	模型 12
G	0.001	0.034	0.015	0	0.026	0.009	0.073	0.106*	0.085	0.072	0.087	0.08
A	0.054	0.102*	0.08	0.098*	0.097*	0.12**	0.041	0.088*	0.064	0.076*	0.066	0.098**
Y	-0.026	-0.039	-0.035	-0.038	-0.036	-0.064*	-0.007	-0.02	-0.021	-0.017	-0.017	-0.041
E	0.07*	0.064*	0.068*	0.068*	0.064*	0.03	0.015	0.009	0.01	0.013	0.013	-0.02
P	0.078**	0.059*	0.063*	0.047	0.051	0.054*	0.048*	0.029	0.033	0.023	0.034	0.027
PBS		0.165***						0.165***				
WL			0.104***						0.103***			
PR				0.254***						0.209***		
DO					0.197***						0.104***	
POS						0.341***						0.301***
R^2	0.037	0.087	0.064	0.143	0.11	0.225	0.019	0.092	0.059	0.124	0.106	0.232
调整后 R^2	0.026	0.075	0.052	0.132	0.098	0.215	0.008	0.081	0.046	0.113	0.095	0.222
F 值	3.527**	7.304***	5.256***	12.818***	9.44***	22.232***	1.791	7.812***	4.785***	10.845***	9.118***	23.184***

注：*** $p<0.001$，** $p<0.01$，* $p<0.05$。

度，形成模型 2 至模型 5；模型 7 是以周边绩效为因变量，对上述控制变量进行回归分析的结果；在此基础上，分别加入自变量全面薪酬满意度的四维度，形成模型 8 至模型 11。回归分析结果显示，薪酬福利满意度、工作生活平衡满意度、绩效与认可满意度、职业发展机会满意度对任务绩效均有显著正向影响（$\beta = 0.165$、0.104、0.254、0.197，$p < 0.001$），H1a－1、H1a－2、H1a－3 和 H1a－4 得到验证，因此 H1a 通过验证；薪酬福利满意度、工作生活平衡满意度、绩效与认可满意度、职业发展机会满意度对周边绩效均有显著正向影响（$\beta = 0.165$、0.103、0.209、0.104，$p < 0.001$），H1b－1、H1b－2、H1b－3 和 H1b－4 得到验证，因此 H1b 通过验证。

综上，H1a 和 H1b 都通过了统计检验，故 H1 也得到验证。

（2）组织支持感的中介作用检验。

采用层次回归分析法，检验组织支持感在全面薪酬满意度与工作绩效关系中的中介作用。

①全面薪酬满意度对组织支持感影响的检验。

在附录表 D.17 中，模型 13 是以组织支持感为因变量，对控制变量（性别、年龄、工作年限、学历、职位层级）进行回归分析的结果；在此基础上，分别加入自变量薪酬福利满意度、工作生活平衡满意度、绩效与认可满意度和职业发展机会满意度，形成模型 14 至模型 17。回归分析结果显示，全面薪酬满意度四维度均对组织支持感有显著正向影响（$\beta = 0.53$、0.383、0.49、0.568，$p < 0.001$），H2－1、H2－2、H2－3、H2－4 通过验证，因此 H2 通过验证。

附录表 D.17　全面薪酬满意度对组织支持感影响的回归分析结果

变量	组织支持感				
	模型 13	模型 14	模型 15	模型 16	模型 17
G	－0.022	0.084	0.03	－0.025	0.05
A	－0.192***	－0.04	－0.097*	－0.109*	－0.069
Y	0.11**	0.069*	0.077*	0.089*	0.081*
E	0.117**	0.098**	0.109**	0.113***	0.101**
P	0.07*	0.009	0.017	0.011	－0.007

续表

变量	组织支持感				
	模型 13	模型 14	模型 15	模型 16	模型 17
PBS		0.53***			
WL			0.383***		
PR				0.49***	
DO					0.568***
R^2	0.067	0.367	0.282	0.297	0.418
调整后 R^2	0.057	0.358	0.272	0.287	0.411
F 值	6.624***	44.357***	30.046***	32.321***	55.161***

注：*** $p<0.001$，** $p<0.01$，* $p<0.05$。

②组织支持感对工作绩效影响的检验。

在附录表 D.16 中，以任务绩效为因变量，在模型 1 的基础上加入组织支持感变量形成模型 6，根据回归分析结果可知组织支持感对任务绩效有显著正向影响（$\beta=0.341$，$p<0.001$），H3a 通过验证；以周边绩效为因变量，在模型 7 的基础上加入组织支持感变量形成模型 12，根据结果可知组织支持感对周边绩效有显著正向影响（$\beta=0.301$，$p<0.001$），H3b 通过验证。综上，H3 通过验证。

③组织支持感在全面薪酬满意度与工作绩效之间中介作用的检验。

第一，检验组织支持感在全面薪酬满意度与任务绩效之间的中介作用。如附录表 D.18 所示，分别以模型 2、3、4、5 为基础，加入中介变量组织支持感，形成模型 18 至模型 21，回归分析结果显示薪酬福利满意度、工作生活平衡满意度、职业发展机会满意度与任务绩效的关系不再显著（$\beta=-0.024$、-0.035、0.004，$p>0.05$），说明组织支持感在薪酬福利满意度、工作生活平衡满意度、职业发展机会满意度与任务绩效之间起到完全中介作用，H4a-1、H4a-2、H4a-4 通过验证；虽然绩效与认可满意度与任务绩效关系的回归系数为正且显著，但回归系数降低了（$\beta=0.115$，$p<0.01$），说明组织支持感在绩效与认可满意度与任务绩效之间起到部分中介作用，H4a-3 通过验证；综上，H4a 通过验证；第二，检验组织支持感在全面薪酬满意度与周边绩效之间的中介作用。如附录表 D.18 所示，分别以模型 8 至模型 11 为基础，加入中介变量组织支持感，形成模型 22 至模型 25，回归

分析结果显示薪酬福利满意度、工作生活平衡满意度、职业发展机会满意度与周边绩效的关系不再显著（β = 0.008、-0.015、0.012，$p > 0.05$），说明组织支持感在薪酬福利满意度、工作生活平衡满意度、职业发展机会满意度与周边绩效之间起到完全中介作用，H4b-1、H4b-2、H4b-4 得到验证；虽然绩效与认可满意度与周边绩效关系的回归系数为正且显著，但回归系数降低了（β = 0.081，$p < 0.01$），说明组织支持感在绩效与认可满意度与周边绩效之间起到部分中介作用，H4b-3 通过验证；综上，H4b 通过验证。

为增强检验中介作用的统计效力，本书采用 Bootstrap 法再次分别检验组织支持感在全面薪酬满意度四维度与任务绩效、周边绩效之间的中介作用。第一，检验组织支持感在薪酬福利满意度、工作生活平衡满意度、绩效与认可满意度、职业发展机会满意度与任务绩效之间的中介作用。检验结果显示，95%置信区间分别为［0.1375，0.2461］、［0.1034，0.1800］、［0.0970，0.1924］、［0.1385，0.2532］均不包括 0，中介作用值分别为 0.1884、0.1386、0.1390、0.1922，由此再次确认组织支持感在薪酬福利满意度、工作生活平衡满意度、绩效与认可满意度、职业发展机会满意度与任务绩效的关系中起到中介作用；第二，检验组织支持感在薪酬福利满意度、工作生活平衡满意度、绩效与认可满意度、职业发展机会满意度与周边绩效之间的中介作用。检验结果显示，95%置信区间分别为［0.1120，0.2122］、［0.0869，0.1583］、［0.0912，0.1765］、［0.1211，0.2189］均不包括 0，中介作用值分别为 0.1568、0.1187、0.1276、0.1667，由此再次确认组织支持感在薪酬福利满意度、工作生活平衡满意度、绩效与认可满意度、职业发展机会满意度与周边绩效的关系中起到中介作用。

附录表 D.18　组织支持感的中介作用的回归分析结果

变量	任务绩效				周边绩效			
	模型 18	模型 19	模型 20	模型 21	模型 22	模型 23	模型 24	模型 25
G	0.004	0.005	0.007	0.009	0.081	0.078	0.078	0.081
A	0.116**	0.115**	0.128***	0.12**	0.1**	0.097**	0.104***	0.1**
Y	-0.064*	-0.063*	-0.063*	-0.064*	-0.041	-0.04	-0.04	-0.04
E	0.029	0.028	0.036	0.03	-0.02	-0.021	-0.016	-0.02

续表

变量	任务绩效				周边绩效			
	模型 18	模型 19	模型 20	模型 21	模型 22	模型 23	模型 24	模型 25
P	0.056 *	0.057 *	0.044	0.053 *	0.026	0.028	0.02	0.026
PBS	-0.024				0.008			
WL		-0.035				-0.015		
PR			0.115 **				0.081 **	
DO				0.004				0.012
POS	0.356 ***	0.362 ***	0.284 ***	0.339 ***	0.296 ***	0.31 ***	0.26 ***	0.293 ***
R^2	0.225	0.227	0.241	0.225	0.232	0.233	0.244	0.232
调整后 R^2	0.214	0.215	0.230	0.213	0.221	0.221	0.233	0.221
F 值	19.091 ***	19.273 ***	20.841 ***	19.017 ***	19.843 ***	19.900 ***	21.177 ***	19.855 ***

注：*** $p<0.001$，** $p<0.01$，* $p<0.05$。

（3）调节作用检验。

运用层次回归分析方法检验薪酬沟通的调节作用，在构建自变量和调节变量的交互项前，先对自变量薪酬福利满意度、工作生活平衡满意度、绩效与认可满意度、职业发展机会满意度以及调节变量薪酬沟通做中心化处理，以避免共线性。回归分析结果如附录表 D.19 所示：第一，在模型 14 的基础上加入调节变量薪酬沟通、薪酬福利满意度与薪酬沟通的交互项，形成模型 26。回归分析结果显示，薪酬福利满意度与薪酬沟通交互项系数不显著（$\beta=0.004$，$p>0.05$），表明薪酬沟通在薪酬福利满意度与组织支持感之间关系中未起到调节作用，H5-1 未通过验证；第二，在模型 15 的基础上加入调节变量薪酬沟通、工作生活平衡满意度与薪酬沟通的交互项，形成模型 27。回归分析结果显示，工作生活平衡满意度与薪酬沟通交互项系数不显著（$\beta=0.039$，$p>0.05$），表明薪酬沟通在工作生活平衡满意度与组织支持感之间关系中未起到调节作用，H5-2 未通过验证；第三，在模型 16 的基础上加入调节变量薪酬沟通、绩效与认可满意度与薪酬沟通的交互项，形成模型 28。回归分析结果显示，绩效与认可满意度与全面薪酬沟通交互项系数不显著（$\beta=0.038$，$p>0.05$），表明薪酬沟通在绩效与认可满意度与组织支持感之间关系中未起到调节作用，H5-3 未通过验证；第四，在模型 17 的基础上加入调节变量薪酬沟通、职业发展机会满意度与薪酬沟通的交互项，形成模型 29。回归分析结果显示，职业发展机会满意度与全面薪酬沟通交互项系数不显著（β = -0.012，p > 0.05），表明薪酬沟通在职业发展机会满意度与组织支持感之间关系中未起到调节作用，H5 - 4 未通过验证。综上，H5 未通过检验。

附录表 D.19　　薪酬沟通的调节作用回归分析结果

变量	组织支持感			
	模型 26	模型 27	模型 28	模型 29
G	0.138	0.119*	0.09	0.118*
A	-0.017**	-0.043	-0.043	-0.031
Y	0.044	0.043	0.048	0.053
E	0.084**	0.088**	0.09**	0.086**
P	0.00000324	0.004	-0.001	-0.01
PBS	0.261***			
WL		0.156***		
PR			0.241***	
DO				0.316***
CC	0.449***	0.508***	0.49***	0.41***
BS * CC	0.004			
WL * CC		0.039		
PR * CC			0.038	
DO * CC				-0.012
R^2	0.53	0.511	0.523	0.551
调整后 R^2	0.521	0.502	0.515	0.544
F 值	64.479***	59.765***	62.802***	70.397***

注：*** $p < 0.001$，** $p < 0.01$，* $p < 0.05$。

（4）有调节的中介作用检验。

基于以上假设的验证得出，组织支持感在全面薪酬满意度的四维度（薪酬福利满意度、工作生活平衡满意度、绩效与认可满意度、职业发展机会满意度）与工作绩效（任务绩效、周边绩效）之间起到中介作用（H4、H4a、

H4b)，但薪酬沟通在薪酬福利满意度、工作生活平衡满意度、绩效与认可满意度、职业发展机会满意度与组织支持感之间的关系调节作用不显著（H5－1、H5－2、H5－3、H5－4)，不满足有调节的中介作用模型检验条件，因此 H6a－1、H6a－2、H6a－3、H6a－4 和 H6b－1、H6b－2、H6b－3、H6b－4 均未通过检验，故 H6a 和 H6b 也无法通过检验；综上，H6 不能通过检验。

附录 E　个体视角下全面薪酬满意度分选效应稳健性检验

在附录 D，以我国东中部零售企业员工为样本，获得了包括薪酬福利满意度、工作生活满意度、绩效与认可满意度和职业发展满意度四维度的全面薪酬满意度测量维度结构，因此本部分假设与全面薪酬满意度五维度结构假设略有不同，但假设理论逻辑推演和文献支持完全一致，不再赘述。具体假设如下：

H7：全面薪酬满意度存在多个有区别的潜在剖面。

H8：不同员工子群体的全面薪酬满意度对离职倾向的影响是不同的。

H9：在工作价值观上全面薪酬满意度对离职倾向的不同影响具有个体差异。

H9－1：薪酬福利满意度对离职倾向有显著负向影响的员工，经济报酬取向得分显著更高；

H9－2：工作生活平衡满意度对离职倾向有显著负向影响的员工，舒适生活取向得分显著更高；

H9－3：绩效与认可满意度对离职倾向有显著负向影响的员工，成就认可取向得分显著更高；

H9－4：职业发展机会满意度对离职倾向有显著负向影响的员工，能力成长取向得分显著更高。

本书基于我国东中部零售企业的样本数据，对个体视角下全面薪酬满意度分选效应的研究假设进行统计检验，具体包括：使用 spss20.0 和 Amos23.0 软件对量表进行信度与效度检验、共同方法偏差检验；spss20.0 和 Mplus7.4 软件对样本数据进行描述性统计分析和相关分析、潜在剖面分析、方差分析、回归分析和 T 检验。

（一）样本来源和基本信息概况

样本来自 2017 年 2 月对我国东部地区的实体零售企业和零售电商签订正式劳动合同员工进行的线上问卷调查，最终共收回问卷 511 份，通过筛选获得有效问卷 467 份，有效率为 91.39%。

根据邱皓政（2013：337）和 Yang（2006）对样本量的要求，从东中部零售企业的 467 份总体有效样本中随机抽取了 291 份样本数据（Wang，Hanges，2011），以进行假设检验。样本基本信息如下：第一，在性别分布上，男性占 36.4%，女性占 63.6%；第二，在年龄分布上，23 岁以下占 21.0%，23～29 岁占 27.8%，30～39 岁占 27.5%，40 岁以上占 23.7%；第三，在学历分布上，高中或中专及以下占 59.5%，大专占 26.5%，本科及以上占 14.1%；第四，在当前单位工作年限分布上，1 年以下占 21.0%，1～2 年占 27.8%，3～5 年占 27.5%，6 年以上占 23.7%；第五，在职位层级分布上，普通员工占 52.6%，组长占 16.2%，主管占 12.7%，部门经理占 12.7%，店长占 5.8%；第六，在每月税后工资分布上，2000 元以下占 8.6%，2001～3000 元占 46.1%，3001～4000 元占 22.0%，4001～5000 元占 12.7%，5001～7000 元、7001～1 万元、1 万元以上分别占 6.5%、3.4%、0.7%；第七，在零售业态分布上，大中型百货商场/购物中心占 31.2%、大卖场/中等规模超市/仓储会员店占 26.6%、便利店占 15.6%、专业/专卖店占 15.6%、B2C 自营电商/O2O 电商占 11.0%；第八，在地区分布上，北京占 19.3%、上海占 11.9%、广东占 21.1%、其他东部地区占 28.4%、中部地区占 19.3%。

附录表 E.1　样本的基本信息

项目	样本特征	百分比	有效百分比
性别	男	36.4%	36.4%
	女	63.6%	63.6%
	合计	100.0%	100.0%

续表

项目	样本特征	百分比	有效百分比
年龄	18～22岁	21.0%	21.0%
	23～29岁	27.8%	27.8%
	30～39岁	27.5%	27.5%
	40岁及以上	23.7%	23.7%
	合计	100.0%	100.0%
学历	高中及以下	59.5%	59.5%
	大专	26.5%	26.5%
	本科及以上	14.1%	14.1%
	合计	100.0%	100.0%
工作年限	1年以下	21.0%	21.0%
	1～2年	27.8%	27.8%
	3～5年	27.5%	27.5%
	6年以上	23.7%	23.7%
	合计	100.0%	100.0%
职位层级	普通员工	52.6%	52.6%
	组长	16.2%	16.2%
	主管	12.7%	12.7%
	部门经理	12.7%	12.7%
	店长	5.8%	5.8%
	合计	100.0%	100.0%
每月税后工资	2000元以下	8.6%	8.6%
	2001～3000元	46.1%	46.1%
	3001～4000元	22.0%	22.0%
	4001～5000元	12.7%	12.7%
	5001～7000元	6.5%	6.5%
	7001～1万元	3.4%	3.4%
	1万元以上	0.7%	0.7%
	合计	100.0%	100.0%

续表

项目	样本特征	百分比	有效百分比
零售业态	大中型百货商场/购物中心	31.2%	31.2%
	大卖场/中等规模超市/仓储会员店	26.6%	26.6%
	便利店	15.6%	15.6%
	专业/专卖店	15.6%	15.6%
	B2C 自营电商/O2O 电商	11.0%	11.0%
	合计	100.0%	100.0%
地区	北京	19.3%	19.3%
	上海	11.9%	11.9%
	广东	21.1%	21.1%
	其他东部：津/冀/辽/苏/浙/鲁/闵/琼	28.4%	28.4%
	中部：黑/吉/晋/徽/赣/豫/鄂/湘	19.3%	19.3%
	合计	100.0%	100.0%

（二）量表的信度检验

对全面薪酬满意度、工作价值观和离职倾向进行信度分析，三个量表的 Cronbach's α 系数如附录表 E.2 所示。全面薪酬满意度总量表的 Cronbach's α 系数为 0.929 >0.9，说明总量表的信度很高，薪酬福利满意度、工作生活平衡满意度、绩效认可满意度、职业发展机会满意度分量表的 Cronbach's α 系数分别为 0.908、0.869、0.772、0.850 >0.9、0.8 或 0.7，说明分量表信度很高或高；工作价值观总量表的 Cronbach's α 系数为 0.848 >0.8，说明总量表信度高，经济报酬取向、舒适生活取向、成就认可取向、能力成长取向分量表的 Cronbach's α 系数分别为 0.828、0.766、0.818、0.759 >0.8 或 0.7，说明分量表信度很高或高；离职倾向量表的 Cronbach's α 系数为 0.850 > 0.8，说明量表信度高。

附录表 E.2　　变量量表信度分析

变量	维度	Cronbachah's α 系数	总量表
全面薪酬满意度	薪酬福利满意度	0.908	0.929
	工作生活平衡满意度	0.869	
	绩效与认可满意度	0.772	
	职业发展机会满意度	0.850	
工作价值观	经济报酬取向	0.828	0.848
	舒适生活取向	0.766	
	成就认可取向	0.818	
	能力成长取向	0.759	
离职倾向	—	0.850	0.850

（三）量表的效度检验

1. 量表构念效度检验。

（1）全面薪酬满意度量表的构念效度检验。

以我国东中部零售企业为样本获得全面薪酬满意度四维度结构，根据该理论知识构建验证性因子分析的概念模型图进行分析，结果如附录图 E.1 和附录表 E.3 所示，标准化回归系数均介于 0.60 ~ 0.95，说明模型基本的适配度良好。全面薪酬满意度量表的各项拟合指标：$\chi^2/df = 2.214 < 5$，RMSEA 为 0.065 <0.08，RMR 为 0.053 <0.08，NFI、TLI、CFI、GFI 均大于 0.90，AGFI 大于 0.8，均达到评估模型适配度的指标标准，说明全面薪酬满意度四维度模型拟合良好，构念效度较高。

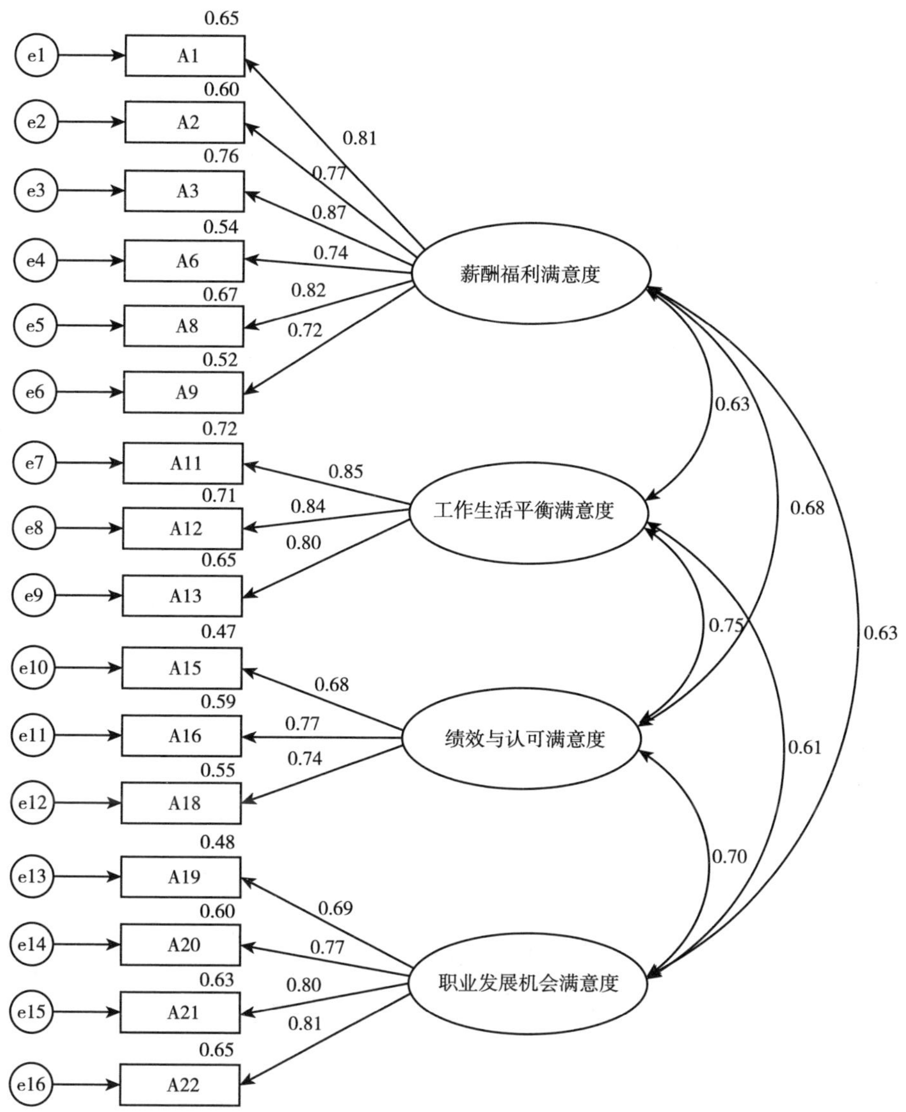

附录图 E.1　全面薪酬满意度量表结构模型图

附录表 E.3　全面薪酬满意度测量模型的拟合指标

	χ^2/df	NFI	TLI	CFI	GFI	AGFI	RMSEA	RMR
四维模型	2.214	0.924	0.946	0.956	0.914	0.881	0.065	0.053

（2）工作价值观量表的构念效度检验。

本书采用工作价值观四维度结构量表，根据该理论知识构建验证性因子分析的概念模型图进行分析，结果如附录图 E.2 和附录表 E.4 所示，标准化回归系数均介于 0.60～0.95，说明模型基本的适配度良好。工作价值观量表的各项拟合指标：χ^2/df 为 1.274 < 5，RMSEA 为 0.030 < 0.1，RMR 为 0.025 < 0.05，NFI、TLI、CFI、GFI、AGFI 均大于 0.90，均达到评估模型适配度的指标标准，说明工作价值观四维度模型拟合良好，构念效度较高。

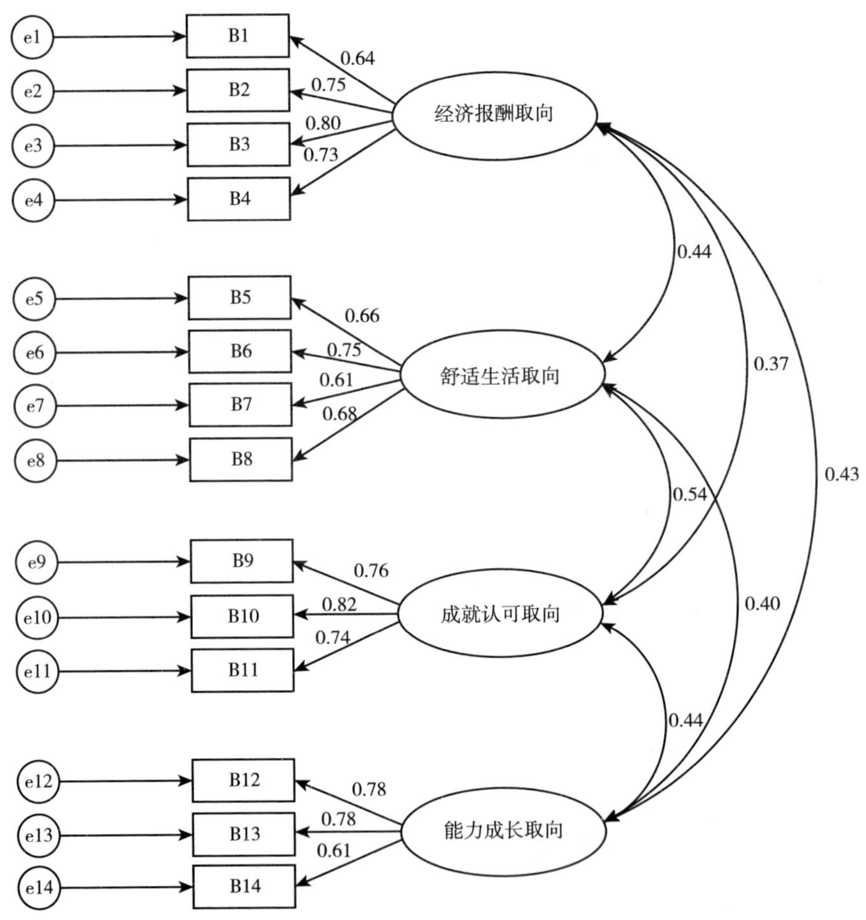

附录图 E.2　工作价值观量表结构模型图

附录表 E.4　　　　　　　工作价值观测量模型的拟合指标

	χ^2/df	NFI	TLI	CFI	GFI	AGFI	RMSEA	RMR
五维模型	1.274	0.940	0.983	0.987	0.959	0.940	0.030	0.025

（3）离职倾向量表的构念效度检验。

由于离职倾向量表是单维度 3 个题项，因此需要运用探索性因子分析进行构念效度检验。首先进行 KMO 和 Bartlett 球形检验，其中 KMO 值是 0.734 >0.7，说明题项变量间关系尚可，达到进行探索性因子分析基本要求；Bartlett 球形检验的显著水平达到 0.000，自由度是 3，近似卡方值是 387.587，说明该量表内有共同因子存在，进一步表明量表适合进行探索性因子分析。其次，对离职倾向量表单维度 3 个题项进行探索性因子分析，采用主成分分析法，抽取特征值大于 1 的因子，共抽取出一个共同因子，特征值为 2.330，可以解释离职倾向的 77.672%，因子负荷量如附录表 E.5 所示，离职倾向量表构念效度得到验证。

附录表 E.5　　　　　　　离职倾向因子负荷量表

题　项	因子
	1
2. 时常在寻找其他的工作	0.790
3. 想要尽快去别的公司工作	0.776
1. 时常想要离开现在的公司	0.764
初始特征值	2.330
提取平方和载入	2.330
解释变异量（%）	77.672
累计解释变异量（%）	77.672

2. 区别效度检验。

通过验证性因子分析，检验全面薪酬满意度四维度、工作价值观四维度和离职倾向共九个变量之间的区别效度。如附录表 E.6 所示，在各种替代和嵌套模型中，十因子模型对实际数据拟合最为理想，具有较好拟合效度（χ^2/df 小于 5，RMSEA、RMR 均低于 0.08，CFI、TLI 均高于 0.90），表明各变量之间满足区分效度的要求，可以进一步开展模型分析。

附录表 E.6　　备择模型比较（N=316）

	χ^2	df	χ^2/df	CFI	TLI	RMSEA	RMR
九因子模型	672.797	491	1.370	0.956	0.950	0.036	0.046
八因子模型	797.803	499	1.599	0.928	0.919	0.045	0.051
七因子模型	1033.997	506	2.043	0.873	0.859	0.060	0.060
六因子模型	1193.389	512	2.331	0.836	0.821	0.068	0.066
五因子模型	1346.728	517	2.605	0.801	0.784	0.074	0.071
四因子模型	1589.490	521	3.051	0.743	0.724	0.084	0.081
三因子模型	1675.579	524	3.198	0.720	0.704	0.087	0.083
二因子模型	2359.299	526	4.485	0.599	0.530	0.109	0.132
单因子模型	2575.430	527	4.887	0.508	0.476	0.116	0.135

注：八因子模型：将职业发展机会满意度和绩效与认可满意度合并；七因子模型：在八因子模型的基础上，将薪酬福利满意度与工作生活平衡满意度合并；六因子模型：在七因子模型的基础上，将全面薪酬满意度四维度合并；五因子模型：在六因子模型的基础上，将能力成长取向和成就认可取向合并；四因子模型：在五因子模型的基础上，将经济报酬取向和舒适生活取向合并；三因子模型：将工作价值观四维度合并；二因子模型：在三因子模型基础上，将全面薪酬满意度和工作价值观合并；单因子模型：将全面薪酬满意度、工作价值观和离职倾向合并。

（四）量表的共同方法偏差检验

采用 Harman 单因素检验法进行共同方法偏差检验，除了人口统计变量以外，将其他所有的题项进行因子分析，其结果表明在采用主成分分析方法且未做任何旋转的情况下，得到八个特征值大于 1 的因子，其中特征值最大的第一因子的方差解释率为 27.032%，低于临界值 40%，因而从统计上看，共同方法偏差不会对研究造成严重影响。

（五）描述性统计分析与相关分析

各变量的均值、标准差和相关系数见附录表 E.7。总体来看，薪酬福利满意度、工作生活平衡满意度、绩效与认可满意度和职业发展机会满意度的均值在 3 分左右，处于基本满意度水平；离职倾向均值为 3.476，处于中等水平；全面薪酬满意度四维度与离职倾向的相关系数为负且显著，说明四维度与离职倾向之间均呈显著负相关关系。

附录表 E.7　　各变量的均值、标准差及相关系数

变量	均值	标准差	1	2	3	4	5	6	7	8	9
1 薪酬福利满意度	2.898	0.944	1.000								
2 工作生活平衡满意度	3.144	1.047	0.574***	1.000							
3 绩效与认可满意度	3.189	0.859	0.627***	0.628***	1.000						
4 职业发展机会满意度	3.354	0.879	0.544***	0.504***	0.571***	1.000					
5 经济报酬取向	4.394	0.651	0.027	0.088	0.139**	0.132*	1.000				
6 能力成长取向	4.208	0.624	0.014	0.130*	0.166***	0.277***	0.337***	1.000			
7 舒适生活取向	4.396	0.678	-0.070	0.061	0.018	0.090	0.297***	0.443***	1.000		
8 成就认可取向	4.088	0.712	0.120*	0.081	0.145**	0.150**	0.346***	0.307***	0.352***	1.000	
9 离职倾向	3.476	0.737	-0.452***	-0.419***	-0.503***	-0.357***	-0.046	-0.033	0.059	-0.025	1.000

注：*、**、*** 分别表示 $P<0.05$、$P<0.01$、$P<0.001$。

（六）假设检验

1. 全面薪酬满意度的潜在剖面检验。

（1）确定潜在剖面的个数。

潜在剖面分析模型的适配指标如附录表 E. 8 所示，模型从一个剖面到四个剖面，AIC、BIC、aBIC 的值逐渐减小，说明模型拟合程度越来越好；Entropy 的值均大于 0. 80，说明模型准确率较高；当模型处于三个剖面时，LMR 的 p 值显著（$p = 0.0072 < 0.05$），说明三个剖面的模型明显优于二个剖面的模型，当模型处于四个剖面时，LMR 的 p 值不显著（$p = 0.1864 > 0.05$），说明四个剖面的模型并未比三个剖面的模型拟合显著改善，同时表明潜在剖面最多为四个剖面模型。综合上述指标发现，三个剖面的模型较其他模型的拟合效果更好，因此选择三个剖面的潜在剖面分析模型作为研究模型（Nylund 等，2007；Vermunt 和 Magidson，2005；Carragher，2009；尹奎等，2020）。

附录表 E. 8　　潜在剖面分析模型适配指标

模型	AIC	BIC	aBIC	entropy	p for LMR	p for BLRT
一个剖面	15018. 293	15143. 186	15035. 365			
二个剖面	13353. 352	13544. 365	13379. 462	0. 926	<0. 001	<0. 001
三个剖面	12930. 431	13187. 564	12965. 580	0. 909	0. 0072	<0. 001
四个剖面	12793. 315	13116. 568	12837. 502	0. 904	0. 1864	<0. 001

（2）潜在剖面的命名。

通过计算三个潜在剖面的全面薪酬满意度题项计分均值，得到三个潜在剖面的全面薪酬满意度四维度均值，如附录表 E. 9 所示。根据附录表 E. 9 绘制三个潜在剖面的全面薪酬满意度四维度均值图，如附录图 E. 3 所示。由附录图 E. 3 和附录表 E. 9 可知，属于剖面一的员工（$n = 80$；27. 5%），全面薪酬满意度四维度的均值都低于 3 分，说明满意度较低，因此把剖面一命名为较不满意组；属于剖面二的员工（$n = 121$；41. 6%），全面薪酬满意度四维度的均值为 3 分左右，说明满意度均为中等水平，因此把剖面二命名为基本满意组；属于组别三的员工（n=90；30.9%），全面薪酬满意度四维度的均值为 4 分左右，说明满意度较高，因此把剖面三命名为较满意组。由此，获得全面薪酬满意度三个有区别的潜在剖面，表明全面薪酬满意度存在三个不同的员工子群体，H7 成立。

附录表 E.9　　三个潜在剖面的全面薪酬满意度四维度均值

	较不满意组（n=80；27.5%）	基本满意组（n=121；41.6%）	较满意组（n=90；30.9%）
薪酬福利满意度	1.742	2.938	3.872
工作生活平衡满意度	2.200	3.000	4.178
绩效与认可满意度	2.353	3.093	4.061
职业发展机会满意度	2.670	3.217	4.111

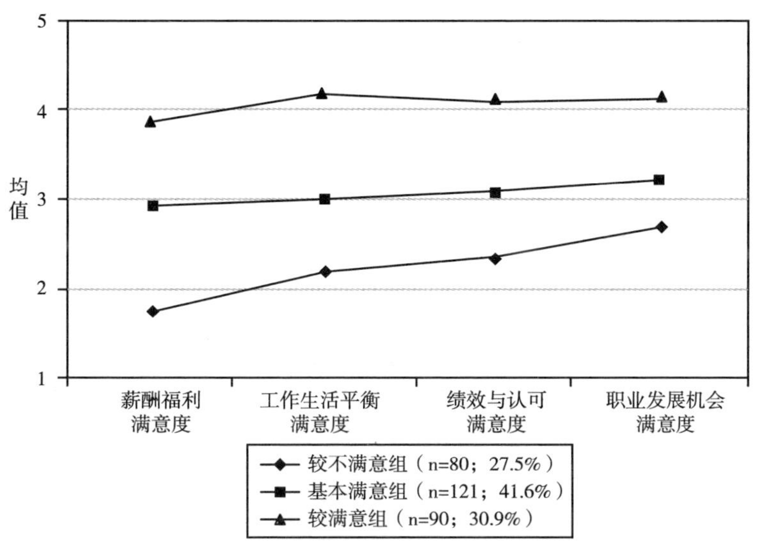

附录图 E.3　三个潜在剖面的全面薪酬满意度四维度均值图

2. 不同员工子群体全面薪酬满意度的差异化检验。

运用方差分析检验全面薪酬满意度的三个员工子群体在性别、年龄、工作年限、职位等级和学历水平等社会人口特征及离职倾向上是否存在差异。方差分析结果如下，性别［$\chi^2(2)=14.941$；$p<0.001$］、学历水平［$\chi^2(3)=26.340$；$p<0.001$］、职位等级［$F(2,288)=8.090$；$p<0.001$］、税后工资

[F(2,288) = 10.514; p < 0.001]、离职倾向 [F(2,288) = 132.954; p < 0.001] 通过显著性检验，说明三个员工子群体之间在上述变量上存在显著差异，但在年龄和工作年限上无显著差异。

具体而言，如附录表 E.10 所示，在较不满意组，与另两组相比，女性和中专或高中及以下学历、普通员工占比明显最高（67.5%、67.5%、73.75%）；在基本满意组，女性占比处于两组中间（63.6%），相对于较不满意组，高中或中专及以下学历的员工占比明显下降（57.85%），普通员工占比明显下降（50.41%），组长、主管、部门经理占比明显增加；在较满意组，与其他两组相比，女性占比、高中或中专及以下学历占比、普通员工占比明显最低（60.0%、53.33%、36.67%），本科及以上学历的员工占比明显最高（21.11%），主管、部门经理、店长占比明显最高。此外，从每月税后工资和离职倾向来看，较不满意组的平均税后工资明显最低（2260 元/月），离职倾向明显最高（均值 = 4.116）；基本满意度组的平均税后工资处于中间水平（2830 元/月），离职倾向处于中间水平（均值 = 3.286）；较满意组的平均税后工资明显最高（3100 元/月），离职倾向明显最低（均值 = 3.163）。综合附录表 E.9 和附录表 E.10 的数据结果，说明全面薪酬满意度不同员工子群体在社会人口特征和离职倾向上存在显著差异，进一步支持了 H7。

附录表 E.10　　性别、学历、职位等级在全面薪酬满意度三个员工子群体中的分布

		较不满意组	基本满意组	较满意组
性别	男	32.5%	36.4%	40%
	女	67.5%	63.6%	60%
学历水平	高中或中专及以下	67.5%	57.85%	53.33%
	大专	26.25%	28.10%	25.56%
	本科及以上	6.25%	14.06%	21.11%
职位等级	普通员工	73.75%	50.41%	36.67%
	组长	8.75%	17.35%	21.11%
	主管	6.25%	12. 40%	18.89%
	部门经理	7.5%	14.05%	15.55%
	店长	3.75%	5.79%	7.78%

3. 不同员工子群体的全面薪酬满意度对离职倾向有不同影响的检验。

第一，以全面薪酬满意度四维度为自变量、离职倾向为因变量，对全部样本进行回归分析。结果显示，全面薪酬满意度四维度共解释变量的 29.1% [$F(4, 286) = 29.41$; $p < 0.001$]，薪酬福利满意度（$\beta = -0.144$; $p = 0.008$）和绩效与认可满意度（$\beta = -0.261$; $p < 0.001$）对离职倾向有显著负向影响，但工作生活平衡满意度（$\beta = -0.076$; ns）和职业发展机会满意度（$\beta = -0.024$; ns）对离职倾向无显著影响。

第二，检验三个员工子群体的全面薪酬满意度对离职倾向的影响是否有不同。分别对三个子群体进行以全面薪酬满意度四维度为自变量，离职倾向为因变量的回归分析，每个子群体中全面薪酬满意度四维度与离职倾向的回归函数关系如附录表 E.11 所示。在较不满意组中，工作生活平衡满意度（$\beta = -0.226$; $p = 0.020$）和绩效与认可满意度（$\beta = -0.398$; $p = 0.005$）对离职倾向有显著负向影响，薪酬福利满意度和职业发展满意度对离职倾向无显著影响；在基本满意组中，薪酬福利满意度（$\beta = -0.312$; $p = 0.005$）、绩效与认可满意度（$\beta = -0.392$; $p < 0.001$）和职业发展满意度（$\beta = -0.264$; $p = 0.002$）对离职倾向有显著负向影响，工作生活平衡满意度对离职倾向无显著影响；较满意组中，薪酬福利满意度（$\beta = -0.205$; $p = 0.036$）和职业发展机会满意度（$\beta = -0.324$; $p = 0.004$）对离职倾向有显著负向影响，工作生活平衡满意度和绩效与认可满意度对离职倾向无显著影响。由此可见，三个员工子群体的全面薪酬满意四维度对离职倾向的影响是不同的，H8 得到验证，这进一步揭示出将员工作为同质总体的全面薪酬满意度对离职倾向影响的结论，掩盖了全面薪酬满意度对离职倾向影响在三个员工子群体间的不同。

4. 在工作价值观上全面薪酬满意度对离职倾向不同影响的差异化检验。

由附录表 E.11 可知，将全面薪酬满意度各维度对离职倾向有显著负向影响的子群体组与无显著影响的子群体组进行 T 检验，以验证全面薪酬满意度对离职倾向的不同影响在工作价值观上的差异化。具体而言，对基本满意组和较满意组与较不满意组进行 T 检验，以验证薪酬福利满意度和职业发展机会满意度对离职倾向的不同影响能否被经济报酬取向和能力成长取向所解释；对较不满意组与其他两组进行 T 检验，以验证工作生活平衡满意度对离

附录表 E. 11　　离职意向回归模型的参数估计

	较不满意组				基本满意组				较满意组			
	Estimate	S. E.	Est. /S. E.	P – Value	Estimate	S. E.	Est. /S. E.	P – Value	Estimate	S. E.	Est. /S. E.	P – Value
（常量）	5. 485	0. 621	8. 963	0. 000	6. 654	0. 548	12. 148	0. 000	2. 809	0. 542	5. 364	0. 000
薪酬福利满意度	0. 158	0. 174	0. 906	0. 368	–0. 312**	0. 108	–2. 888	0. 005	–0. 205*	0. 096	–2. 129	0. 036
工作生活平衡满意度	–0. 226*	0. 095	–2. 384	0. 020	–0. 129	0. 077	–1. 685	0. 095	–0. 006	0. 083	–0. 074	0. 941
绩效与认可满意度	–0. 398**	0. 137	–2. 908	0. 005	–0. 392***	0. 096	–4. 083	0. 000	–0. 039	0. 095	–0. 413	0. 680
职业发展机会满意度	–0. 078	0. 094	–0. 830	0. 409	–0. 264**	0. 084	–3. 151	0. 002	–0. 324**	0. 108	–2. 992	0. 004

注：SE，standard error，*、**、*** 分别表示 P < 0. 05、P < 0. 01、P < 0. 001。

职倾向的不同影响能否被舒适生活取向所解释；选择较不满意组和基本满意组与较满意度组进行 T 检验，以验证绩效与认可满意度对离职倾向的不同影响能否被成就认可取向所解释时。

T 检验结果如附录表 E. 12 所示，薪酬福利满意度对离职倾向的显著负向影响在经济报酬取向得分高低上无显著差异 [t(289) = -0.444；p = 0.657]，H9 - 1 没有通过验证；工作生活平衡满意度对离职倾向的显著负向影响在舒适生活取向得分高低上无显著差异 [t(289) = 1.608；p = 0.109]，H9 - 2 没有通过验证；绩效与认可满意度对离职倾向的显著负向影响在成就认可取向得分高低上无显著差异 [t(289) = -1.626，p = 0.105]，H9 - 3 没有通过验证；职业发展机会满意度对离职倾向的显著负向影响在能力成长取向得分高低上无显著 [t(289) = -0.604；p = 0.546]，H9 - 4 没有通过验证。综上，H9 未通过验证。

附录表 E. 12　　T 检验分析结果表

	组别	人数	均值	均值方程的 T 检验			
				t	df	P - value	均值差
经济报酬取向	基本满意组 + 较满意组	211	4.384	-0.444	289	0.657	0.038
	较不满意组	80	4.422				
舒适生活取向	较不满意组	80	4.303	1.608	289	0.109	0.131
	基本满意组 + 较满意组	211	4.172				
成就认可取向	较不满意组 + 基本满意组	201	4.353	-1.626	289	0.105	0.040
	较满意组	90	4.493				
能力成长取向	基本满意组 + 较满意组	211	4.073	-0.604	289	0.546	0.056
	较不满意组	80	4.129				

参考文献

［1］毕妍，蔡永红，蔡劲．薪酬满意度、组织支持感和教师绩效的关系研究［J］．教育学报，2016，12（2）：81－88.

［2］布劳，P. M. 社会生活中的交换与权力［M］．李国武，译．北京：商务印书馆，2012.

［3］陈瑞，郑毓煌，刘文静．中介效应分析：原理、程序、Bootstrap方法及其应用［J］．营销科学学报，2013，9（4）：120－135.

［4］陈昭全，张志学，沈伟．管理研究中的理论建构［A］．陈晓萍，沈伟．组织与管理研究的实证方法（第三版）［M］．北京：北京大学出版社，2018.

［5］格哈特，B.，瑞纳什，S. 薪酬管理：理论、证据与战略意义［M］．朱舟，译．上海：上海财经大学出版社，2005.

［6］黄中伟，孟秀兰，范光明．代际差异视角下工作价值观对员工离职倾向的影响研究［J］．经济管理研究，2016（1）：54－62.

［7］霍娜，李超平．工作价值观的研究进展与展望［J］．心理科学进展，2009，04：795－801.

［8］金国荣．知识型员工离职倾向影响因素研究：基于东方管理的视角［D］．复旦大学博士论文，2014.

［9］奎克，J. C.，尼尔森，D. L. 组织行为学：现实与挑战［M］．7版．刘新智，闫一晨，邱光华，译．北京：清华大学出版社，2013.

［10］兰玉杰，张晨露．新生代员工工作满意度与离职倾向关系研究［J］．经济管理，2013（9）：81－88.

［11］李春玲，乔珊，王珏．零售企业薪酬满意度维度及其对离职倾向的影响［J］．首都经济贸易大学学报，2016，18（1）：108－116.

[12] 李万县，李淑卿，李丹．工作价值观代际差异实证研究［J］．河北农业大学学报，2008，10（1）：118－122.

[13] 李宪印，杨博旭，杨娜，等．职业生涯早期员工工作满意度与离职倾向：基于多维度工作满意度分析［J］．经济管理研究，2016（3）：79－88.

[14] 李燕萍，刘宗华，郑馨怡．组织认同对建言的影响：基于组织的自尊和工作价值观的作用［J］．商业经济与管理，2016（3）：46－55.

[15] 梁建，谢家琳．实证研究中的问卷调查．［A］．陈晓萍，沈伟．组织与管理研究的实证方法（第三版）［M］．北京：北京大学出版社，2018.

[16] 凌文辁，方俐洛，白利刚．我国大学生的职业价值观研究［J］．心理学报，1999，33（3）：342－348.

[17] 刘东，张震，汪默．单层与多层被调节的中介和被中介的调节：理论构建与模型检验．［A］．陈晓萍，沈伟．组织与管理研究的实证方法（第三版）［M］．北京：北京大学出版社，2018.

[18] 卢长宝，苏小青，李杭．延时支付还是及时支付？工资支付时间对薪酬满意度、任务绩效的影响—亲属关系的调节作用［J］．中国人力资源开发，2017（12）：33－45.

[19] 栾贞增，杨东涛，詹小慧．代际差异视角下工作价值观对员工创新绩效的影响研究［J］．管理学报，2017，14（3）：355－263.

[20] 罗宾斯，S. P.，贾奇，T. A. 组织行为学［M］．14版．孙健敏，李原，黄小勇，译．北京：中国人民大学出版社，2016.

[21] 迈尔斯，J. A. 管理与组织研究必读的40个理论［M］．徐世勇，李超平，译．北京：北京大学出版社，2017.

[22] 苗仁涛，周文霞，刘丽，等．高绩效工作系统有助于员建言？一个被中介的调节作用模型［J］．管理评论，2015，27（7）：105－115.

[23] 美国薪酬协会．整体薪酬手册［M］．朱飞，译．北京：企业管理出版社，2012.

[24] 裴磊磊，任琳，张岩波，等．Mplus软件简介［J］．中国卫生统计，2013，30（4）：614－616.

[25] 秦启文，姚景照，李根强．企业员工工作价值观与组织公民行为的

关系研究 [J]. 心理科学, 2007, 30 (4): 985 - 960.

[26] 邱皓政. 量化研究与统计分析: SPSS (PASW) 数据分析范例解析 [M]. 重庆: 重庆大学出版社, 2013.

[27] 邵芳. 组织支持理论研究评述与未来展望 [J]. 经济管理, 2014, 36 (2): 189 - 199.

[28] 孙健敏, 焦长泉. 对管理者工作绩效结构的探索性研究 [J]. 人类工效学, 2002, 8 (3): 1 - 10.

[29] 谭春平, 景颖, 安世民. 全面薪酬研究述评与展望: 要素演变、理论基础与研究视角 [J]. 外国经济与管理, 2019, 41 (5): 101 - 112.

[30] 唐源鸿, 卢谢峰, 李珂. 个人 - 组织匹配的概念、测量策略及应用: 基于互动性与灵活性的反思 [J]. 心理科学进展, 2010, 18 (11): 1762 - 1770.

[31] 王辉, 李晓轩, 罗胜强. 任务绩效与情境绩效二因素绩效模型的验证 [J]. 中国管理科学, 2003, 11 (4): 79 - 83.

[32] 吴明隆. 结构方程模型: AMOS 的操作与应用 [M]. 重庆: 重庆大学出版社, 2010.

[33] 吴明隆. 问卷统计分析实务 - SPSS 操作与应用 [M]. 重庆: 重庆大学出版社, 2010.

[34] 吴铁雄, 李坤崇, 刘佑星, 等. 工作价值观量表之编制研究 [M]. 行政院青年辅导委员会, 1996.

[35] 奚玉芹, 戴昌钧. 人 - 组织匹配研究综述 [J]. 经济管理, 2009 (31): 180 - 186.

[36] 解进强, 付丽茹. 工作要求对中小型物流企业一线员工离职倾向的影响: 基于京津冀 35 家企业的调查 [J]. 中国流通经济, 2019, 33 (12): 95 - 106.

[37] 徐茜, 张体勤. 工作嵌入与员工流动倾向: 工作价值观为调节变量 [J]. 管理工程学报, 2017, 31 (3): 19 - 28.

[38] 颜爱民, 李歌. 企业社会责任对员工行为的跨层分析—外部荣誉感和组织支持感的中介作用 [J]. 管理评论, 2016, 28 (1): 121 - 129.

[39] 颜爱民, 杨玲玲, 胡仁泽, 等. 员工感知的高绩效工作系统对员工

亲社会性违规行为的影响：组织支持感和组织道德气氛的作用［J］．中国人力资源开发，2018，35（4）：6－20.

［40］尹奎，彭坚，张君．潜在剖面分析在组织行为领域中的应用［J］．心理科学进展，2020，28（7）：1056－1070.

［41］余德成．品质管理人性面系统因素对工作绩效之影响［D］．香港：国立中山大学企业管理研究所，1996.

［42］张洁婷，焦璨，张敏强．潜在类别分析技术在心理学研究中的应用［J］．心理科学进展，2010，18（12）：1991－1998.

［43］张俊琴，李廉水，臧志彭．高校科技人员非经济性薪酬与绩效关系的实证研究—以江苏地区六大高校为例［J］．科学学与科学技术管理，2008，29（12）：162－166.

［44］张廷君．职业驱力、全面薪酬满意度对科研绩效的激励路径［J］．理论与现代化，2014（4）：96－106.

［45］Afsar，B.，Badir，Y. F. Person－organization fit，perceived organizational support，and organizational citizenship behavior：the role of job embeddedness［J］．Journal of Human Resources in Hospitality and Tourism，2016，15（3）：252－278.

［46］Akerlof，G. A. The market for "lemons"：quality uncertainty and the market mechanism［J］．Quarterly Journal of Economics，1970，84：488－500.

［47］Alfes，K.，Shantz，A.，Alahakone，R. Testing additive versus interactive effects of person－organization fit and organizational trust on engagement and performance［J］．Personnel Review，2016，45（6）：1323－1339.

［48］Allen，D. G.，Shore，L. M.，Griffeth，R. W. The role of perceived organizational support and supportive human resource practices in the turnover process［J］．Journal of management，2003，29（2）：99－118.

［49］Armstrong，M. A handbook of human resource management practice［M］．London：Kogan Page Business Books，2006.

［50］Bamberger，P. A.，Belogolovsky，E. The impact of pay secrecy on individual task performance［J］．Personnel Psychology，2010，63：965－996.

［51］Baumeister，R. F.，Bratslavsky，E.，Finkenauer，C.，Vohs，K. D. Bad is stronger than good [J]. Review of General Psychology, 2001, 5 (4): 323 - 370.

[52] Belogolovsky, E., Bamberger, P. A. Signaling in secret: pay for performance and the incentive and sorting effects of pay secret [J]. Academy of ManagementJournal, 2014, 57 (6): 1706 - 1733.

[53] Bernardin, H. J., Beatty R W. Performance appraisal: assessing human behaviour at work [M]. Boston: Kent Publishers, 1984: 126.

[54] Bishop, J. W., Scott, K. D., Burroughs, S. M. Support, commitment, and employee outcomes in a team environment [J]. Journal of Management. 2000, 26: 1113 - 1132.

[55] Borman, W. C., Motowidlo, S. J. Expanding the criterion domain to include elements of contextual performance [A]. In Schmitt, N., Borman, W. C. Personnel selection in organizations, San Francisco: Jossey-Bass, 1993: 71 - 98.

[56] Borsboom, D., Mellenbergh, G. J., Van, H. J. The theoretical status of latent variables. [J]. Psychol Rev, 2003, 110 (2): 203.

[57] Braham, A., Elizur, D. Facets of personal values: a structural analysis of life and work values [J]. Applied Psychology: An International Review, 1999, 48 (1): 73 - 87.

[58] Brumbrach. Performance management [M]. London: The Cronwell Press, 1988: 15.

[59] Bussin, M., Van Rooy, D. J. Total rewards strategy for a multi-generational workforce in a financial institution [J]. SA Journal of Human Resource Management, 2014, 12 (1): 1 - 11.

[60] Chow C. The effects of job standard tightness and compensation scheme on performance: an exploration of linkage [J]. The Accounting Review, 1983, 85 (4): 667 - 685.

[61] Cable, D. M., Judge, T. A. Pay preferences and job search decisions: a person-organization fit perspective [J]. Personnel Psychology, 1994, 47 (2): 317 - 348.

[62] Cadsby, C. B., Song, F., Tapon, F. Sorting and incentive effects of

pay-for-performance: an experimental investigation [J]. Academy of Management Journal, 2007, 50 (2): 387 -405.

[63] Caillier, J. G. Does satisfaction with family-friendly programs reduce turnover? a panel study conducted in US federal agencies [J]. Public Personal Management, 2016, 45 (3): 284 -307.

[64] Calavsina, G. E., Calavsina, R. V., Calavsina, E. J. Paysecrecy: legal, policy, and practice issues for employers [J]. Journal of Legal, Ethical and Regulatory Issues, 2015, 18 (2): 1 -11.

[65] Campbell, J. P. Modeling the performance prediction problem in industrial and organizational psychology [A]. In Dunnette, M. D., Hough, L. M. Handbook of industrial and organizational psychology [M]. Palo Alto CA: Consulting Psychologists Press, 1990, 1 (2): 687 -732.

[66] Cao, Z., Chen, J., Song, Y. Does total rewards reduce the core employees' turnover intention? [J]. International Journal of Business and Management, 2013, 8 (20): 62 -75.

[67] Cappelli, P., Sherer, P. D. Satisfaction, market wages, and labor relations: an airline study [J]. Industrial Relations, 1988, 27 (1): 56 -73.

[68] Card, D., Mas, A., Moretti, E., Saez, E. Inequality at work: the effect of peer salaries on job satisfaction [DB/OL]. NBER Working Paper, 2010. http: //www. nber. org/papers/w16396.

[69] Carmeli, A., Weisberg, J. Exploring turnover intentions among three professional groups of employees [J]. Human Resource Development International, 2006, 9 (2): 191 -206.

[70] Carragher, N., Adamson, G., Bunting, B., McCann, S. Subtypes of depression in a nationally representative sample [J]. Journal of Affective Disorders, 2009, 113: 88 -99.

[71] Chatman, J. A. Matching people and organizations: selection and socializationin public accounting firms [J]. Administrative Science Quarterly, 1991 (36): 459 -484.

[72] Chiang, F. F. T., Birtch, T. A. The performance implications of finan-

cial and non-financial rewards: an Asian Nordic comparison [J]. Journal of Management Studies, 2011, 49 (3): 538-570.

[73] Connelly, B. L., Certo, S. T., Ireland, R. D., Reutzel, C. R. Signalingtheory: areview and assessment [J]. Journal of Management, 2011, 37 (1): 39-67.

[74] Cook, K. S., Emerson, R. M., Gillmore, M. R. The distribution of power in exchange networks: theory and experimental results [J]. American Journal of Sociology, 1983, 89: 275-305.

[75] Cropanzano, R., Anthony, E. L., Daniels, S. R., Hall, A. V. Social exchange theory: acritical review with theoretical remedies [J]. The Academy of Management Annals, 2017, 11 (1): 1-38.

[76] Cropanzano, R., Mitchell, M. S. Social exchange theory: an interdisciplinary review [J]. Journal of Management, 2005, 31 (6): 874-900.

[77] Currall, S. C., Towler, A. J., Judge, T. A., Kohn, L. Pay satisfaction and organizational outcomes [J]. Personnel Psychology, 2005, 58 (3): 613-640.

[78] Day, N. E. An investigation into compensation communication: is ignorance bliss? [J]. Personnel Review, 2007, 36 (5), 739-762.

[79] De Cooman, R., De Gieter, S., Pepermans, R., et al. Freshman in nursing: job motivates and work values of a new generation [J]. Journal of Nursing Management, 2008, 16 (1): 56-64.

[80] De Gieter, S., De Cooman, R., Pepermans, R., et al. Identifying nurses' rewards: a qualitative categorization study in Belgium [J]. Human Resources for Health, 2006, 4 (15): 1-8.

[81] De Gieter, S., De Cooman, R., Pepermans, R., Jegers, M. The psychological reward satisfaction scale: developing and psychometric testing two refined subscales for nurses [J]. Journal of Advanced Nursing, 2010, 66 (4): 911-922.

[82] De Gieter, S., De Cooman, R., Hofmans, J., et al. Pay-level satisfaction and psychological reward satisfaction as mediators of the organizational justice-turnover intention relationship [J]. International Studies of Management and

Organization, 2012, 42 (1): 50 -67.

[83] De Gieter, S. , Hofmans, J. How reward satisfaction affects employees' turnover intentions and performance: an individual differences approach [J]. Human Resource Management Journal, 2015, 25 (2): 200 -216.

[84] Dohmen T, Falk A. Performance pay and multi-dimensional sorting: productivity, preferences and gender [J]. The American Economic Review, 2011, 101 (2): 556 -590.

[85] Dubinsky, A. J. , Anderson, R. E. , Mehta, R. Importance of alternative rewards: impact of managerial level [J]. Industrial Marketing Management, 2000, 29 (5): 427 -440.

[86] Duckett, H. , Langford, N. Delivering modernisation through a total reward framework? a UK government agency case study [J]. International Journal of Business Performance Management, 2013, 14 (1): 52 -66.

[87] Fehrenbacher D F, Pedell B. Disentangling incentive effects from sorting effect: an experimental real-effort investigation [J]. University of Pennsylvania, Wharton School, Risk Management and Decision Processes Center Working Papers, 2012: 1 -54.

[88] Ehrhart, K. H. , Ziegert, J. C. Why are individuals attracted to organizations? [J]. Journal of Management, 2005, 31 (6): 901 -919.

[89] Eisenberger, R. , Huntington, R. , Hutehisom, S. , et al. Perceived organizational support [J]. Journal of Applied Psychology, 1986, 71 (3): 500 -507.

[90] Eisenberger, R. , Armeli, S. , Rexwinkel, B. , Lynch, P. D. , Rhoades, L. Reciprocation of perceived organizational support [J]. Journal of Applied Psychology, 2001, 86: 42 -51.

[91] Eisenberger, R. , Lynch, P. , Aselage, J. , Rohdieck, S. Who takes the most revenge? individual differences in negative reciprocity norm endorsement [J]. Personality & Social Psychology Bulletin, 2004, 30: 789 -799.

[92] Eisenberger, R. , Stinglhamber, F. , Vandenberghe, C. , Sucharski, I. L. , Rhoades, L. Perceived supervisor support: contributions to perceived

organizational support and employee retention [J]. Journal of Applied Psychology, 2002, 87: 565 - 573.

[93] Eriksson T, Teyssier S, Villeval M C. Self-selection and the efficiency of tournaments [J]. Economic Inquiry, 2009, 47 (3): 530 - 548.

[94] Eriksson, T., Villeval, M. C. Performance-pay, sorting and social motivation [J]. Journal of Economic Behavior & Organization, 2008, 68 (2): 412 - 421.

[95] Faulk, L. H. Pay satisfaction consequences: development and test of a theoretical model [D]. Doctor Dissertation, 2002.

[96] Futrell, C. M., Jenkins, O. C. Pay secrecy versus pay disclosure for salesmen: a longitudinal study [J]. Journal of Marketing Research, 1978, 15: 214 - 219.

[97] Ganiyu, I. O., FIELDS, Z., ATIKU, S. O. Work-life balance strategies, work-family satisfaction and employees' job performance in Lagos, Nigeria's manufacturing sector [J]. Journal of Contemporary Management, 2017, 14 (1): 441 - 460.

[98] Gerhart, B., Fang, M. Pay for (individual) performance: Issues, claims, evidence and the role of sorting effects [J]. Human Resource Management Review, 2014, 24 (1): 41 - 52.

[99] Giancola, F. L. Is total reward a passing fad? [J]. Compensation and Benefits Review, 2009, 41 (4): 29 - 35.

[100] Giancola, F. L. What the research says about the effects of open pay policies on employees' pay satisfaction and job performance [J]. Compensation & Benefits Review, 2014, 43 (6): 161 - 168.

[101] Gouldner, A. The norm of reciprocity [J]. American Sociological Review, 1960, 25: 161 - 178.

[102] Griffeth, R. W., Hom, P. W., Gaertner, S. A. Meta-analysis of antecedents and correlates of employee turnover: update, moderator test, and research implications for the next millennium [J]. Journal of Management, 2000, 26 (3): 463 - 488.

[103] Guan, X., Sun, T., Hou, Y., et al. The relationship between job performance and perceived organizational support in faculty members at Chinese universities: a questionnaire survey [J]. BMC Medical Education, 2014, 14 (1): 1-10.

[104] Hay Group. Engage employees and boost performance [R]. London, England: 2001.

[105] Heneman, H. G., Schwab, D. P. Pay satisfaction: its multidimensional nature and measurement [J]. International Journal of Psychology, 1985, 20 (2): 129-141.

[106] Heneman, H. G. I., Judge, T. A. Compensation attitudes [Z]. In Rynes S. L., Gerhart B. Compensation in Organization. SanFrancisco: Jossey-Bass, 2000: 61-103.

[107] Heneman, R. L. Implementing total rewards strategies: a guide to successfully planning and implementing a total rewards system [DB/OL]. 2007. http://www.shrm.org/hrdisciplines/benefits/documents/07rewardsstratreport.pdf.

[108] Hochwater, W. A., Ferris, G. R., Zinko, R., Arnell, B., James, M. Reputation as a moderator of political behavior-work outcomes relationships: a two study investigation with convergent results [J]. Journal of Applied Psychology, 2007, 92: 567-576.

[109] Hofmans, J., De Gieter, S., Pepermans, R. Individual differences in the relationship between satisfaction with job rewards and job satisfaction [J]. Journal of Vocational Behavior, 2013, 82 (1): 1-9.

[110] Homans, G. C. Social behavior as exchange [J]. American Journal of Sociology, 1958, 63 (6): 597-606.

[111] Janssen, O. Job demands, perceptions of effort-reward fairness and innovative work behavior [J]. Journal of Occupational & Organizational Psychology, 2000, (73): 287-302.

[112] Jin, M. H., McDonald, B., Park, J. Person-organization fit and turnover intention: exploring the mediating role of employee followership and job satisfaction through conservation of resources theory [J]. Review of Public Person-

nel Administration, 2018, 38 (2): 167 - 192.

[113] Jung, H. S. , Yoon, H. H. The effects of organizational service orientation on person-organization fit and turnover intent [J]. Service Industries Journal, 2013, 33 (1): 7 - 29.

[114] Jung, H. S. , Yoon, H. H. Understanding pay satisfaction: the impacts of pay satisfaction on employees' job engagement and withdrawal in deluxe hotel [J]. International Journal of Hospitality Management, 2015, 48: 22 - 26.

[115] Katz, D. , Kahn, R. L. The social psychology of organization [M]. New York: John Wiley Publishers, 1978.

[116] Kelley, K. , Moore, B. , Holloway, S. The future of attraction, motivation and retention: a literature review [DB/OL]. Scottsdale, Ariz: WorldatWork, 2007. https: //www. worldatwork. org.

[117] Kristof, A. L. Person - organization fit: an integrative review of its conceptualizations, measurement and implications [J]. Personnel Psychology, 1996, 49 (1): 1 - 49.

[118] Kurtessis, J. N. , Eisenberger, R. , Ford, M. T. , Buffardi, L. C. Perceived organizational support: a meta-analytic evaluation of organizational support theory [J]. Journal of Management, 2015, 43 (6): 1854 - 1884.

[119] Lazear, E. P. , Rosen, S. Rank-order tournaments as optimum labor contracts [J]. Journal of Political Economy, 1981, 89 (5): 841 - 864.

[120] Lazear, E. P. Salaries and piece rates [J]. Journal of Business, 1986, 59 (3): 405 - 431.

[121] Lazear, E. P. Performance pay and productivity [J]. American Economic Review, 2000, 90 (5): 1346 - 1361.

[122] Leaf, M. , Ryan, R. Beyond compensation: how employees prioritize total rewards at various life stages [DB/OL]. WorldatWork Journal, 2010, 4. https: //www. worldatwork. org.

[123] Li, N. , Zheng, X. , Harris, T. B. , Liu, X. , & Kirkman, B. L. Recognizing "me" benefits "we": Investigating the positive spillover effects of formal individual recognition in teams [J]. Journal of Applied Psychology, 2016,

101 (7), 925 -939.

[124] Liu, B. C., Tang, T. L., Yang, K. F. When does public service motivation fuel the job satisfaction fire? the joint moderation of person-organization fit and needs - supplies fit [J]. Public Management Review, 2015, 17 (6): 876 -900.

[125] Ludlow, A., Farrell, A. Making total rewards work [J]. Strategic HR Review, 2010, 9 (6): 49 -50.

[126] Lyons, F. H., Ben-Ora, D. Total rewards strategy: the best foundation of pay for performance [J]. Compensation &Benefits Review, 2002, 34 (2): 34 -40.

[127] Manhardt, P. J. Job orientation of male and female colleage graduates in business [J]. Personnel Psychology, 1972, 25: 361 -368.

[128] Martin, J. E., Lee, R. T. Pay knowledge and referents in a tiered-employment setting [J]. Relations Industrielles - Industrial Relations, 1992, 47 (4): 654 -670.

[129] Memon, M. A., Salleh, R., Baharom, M. N. R. The mediating role of work engagement between pay satisfaction and turnover intention [J]. International Journal of Economics, Management and Accounting, 2017, 25 (1): 43 - 69.

[130] Meyer, J. P., Irving, G. P., Allen, N. J. Examination of the combined effects of work values and early work experiences on organizational commitment [J]. Journal of Organizational Behavior, 1998, 19 (1): 29 -52.

[131] Miceli, M. P., Lane, M. C. Antecedents of pay satisfaction: A review and extension. In: Rowland K and Ferris J (eds) Research in Personnel and Human Resources Management. Greenwich, CT: JAI Press, 1991, 9: 235 -309.

[132] Milkovich, G. T., Newman, J. M., Gerhart, B. Compensation [M]. New York: McGraw-Hill Irwin. 2013.

[133] Milkovich, G. T., Newman, H. M., Gerhart, B. Compensation management [M]. (英文版·第 11 版) 北京: 中国人民大学出版社, 2016.

[134] Mitchell, T. R., Mickel, A. E. The meaning of money: an individu-

al difference perspective [J]. Academy of Management Review, 1999, 24 (3): 568 – 578.

[135] Mobley, W. H. Intermediate linkages in the relationship between job satisfaction and employee turnover [J]. Journal of applied psychology, 1977, 62 (2): 237 – 240.

[136] Mobley, W. H., Horner, S. O., Hollingsworth, A. T. An evaluation of precursors of hospital employee turnover [J]. Journal of Applied Psychology, 1978, 63 (4): 408 – 414.

[137] Mobley, W. H. Some unanswered questions in turnover and withdrawal research [J]. Academy of Management Review, 1982, 7 (1): 111 – 116.

[138] Mohamed, S. A., Ali, M. The influence of perceived organizational support on employees' job performance [J]. International Journal of Scientific and Research Publications, 2015, 5 (4): 1 – 6.

[139] Molm, L. D. Dependence and risk: transforming the structure of social exchange [J]. Social Psychology Quarterly, 1994, 57: 163 – 176.

[140] Molm, L. D., Peterson, G., Takahashi, N. Power in negotiated and reciprocal exchange [J]. American Sociological Review, 1999, 64: 876 – 890.

[141] Molm, L. D., Takahashi, N., Peterson, G. Risk and trust in social exchange: an experimental test of a classical proposition [J]. American Journal of Sociology, 2000, 105: 1396 – 1427.

[142] Moorman, R. H., Blakely, G. L., Niehoff, B. P. Does perceived organizational support mediate the relationship between procedural justice and organizational citizenship behavior? [J]. Academy of Management Journal, 1998, 41 (3): 351 – 357.

[143] Motowidlo, S. J., Van Scotter, J. R. Evidence the task performance should be distinguished from contextual performance [J]. Journal of Applied Psychology, 1994, 79 (4): 475 – 480.

[144] Motowildlo, S. J., Borman, W. C., Schmit, M. J. A theory of individual difference in task performance and contextual performance [J]. Human Per-

formance, 1997, 10 (2): 71 -83.

[145] Mulvey, P. W. , LeBlanc, P. V. , Heneman, R. L. Study finds that knowledge of pay process can beat out amount of pay in employee retention, organization, effectiveness [J]. Journal of Organizational Excellence, 2002, 21 (4): 29 -42.

[146] Murphy, K. J. , Cleveland, J. N. Performance appraisal: an organizational perspective [J]. Allyn & Bacon, 1995, 53 (2 -4): 273 -287.

[147] Muthen, L. K. , Muthen, B. O. Mplusstatistical analysis with latent variables [M]. User's guide. Los Angeles, CA, 2010: 1 -758.

[148] Nazir, T. , Shah, S. F. H. , Zaman, K. Literature review on total rewards: an international perspective [J]. African Journal of Business Management, 2012, 6 (8): 3046 -3058.

[149] Neves, P. , Eisenberger, R. Management communication and employee performance: the contribution of perceived organizational support [J]. Human Performance, 2012, 25 (5): 452 -464.

[150] Nord, W. R. , Brief, A. P. , Atieh, J. M. , Doherty, E. M. Work values and the conduct of organizational behavior [A]. In Staw, B. M. , Cummings, L. L. Research in organizational behavior, Greenwich, CT: JAI Press, 1988, 10: 1 -42.

[151] Nosenzo, D. Pay secrecy and effort provision [J]. Economic Inquiry, 2013, 51 (3): 1779 -1794.

[152] Nylund, K. L. , Asparouhov, T. , Muthen, B. O. Deciding in the number of classes in latent class analysis and growth mixture modeling: a Monte Carlo simulation study [J]. Structural Equation Modeling, 2007, 14 (24): 535 -569.

[153] O'Driscoll, M. P. , Randall, D. M. Perceived organizational support, satisfaction with rewards, and employee job involvement and organizational commitment [J]. Applied Psychology: An International Review, 1999, 48 (2): 197 -209.

[154] Organ, D. W. The motivational basis of organizational citizenship be-

havior [J]. Research in Organizational Behavior, 1990, 12: 43 –72.

[155] Panaccio, A., Vandenberghe, C., Ayed, A. K. B. The role of negative affectivity in the relationships between pay satisfaction, affective and continuance commitment and voluntary turnover: a moderated mediation model [J]. Human Relations, 2014, 67 (7): 821 –848.

[156] Park, S., Sturman, M. C. Evaluating form and functionality of pay–for–performance plans: the relative incentive and sorting effects of merit pay, bonuses, and long–term incentives [J]. Human Resource Management, 2016, 55 (4): 697 –719.

[157] Payne, S. C., Cook, A. L., Horner, M. T., Shaub, M. K., Boswell, W. R. The relative influence of total rewards elements on attraction, motivation and retention [DB/OL]. WorldatWork Journal, 2010, 20 (1): 6 –21. https: //www. worldatwork. org.

[158] Rabin, B. R. Total compensation: a risk/return approach [J]. Benefits Quarterly, 1995, 11 (1): 6 –17.

[159] Rhoades, L., Eisenberger, R. Perceived organizational support: areview of the literature [J]. Journal of Applied Psychology, 2002, 87 (4): 698 –714.

[160] Riggle, R. J., Edmondson, D. R., Hansen, J. D. A meta–analysis of the relationship between perceived organizational support and job outcomes: 20 years of research [J]. Journal of Business Research, 2009, 62 (10): 1027 – 1030.

[161] Roberts, D. R. Optimizing total rewards to meet a health insurer's strategic and staffing needs [J]. Global Business and Organizational Excellence, 2013: 69 –80.

[162] Robinson, C. H., Betz, N. E. A psychometric evaluation of super's work values inventory –revised [J]. Journal of Career Assessment, 2008, 16: 456 –473.

[163] Rynes, S. L., Bretz, R. D., Gerhart, B. The importance of recruitment in job choice: a different way of looking [J]. Personnel Psychology,

1991, 44: 487 -521.

[164] Schneider, B. The people make the place [J]. PersonnelPsychology, 1987, 40 (3): 437 -453.

[165] Schwartz, S. H. A theory of cultural values and some implications for work [J]. Applied Psychology: An International Review, 1999, 48 (1): 23 -47.

[166] Scott, D. , Sperling, R. , McMillen, T. , Bowbin, B. Rewards communication and pay secrecy [J]. WorldatWork Journal, 2008: 1 -18.

[167] Shaw J D. Pay dispersion, sorting, and organizational performance [J]. Academy of Management Discoveries, 2015, 1 (2): 165 -179.

[168] Shelton, S. A. , Renard, M. Correlating nurses' levels of psychological capital with their reward preferences and reward satisfaction [J]. SA Journal of Industrial Psychology, 2015, 41 (1): 1 -14.

[169] Shields, J. , Scott, D. , Sperling, R. , Higgins, T. Rewards communication in Australia and the United States: a survey of policies and programs [J]. Compensation & Benefits Review, 2009, 41 (6): 14 -26.

[170] Singh, P. , Loncar, N. Pay satisfaction, job satisfaction and turnover intent [J]. Relations Industrielles/Industrial Relations, 2010, 65 (3) .

[171] Smith, D. Most people have no idea whether they're paid fairly [DB/OL]. Harvard Business Review, 2015, (12) . https: //hbr. org/2015/10/most-people-have-no-idea-whether-theyre-paid-fairly.

[172] Snelgar, R. J. , Renard, M. , Venter, D. An empirical study of the reward preferences of South African employees [J]. SA Journal of Human Resource Management, 2013, 11 (1): 84 -97.

[173] Spence, M. Job market signaling [J]. Quarterly Journal of Economics, 1973, 87: 355 -374.

[174] Spence, M. Signaling in retrospect and the informational structure of markets [J]. American Economic Review, 2002, 92: 434 -459.

[175] Stiglitz, J. E. Information and the change in the paradigm in economics [J]. American Economic Review, 2002, 92: 460 -501.

[176] Suazo, M. M. , Martínez, P. G. , Sandoval, R. Creating psychological and legal contracts through HRM practices: a strength of signals perspective [J]. Employee Responsibilities and Rights Journal, 2011, 23: 187 -204.

[177] Super, D. E. Work values inventory [M]. Boston, MA: Houghton-Mifflin, 1970.

[178] Thibaut, J. W. , Kelley, H. H. The social psychology of groups [M]. New York: John Wiley & Sons, INC. 1959.

[179] Trevor C O, Reilly G, Gerhart B. Reconsidering pay dispersion's effect on the performance of interdependent work: reconciling sorting and pay inequality [J]. Academy of Management Journal, 2012, 55 (3): 585 -610.

[180] Tropman, J. E. The compensation solution: how to develop an employee-driven rewards system [M]. Jossey-Bass, 2001.

[181] VanScotter, J. R. , Motowidlo, S. J. , Stephan, J. Interpersonal facilitation and job dedication as separate facts of contextual performance [J]. Journal of Applied Psychology, 1996, 81 (6): 525 -531.

[182] Vatankhah, S. , Javid, E. , Raoofi, A. Perceived organizational support as the mediator of the relationships between high-performance work practices and counter-productive work behavior: evidence from airline industry [J]. Journal of Air Transport Management, 2017 , 59: 107 -115.

[183] Vermunt, J. K. , Magidson, J. Technical guide for latent gold 4. 0: basic and advanced [M]. Belmont (Mass): Statistical Innovations Inc, 2005: 1 -120.

[184] Von Bonsdorff, M. Age - related differences in reward preferences [J]. International Journal of Human Resource Management, 2011, 22 (6): 1262 -1276.

[185] Wah, L. Pay design influences company performance [J]. Management Review, 2000, 89 (8).

[186] Waller, W. S. , Chow, C. W. The self-selection and effort effects of standard-based employment contracts: a frame work and some empirical evidence [J]. Accounting Review, 1985, 60 (3): 458 -476.

[187] Wang, M., Hanges, P. J. Latent class procedures: applications to organizational research [J]. Organizational Research Methods, 2011, 14 (1): 24-31.

[188] Werner, S., Ones, D. S. Determinants of perceived pay inequities: the effects of comparison other characteristics and pay-system communication [J]. Journal of Applied Social Psychology, 2000, 30 (6): 1281-1309.

[189] Williams, M. L., McDaniel, M. A., Nguyen, N. T. A meta-analysis of the antecedents and consequences of pay level satisfaction [J]. Journal of Applied Psychology, 2006, 91 (2): 392-413.

[190] Wong, S., Yuen, M. Super's work values inventory: issues of subtest internal consistency using a sample of Chineseuniversity students in Hong Kong [J]. Journal of employment counseling, 2015, 52: 29-35.

[191] WorldatWork. 50 Total rewards programs and practices: a survey of what is in use today [DB/OL]. WorldatWork Journal, 2015. https://www.worldatwork.org.

[192] WorldatWork. WorldatWorktotal rewards model, 2015. https://www.worldatwork.org/docs/linked/aboutus/html/aboutus-whatis.html.

[193] Yang, C. C. Evaluating latent class analysis models in qualitative phenotype identification [J]. ComputationalStatistics & Data Analysis, 2006, 50 (4), 1090-1104.

[194] Zhang, Y., Farh, J., Wang, H. Organizational antecedents of employee perceived organizational support in China: a grounded investigation [J]. The International Journal of Human Resource Management, 2012, 23 (2): 422-446.

[195] Zingheim, P. K., Schuster, J. R. Total rewards for new and old economy companies [J]. Compensation and Benefit Review, 2000, 32 (6): 20-23.

[196] Zytowski, D. G. Super's work values inventory-revised user manual [J]. National Career Assessment Services, 2004.

后 记

在我国，随着人口红利的消失、劳动力市场竞争的加剧，很显然，许多劳动力成本敏感的低薪行业在员工激励上已面临不同与以往的挑战，这使我萌生了以零售企业为样本进行全面薪酬研究的想法。

本人于2015年初，在加拿大University of New Brunswick访学时完成了“基于全面薪酬满意度的北京零售企业员工激励机制研究”的申报书，坦率地说，尽管内心对于这一课题的研究价值是确信无疑的，但对于是否能将课题成功申报下来并没有怀多大的希望。因为虽然在组织管理实践中，薪酬激励无处不在，并可将之看作一个恒久的话题，但从研究的角度看，毕竟多个学科已经从不同角度对薪酬激励做了各种探讨，有关薪酬满意度研究自20世纪60年代至今也积累了相当丰富的文献，因此，即使从一种更新的，即“全面薪酬满意度”视角切入，其研究的理论价值是否能被认可是有所疑虑的。这也说明，重新设计的这项研究需要更多的突破点，如纳入薪酬分选效应的考察、引入潜在剖面分析等，并对之做出富有创新意识的探索。很幸运，该课题顺利地获得了北京市社会科学基金项目的批准，从而也极大地鼓励了我的研究信心。在此，首先需要感谢北京社科项目的匿名评审专家对这一课题研究的认可，使我的研究设想得以资助完成。

在研究过程中，我的研究生张晓婷、尹莉、林彬、姜新清和段雪筠参与了研究文献的查阅、调研访谈和数据统计，也需对她们富有成效的科研配合表示感谢！

最后，非常感谢中国财政经济出版社在推动本书的顺利出版所做大量的工作！

本书的研究仍存在不足，抛砖引玉，欢迎理论界与实践界的同行批评指正，以在未来的研究进一步完善之。

2021年初夏于北京